作者简介

欧阳爱辉 男,1979年11月出生,汉族,湖南宁远人,法学博士,湖南省高校青年骨干教师。现为南华大学文法学院法学副教授,硕士生导师,应用法学研究所副所长,湘潭大学通程刑事法律研究中心研究员,湖南省法学研究生教育委员会委员,衡阳市法学会副秘书长。主要从事刑事法学研究,在各类公开刊物发表论文近150篇,出版个人专著1部,参撰专著3部、教材2部,主持、参与各级别科研课题30多项,获省市各种奖励20多次。

教育部人文社会科学研究青年基金项目"侦查中的网络通讯监听法制化研究"资助（11YJC820087）

衡阳市优秀社会科学著作出版资助项目

本书由南华大学资助出版

当代人文经典书库

侦查中的网络通讯监听法制化研究

ZHENCHA ZHONG DE WANGLUO
TONGXUN JIANTING FAZHIHUA YANJIU

欧阳爱辉 ◎ 著

中国社会出版社
国家一级出版社 全国百佳图书出版单位

图书在版编目（CIP）数据

侦查中的网络通讯监听法制化研究 / 欧阳爱辉著.
——北京：中国社会出版社，2017.2
ISBN 978-7-5087-5600-4

Ⅰ.①侦⋯ Ⅱ.①欧⋯ Ⅲ.①监听设备—应用—刑事侦查—研究 Ⅳ.①D918.2

中国版本图书馆 CIP 数据核字（2017）第 026958 号

书　　名：	侦查中的网络通讯监听法制化研究
著　　者：	欧阳爱辉
出 版 人：	浦善新
终 审 人：	李　浩
责任编辑：	姜婷婷　陈贵红　　　责任校对：朱文静
出版发行：	中国社会出版社　　邮政编码：100032
通联方法：	北京市西城区二龙路甲 33 号
电　　话：	编辑部：(010) 58124828
	邮购部：(010) 58124848
	销售部：(010) 58124845
	传　真：(010) 58124856
网　　址：	www.shcbs.com.cm
	shcbs.mca.gov.cn
经　　销：	各地新华书店
印刷装订：	北京天正元印务有限公司
开　　本：	170mm×240mm　1/16
印　　张：	15.5
字　　数：	230 千字
版　　次：	2017 年 2 月第 1 版
印　　次：	2017 年 2 月第 1 次印刷
定　　价：	68.00 元

中国社会出版社天猫旗舰店

中国社会出版社微信公众号

前 言

网络通讯监听作为国家侦查机关利用网络技术措施对相关人员互联网通讯数据信息进行截取的侦查手段之总称,在信息社会已经成了查明案件真相、打击高危犯罪的重要手段。但和侦查实践运用相比,全面系统的网络通讯监听法制化理论研究迄今在国内外尚属争论不断的法学前沿话题。而若其是否需法制化及如何真正实现法制化之问题无法得到较妥善解决,这又势必将严重阻碍它在信息社会的进一步深入应用。故此,借助文献分析、跨学科科际整合等研究方法,从理论演绎、实证分析、对策建构三层面逐次推进,就侦查中的网络通讯监听法制化展开绵密细致的较详尽思索,无疑能对我国日后相关立法、司法及技术侦查等实践工作给予一定借鉴参照。

全书共分六章。第一章为绪论,即引文部分。本章主要通过对问题的提出、当前国内外研究现状、研究思路、研究方法、创新点和全书主要架构进行粗线条勾勒,发挥总领全纲作用,一目了然地揭示出全书整体脉络走势。

第二章为侦查中的网络通讯监听概说。本章先就网络通讯监听概念自身展开考察,然后条分缕析逐次借用文献分析、实证研究、比较分析等研究方法对侦查中网络通讯监听的基本特征、类型、基本性质、与传统通讯监听的关系进行分析。认为其基本特征包括监听主体的普遍性、监听对象的非确定性和监听范围的广泛性;主要类型包括即时单独网络通讯监听、即时多人网络通讯监听和非即时网络通讯监听三种;基本性质包括技术性和强制性;与传统通讯监听相比,二者既有同质性,亦存明显异质性。

第三章为侦查中的网络通讯监听法制化基础。本章主要凭借跨学科科际整合、实证分析等研究方法就侦查中网络通讯监听法制化的具体基础从现实基础与理论基础两方面展开全方位详细考证。在现实基础方面，网络通讯监听既存在巨大正面价值，同时又存在不容小觑的负面价值，通过法制化就能找到正当性与危险性平衡点，实现兴利去弊；在理论基础方面，侦查中的网络通讯监听法制化于宪法理论、程序正义理论和司法伦理理论三环节获得了雄厚的理论支持。

第四章为国外侦查中的网络通讯监听法制化之比较考察。本章首先通过历史推演等研究方法对国外侦查中网络通讯监听法制化的产生与发展进行思考，然后详尽阐述列国（美、英、德、俄罗斯、日本、加拿大等）当前相关法律制度具体内容和实践运作，最后借助比较分析等研究方法对国外网络通讯监听法制化情况进行比较评价并探讨其未来走势。

第五章为我国侦查中的网络通讯监听现状及存在的主要困惑。本章主要依靠实证分析方法，对当下我国侦查中的网络通讯监听现状在相关法律制度和实践运作两大层面上展开具体情况分析评判。发现当前我国大量相关网络通讯监听缺乏法律依据，长期处于无法可依的灰色地带；众多相关监听行为和侦查机关网络监控、普通网络信息获取、网络舆情监测等活动存在混淆；云计算条件和大数据语境的出现又加剧了侦查中的网络通讯监听趋向复杂化。认为其之所以产生诸多困惑难按法律制度实施有效规范的根本原因在观念、技术和法律三层面。

第六章为我国侦查中的网络通讯监听法制化具体建构设计。利用实证与假设相结合等研究方法，首先设定了我国侦查中网络通讯监听法制化的实现目标和基本框架，然后围绕该目标与框架从立法、司法、守法和其他相关层面出发展开具体方略设计。其中立法涵盖宏观宪法环节和微观专门化法律环节两部分；司法上要求设立专门性司法审查机关并明确非法网络通讯监听的具体法律责任；守法上树立起正确的信息社会侦查情报观、推进健康的侦查文化建设并不断提高普通受众的法律认同度；其他相关层面保障举措上于技术创新层面重点突出高新技术在网络通讯监听中的科学运用、多维监督层面创设全社会范畴的多维监督约束体系、国际合作层面促成各国互联网相关合作。

目 录
CONTENTS

第一章 绪 论 ………………………………………………… 1
  一、问题的提出 1
  二、当前国内外研究现状 2
  三、研究思路、研究方法和创新点 4
  四、全书的主要架构 6

第二章 侦查中的网络通讯监听概说 ………………………… 9
  第一节 网络通讯监听的概念及特征 10
  第二节 网络通讯监听的类型 13
    一、即时单独网络通讯监听 13
    二、即时多人网络通讯监听 14
    三、非即时网络通讯监听 15
  第三节 网络通讯监听的基本性质 16
    一、技术性 16
    二、强制性 17
  第四节 网络通讯监听与传统通讯监听的关系 19
    一、网络通讯监听与传统通讯监听的相同点 19
    二、网络通讯监听与传统通讯监听的不同点 20

第三章 侦查中的网络通讯监听法制化基础 ………………… 23
  第一节 侦查中网络通讯监听法制化的现实基础 24

一、网络通讯监听存在巨大正面价值　24
　　二、网络通讯监听存在不容小觑的负面价值　27
　第二节　侦查中网络通讯监听法制化的理论基础　32
　　一、宪法理论基础　32
　　二、程序正义理论基础　34
　　三、司法伦理理论基础　36

第四章　国外侦查中的网络通讯监听法制化之比较考察 …………… 39
　第一节　国外侦查中网络通讯监听法制化的产生与发展　40
　　一、美国侦查中网络通讯监听法制化的产生与发展　41
　　二、其他主要国家侦查中网络通讯监听法制化的产生与发展　43
　第二节　当前国外侦查中网络通讯监听法制化的具体内容　46
　　一、当前美国侦查中网络通讯监听法制化的具体内容　46
　　二、当前其他主要国家侦查中网络通讯监听法制化的具体内容　55
　第三节　对国外侦查中网络通讯监听法制化的评价与未来展望　64
　　一、对国外侦查中网络通讯监听法制化的具体评价　65
　　二、国外侦查中网络通讯监听法制化的未来展望　72

第五章　我国侦查中的网络通讯监听现状及存在的主要困惑 ………… 75
　第一节　我国侦查中的网络通讯监听现状　76
　　一、我国侦查中的网络通讯监听相关法律现状　76
　　二、我国侦查中的网络通讯监听相关实践运作现状　81
　第二节　现今我国侦查中网络通讯监听存在的主要困惑　84
　　一、现今我国侦查中网络通讯监听存在的主要困惑体现　84
　　二、当前我国侦查中网络通讯监听应用主要困惑产生的根本原因　108

第六章　我国侦查中的网络通讯监听法制化具体建构设计 ………… 121
　第一节　我国侦查中网络通讯监听法制化的实现目标与基本框架　122
　第二节　立法层面的法制化具体建构设计　123
　　一、宏观宪法环节：信息社会新兴权益保护条款入宪　123

二、微观专门化法律环节:积极设置涉及侦查中网络通讯监听的相关
　　　法规　127

第三节　司法层面的法制化具体建构设计　187
　　一、在法院内设立专门性司法审查机关　187
　　二、明确非法网络通讯监听的具体法律责任　197

第四节　守法层面的法制化具体建构设计　199
　　一、树立正确的信息社会侦查情报观　200
　　二、推进健康的侦查文化建设　201
　　三、不断提高普通受众的法律认同度　204

第五节　其他相关层面的法制化保障举措具体建构设计　206
　　一、技术创新层面:重点突出高新技术在网络通讯监听中的科学运用　206
　　二、多维监督层面:创设全社会范畴的多维监督约束体系　210
　　三、国际合作层面:促成各国互联网相关合作　215

结　语　217

参考文献　219

后　记　235

第一章

绪　论

一、问题的提出

网络通讯监听作为一种在高科技信息社会中产生的新兴监听方式,它主要泛指凭借各类特殊软件工具对人们在网络空间内进行交流的通讯数据信息予以截取之行为。众所周知,伴随信息时代的扑面而来,网络通讯业已逐渐发展成人们工作生活中不可或缺的通讯手段。不过正如硬币有着正反两面一样,在高科技语境下,许多犯罪分子也纷纷开始利用网络通讯作为联络工具从事犯罪活动,这其中除了网络色情传播、网络传销、网络赌博等普通网络犯罪外,甚至不乏大量强烈危害国家安全的高危犯罪行为。譬如2001年美国"9·11"恐怖袭击发生前,以本·拉登为首的恐怖分子就曾借助电子邮件传递其具体行动方案;2008年我国西藏骚乱事件和2009年新疆发生的"7·5"打砸抢烧严重暴力犯罪事件也是由犯罪分子事先利用BBS等网络通讯手段策动完成。①

有鉴于此,为了能够更行之有效地打击那些高科技时代具有严重社会危害性的犯罪行为,我们理当在侦查活动中强调积极开展对各类网络通讯的监听。然而,监听毕竟乃一种技术侵蚀人性尊严的典型强制侦查措施,尤其当国家以合法名义大肆实施技术侦查打击犯罪时,往往更容易侵害到普通民众的隐私权、通讯自由权等宪法所赋予之基本人权。更何况网络通讯监听与传统监听还存在着较大差异,"互联网络能够使各种与侦查有关的信息得到高效的管理和运用,从而最

---

① 参见曹志恒、毛咏、王大霖:《新疆"7·5"打砸抢烧严重暴力犯罪事件目击记》,载http://news.sohu.com/20090707/n265028456.shtml,2013年10月8日访问。

充分解放人力、物力，提高效率……但是其保密性却比传统文件资料大为降低，要侵入其个人数据，获得个人信息也比以往的任何方式容易得多……"①兼之中国长期以来又是一个重公权轻私权的政治全能社会，传统子民—臣民型政治文化意识极其浓厚，迄今甚至连传统监听侦查的法律制度都尚付阙如，更遑论对网络通讯监听这种新兴侦查手段的明确规范了。如此这般，我国相关侦查机关开展网络通讯监听活动所造成的负面影响自然就愈发严重。

故而，本书选题便相对具备一定理论开拓性和较大现实意义。通过对侦查中的网络通讯监听法制化进行系统研究，一方面能够在理论上推动侦查学、刑事诉讼法学、科技法学、行政法学、法理学和计算机信息科学等多学科相关领域学术探讨，促进技术侦查相关理论向深层次探索，为有效打击犯罪并切实保障人权提供典型分析样本和知识产出，充分发现和认识侦查中的网络通讯监听运作之科学规律；另一方面还可在实践上对我国未来相应立法和司法等实践提供重要理论支撑和用于选择的法制化实现路径，既有助于遏制各类利用网络通讯作为联络工具的犯罪活动，维护社会稳定，又可帮助找到此类监听中控制犯罪和保障人权之平衡点，防止侦查机关权力过分膨胀假借控制犯罪之名大行侵害人权之实，舒缓国家公权力和公民私权利在此方面的紧张关系，对构建和谐社会、实现法治中国具有重大现实意义。

二、当前国内外研究现状

在国外对于侦查中的网络通讯监听，大多数西方发达国家均认为将极大侵害人性尊严，故和传统监听一样同属强制侦查，除部分特殊情况外，都必须坚决贯彻令状原则，即以法定机关事先签发令状或事后核准确认（如事态危急或证据很可能发生灭失等紧急情况）为判断取得之证据是否具备合法性的根本标尺。互联网发源地——美国更在其现行《电子通讯隐私法》《爱国者法》和《外国情报监视法》中对若干侦查机关进行电子邮件等网络通讯监听的具体情形作出了明确规定；加拿大亦通过著名的 R. 诉默瑞恩案等判例就网络通讯监听与寻常网络信息搜查之区别、某些具体网络环境是否存在隐私权等基本人权的司法难题一一进行了规

---

① 参见王文华：《互联网上侦查权与隐私权的冲突及其刑事政策——以加拿大为视角》，载《比较法研究》2003年第6期，第75页。

定。英国、瑞典、德国、芬兰、日本及韩国等国在网络通讯监听方面也设置了一些具体法律规定。诸多法学者如理查德·波斯纳、Scalia、David. Hricik、Kerr、Deirdre K. Mulligan等人纷纷从侦查学、刑事证据法学、人权保护等各方面对侦查中的网络通讯监听法制化相关问题展开了一系列卓有成效的探讨。不过因网络通讯监听属于一种新兴高科技监听方式,虚拟网络通讯同现实世界通讯有着较大差异,故迄今国外在相关监听法制化具体实践设置上仍比较滞后,理论研究中也很少系统化,远未就网络这一新技术监听载体所带来之诸多复杂法制化问题达成共识。

在我国,尽管侦查实践早已将网络通讯监听视作重要的信息时代案件侦破手段,但传统监听侦查的专门法律迄今都未出台,相关网络通讯监听的法制化便更是尚付阙如。在理论层面,国内学者虽有不少纷纷从自身学科分析视角、研究旨趣等方面出发对一些相关问题展开探讨,如张新宝著:《互联网上的侵权问题研究》(中国人民大学出版社2003年版)、宋英辉:《关于搜查、扣押电子资料的立法完善问题》(载孙长永主编:《现代侦查取证程序》,中国检察出版社2005年版)、刘远军:《"网络色情传播监控"与"隐私权侵犯"规避》(载《新闻界》2007年第1期)、刘莹:《美国秘密侦查的强化措施——"9·11"后美国对窃听与电讯监视的变革》(载《吉林公安高等专科学校学报》2007年第5期)、王耀承:《美国刑事侦查中的电子邮件监控制度研究——兼考美国隐私权保护状况的变迁》(中国政法大学2008年硕士学位论文)、李明:《监听制度研究——在犯罪控制与人权保障之间》(法律出版社2008年版)、李昕:《美国通讯监听立法的演进与发展》(载《江南社会学院学报》2009年第2期)、廖明:《法治视野下的网络侦查陷阱研究》(载《山东警察学院学报》2009年第6期)、梁坤:《论网络监控取证的法律规制》(载《中国刑事法杂志》2009年第10期)、廖荣兴:《论网络通讯监听——以刑事诉讼为视角》(载《江西公安专科学校学报》2010年第5期)、刘品新:《论网络时代侦查制度的创新》(载《暨南学报》2012年第11期)、陈永生:《电子数据搜查、扣押的法律规制》(载《现代法学》2014年第5期)和朱杰:《看山姆大叔如何玩转"全球监听"》(载《中国信息安全》2014年第6期)等。

国内学者的成果为进一步展开深入研究无疑提供了丰富思想资料,不过总体上仍有诸多不足:首先,研究系统化有待提升。迄今国内研究大多仅局限于公民隐私权保护、国外相关立法及司法实践评介、令状制度具体运用和网络侦查方法等网络通讯监听法制化的某些具体方面,在现有资料范围内我国学界真正较完整全面进行过此类探讨的仍相当鲜见。故整合度明显不够,欠缺系统性研究;其次,对侦查中的网络通讯监听具体内涵的思考有待扩展。网络通讯监听决非简单之查明案情工具手段,它的基本概念、类型、基本性质、与相似侦查或监控手段的比较等也应是我们需研究的关键议题;最后,对侦查中网络通讯监听法制化具体方略建构设计有待继续推进。要实现网络通讯监听的全面法律引导兴利除弊,需要一系列精密法律制度之设置。这并非单从某方面展开规划即可做到的,它亟须更深层次的思考。

总之,上述这一切均无不表明我国侦查中的网络通讯监听法制化实践尚属空白领域,学者们虽已从理论上开始关注此等问题,但研究还缺乏系统性全面性,研究深度亦远远不够。故在未来研究趋势上我们应立足于中国社会及法律生活经验性的观察基础之上,大力开展相关学术全面整体化探索工作,对适应我国信息社会侦查活动需要的网络通讯监听法律制度进行科学合理之规划建构,以期能够为日后中国有关立法及司法等实践活动提供有益帮助,顺利推动其真正实现法制化。

三、研究思路、研究方法和创新点

(一)研究思路

全书以侦查学、刑事诉讼法学为基本视域立足点,并将同时着眼于侦查学、刑事诉讼法学、科技法学、行政法学、法理学、计算机信息科学等多个视域理论交叉角度和国内外相关监听侦查实务,从理论演绎、实证分析、对策建构三个层面逐次推进(见图1)。首先在文献梳理基础上,科学界定侦查中的网络通讯监听(侦查中的网络通讯监听概念、基本特征、类别、性质、与传统监听之关系等),紧接着从这些核心概念出发推导其实现法制化的具体基础(包括现实基础与理论基础两方面),并着重考察比较国外相关网络通讯监听法制化具体情况。然后在实证调研基础上,深刻剖析我国侦查中的网络通讯监听现状及存在的主要问题。最终结合理论演绎与实证分析结论,针对现实具体问题就适合本土语境的网络通讯监听侦查法制化方略进行全面建构设计,以便在多维层面有效推动我国法治的日臻完善并促进相关学科理论研究不断深化,实现知识创新,满足构建和谐社会的迫切需要。

| 理论演绎 | 侦查中的网络通讯监听理论界定、侦查中的网络通讯监听法制化之基础（现实基础与理论基础）→国外相关网络通讯监听法制化具体情况 |

↓

| 实证分析 | 我国侦查中的网络通讯监听现状→我国侦查中的网络通讯监听存在之主要问题（法律制度层面、具体运作层面、云计算条件和大数据语境下产生的异变）→其产生诸多困惑难依照法律制度实施有效规范的根本原因（观念、技术和法律原因） |

↓

| 对策建构 | 实现我国侦查中的网络通讯监听法制化的具体方略建议 |

图1 研究思路基本走向

（二）研究方法

本书启用的研究方法主要包括四种：其一是文献分析的研究方法。通过最大化地占有各类中外文献资料，对侦查中的网络通讯监听法制化等相关文献进行梳理分析，覆盖理论思考和实证检验两个维度，辐射国内和国外两个视角。兼收并蓄，以便更好地全方位分析问题。

其二是科际整合分析的研究方法。现代科学的发展呈现出一种普遍的科际整合趋势，由于侦查中的网络通讯监听法制化本身并非一纯粹侦查学概念，它既和侦查学、刑事诉讼法学、科技法学等法学学科密切相关，又发轫于互联网这一计算机信息科学平台，故其实属侦查学、刑事诉讼法学、科技法学、行政法学、法理学和计算机信息科学等多学科交叉衍生之产物。我们若动用科际整合分析的研究方法，从宽大复合的多领域视野进行探讨，自然远较单从某一学科视界着手更加全面公允。

其三是比较分析的研究方法。尽管侦查中的网络通讯监听法制化之理论与实践目前在世界范围内都仅刚刚起步，但不少西方发达国家如美国和英国、德国、加拿大等仍有一些成功立法及司法实践，通过对其展开互相比较并充分结合当前我国国内现状进行深入对比分析，自然可海纳百川收到诸多有益借鉴效果，从而有力推动日后中国相关问题法制化之科学建构。

其四是实证性与假设性相结合的研究方法。由于法律乃实践应用性极强之人文社会科学，为了能更好地探讨侦查中的网络通讯监听这一高科技新兴侦查手段的法制化,我们理当强调实证性与假设性分析方法相结合。一方面通过收集相关监听典型样本,在系统收集、整理、分析和深刻剖析案例实证基础上不断矫正理论,令有关法制化之方略建构更加契合司法实践;另一方面亦通过大胆假设的理论探讨、预测思辨方式,在实证基础上为网络通讯监听这类前所未有的新兴侦查手段进行较科学合理之法制化实现途径设计。

(三)创新点

本书主要创新点体现于三方面:其一是学术思想上有所突破。将侦查中的网络通讯监听与法制化、人权保障结合起来予以整体研究,以法制化具体措施规范侦查活动中的网络通讯监听应用来切实保障人权,以侦查活动中人权保障的有效实现为网络通讯监听手段充分合理运用创造法律条件。

其二是学术观点上有所独创。从网络通讯监听基本特征、类型、基本性质等环节整体界定"侦查中的网络通讯监听",从立法层面、司法层面、守法层面、其他相关层面等各方面辩证把握"法制化"具体措施之深刻内涵。

其三是研究方法上有所革新。积极运用实证研究和跨学科科际整合研究方法,通过考察侦查活动内的网络通讯监听在法律制度和具体运作中之现状,探索云计算条件和大数据语境下它发生的新异变,深刻剖析其产生诸多困惑难依照法律制度实施有效规范的原因,最终以此为依据提出具备较强针对性和可行性的方略来实现侦查中网络通讯监听的全面法制化。

四、全书的主要架构

除开绪论以外,全书主要架构包括如下五环节:

第一,侦查中的网络通讯监听概说。通过文献分析、实证思辨、比较分析等方式,对侦查中的网络通讯监听之概念、基本特征、类型、基本性质、与传统通讯监听的关系等逐一展开详尽探讨。首先诠释其基本概念,接下来逐一厘清基本特征(监听主体的普遍性、监听对象的非确定性和监听范围的广泛性),然后对侦查中的网络通讯监听具体类别展开研究。遵照网络通讯形态的不同类型,将它界分成即时单独网络通讯监听、即时多人网络通讯监听和非即时网络通讯监听三种。至于侦查中网络通讯监听的基本性质则主要包括技术性和强制性。最后,对侦查中网络通讯监听和传统通讯监听关系实施评判,指出它们二者彼此在实施目的、运作程序、违法实施需承担的法律责任上具备相同性,但在实施平台、直接实施主体、造成之负面效应、具体适用程序、非法证据排除以及普通民众认知心态上都存有较大差异。

第二,侦查中的网络通讯监听法制化基础。本章节主要通过跨学科科际整合、实证分析等研究方法,对侦查中的网络通讯监听法制化之具体基础从现实基础与理论基础两方面展开全方位详细探讨,全面论证侦查中网络通讯监听为何需进行法制化的必要性及合理性。首先论证的是现实基础,这包括网络通讯监听存在巨大正面价值(能够有效满足打击现代犯罪的需求、合乎现代民主社会公民权利运作要求),同时它又存在不容小觑的负面价值(易损害公民人权、易导致侦查权的滥用和易诱发司法伦理困惑)。故通过法制化就能非常巧妙地找到正当性与危险性平衡点,做到兴利去弊;紧接着思考的是理论基础,它涵盖宪法理论基础(宪法大多均赋予了国家侦查机关采用各种手段开展侦查活动打击犯罪的能力、宪法基本上都指出应对公民通信自由、隐私权等正当权益给予最大化保护、宪法大多均确立了建设法治国家的基本方针从宏观上引导着网络通讯监听)、程序正义理论基础(满足程序正义理论需要)和司法伦理理论基础(对社会主流司法伦理道德标准的维护)三部分。

第三,国外侦查中的网络通讯监听法制化之比较考察。通过历史推演、比较分析等研究路径,着重研究国外网络通讯监听法制化在侦查中的产生、发展、现今具体内容、未来走势并予以相互比较。尽管目前因网络通讯监听系一类新兴监听方式在各国均未建立起系统全面的相关法律制度,但一些国家仍有部分立法和司法实践。本章节先对国外侦查中网络通讯监听法制化的产生与发展进行思考,考虑到美国相关侦查实践和法律制度最为发达,这里主要将其分为美国侦查中网络通讯监听法制化的产生与发展、其他国家(英国、德国、俄罗斯、日本、加拿大等)侦查中网络通讯监听法制化的产生与发展两部分展开研究;接下来详尽阐述列国当前相关法律制度具体内容与实践应用,依旧划分成美国和其他国家两部分实施论述。最后对国外网络通讯监听法制化情况进行比较评价并探讨其未来走势。

第四,我国侦查中的网络通讯监听现状及存在的主要困惑。该章节在前面就侦查中的网络通讯监听概说、法制化基础、国外侦查中的网络通讯监听法制化之比较考察的研究积累上,通过实证分析等研究方法对当下我国侦查中的网络通讯监听现状在相关法律制度和实践运作两大层面上进行具体情况分析评判,归纳并找出其存在的主要病灶。首先,对我国相关现状从法律制度和实践运作两层面的具体情况上展开分析研判。然后,向纵深挺进升华寻觅其主要症结。这主要包括大量相关网络通讯监听缺乏法律依据,长期处于无法可依的灰色地带;众多相关监听行为和侦查机关网络监控、普通网络信息获取、网络舆情监测等活动存在混淆;云计算条件和大数据语境的出现又加剧了侦查中网络通讯监听的复杂化。故上述这一切无不令其运作变得异常复杂。最后,思考其产生诸多困惑难依照法律制度实施有效规范的根本原因(含观念、技术和法律三层面)。

第五,我国侦查中的网络通讯监听法制化主要实现方略建构设计。本章节乃全书研究告一段落的收官部分。凭借实证与假设相结合等分析方法,以前面四方面研究与中国当下语境作为立足原点和基本参照系,就我国侦查中的网络通讯监听如何兴利除弊达到真正法制化,从立法、司法、守法和其他相关层面出发进行具体途径建构设计,以期能对日后相关侦查活动等实践起到帮助、指导作用。毕竟要实现侦查中的网络通讯监听法制化乃一项系统性长期工程,我国在立法上就需进行专门网络通讯监听立法,其主要内容应包括基本原则、适用范畴、具体运作程序、监督救济程序、信息社会刑事诉讼证据规则、特殊除外规定和信息社会无害错误规则等七大方面;在司法上需要设立专门性司法审查机关和明确非法网络监听之具体法律责任;在守法上则要求树立正确的信息社会侦查情报观、推进健康的侦查文化建设并不断提高普通受众的法律认同度;其他相关层面即要求于技术创新层面重点突出高新技术在网络通讯监听中的科学运用、多维监督层面创设全社会范畴的多维监督约束体系、国际合作层面促成各国互联网相关合作,进而全方位保障侦查中的网络通讯监听实现兴利除弊。

第二章

侦查中的网络通讯监听概说

从茹毛饮血的莽荒时代到IT技术大行其道的信息社会,这一整条人类文明缓缓演变的历史主链一直在揭示这样一条真理——科技作为第一生产力,它乃人类认识和改造客观世界的最关键武器之一。法律层面的科技运作亦同此理。为了能够有效规制高危犯罪,侦查机关自然会大量启用监听、密拍密录、特情等各种具备高技术含金量的技术侦查手段。而网络通讯监听则是人类社会迈入互联网时代后侦查机关必不可少的一类技术侦查手段。但正和传统通讯监听一样,网络通讯监听在有助于遏制犯罪同时又难以避免地将给普通民众合法权益造成侵害。"法是人们赖以导致某些行动和不做其他一些行动的行为准则或尺度",[①]为了能有效借助法律制度来对侦查中的网络通讯监听实施引导、规范,对网络通讯监听的概念、基本特征、类型、性质及其与传统通讯监听、网络舆情监控之关系等展开绵密细致的探索,无疑是我们需首先着手解决的重要问题。

---

① [意]托马斯·阿奎那著:《阿奎那政治著作选》,马清槐译,商务印书馆1982年版,第104页。

第一节 网络通讯监听的概念及特征

对于监听(Interception),尽管迄今国内外学界尚未就其形成统一定义,①但显然它同其他法律概念一样有着狭义和广义之分。狭义上即侦查机关利用技术措施对相关人员电话或口头交流言词信息进行截取的侦查手段;广义上则指应用各类方式对人们用声音交流的言辞信息进行截取的行为,②既包括侦查机关监听、私人搜集证据监听,也涵盖着普通民众无关刑事案件的私下录音。

随着人类逐渐迈入信息社会,人与人之间交往的通讯手段除了传统直接言辞交谈、邮寄信件、电话交流、短信传递等外,借助特殊软件辅助工具(如 E-mail、BBS、飞信、QQ)来发送、传输和接受各种数据信息的网络通讯手段也愈发受人青睐。以我国大陆地区使用极其广泛的网络通讯工具 QQ 为例,截至 2012 年初腾讯公司 QQ 活跃用户就达到了惊人的 7.21 亿。③ 既然网络通讯俨然已经成了人们工作生活不可或缺的交流手段,在高科技语境下,许多犯罪分子也就纷纷开始利用它作为联络工具从事犯罪活动。为能更行之有效地打击那些具有严重社会危害性之犯罪行为,实施相应网络通讯监听,自然是信息时代刑事侦查活动中的应有之义。

不过,正如传统通讯监听存在狭义和广义之分一样,信息时代的网络通讯监

---

① 譬如有学者认为,监听是侦查机关对于谈话、电话或其他形式的电信往来进行之获取;也有学者认为,监听指借助安装特殊设备听取当事人通话内容并将其内容及时固定的技术侦查措施;另有学者主张监听即通过秘密强制截取他人通讯信息的方法来发现犯罪嫌疑人和被告人、收集犯罪证据的技术侦查措施。……凡此种种,举不胜举,往往从不同角度出发,在概念界定上存有细微差异。具体可分别参见张丽芳:《通讯监听证据立法之探讨》,载《天津市政法管理干部学院学报》2003 年第 2 期,第 30 页;陈瑞林:《论监听措施的法治化》,载《汕头大学学报》(人文社会科学版)2006 年第 4 期,第 62 页;张黎:《监听制度立法研究》,载《北京人民警察学院学报》2006 年第 3 期,第 28 页。
② 参见李明著:《监听制度研究——在犯罪控制与人权保障之间》,法律出版社 2008 年版,第 10—11 页。
③ 参见 DoNews 向霜:《7.21 亿:腾讯 QQ 活跃用户数》,载 http://www.ebrun.com/20120314/42361.shtml,2014 年 1 月 24 日访问。

听概念界定也有着狭义与广义之说。狭义层面,指侦查机关利用网络技术措施对相关人员互联网通讯数据信息进行截取的侦查手段,即仅限侦查中的通讯监听;广义层面,则泛指一切针对网络中的计算机通讯数据信息予以控制截获的行为。它既包括为打击、遏制高危犯罪开展的网络通讯监听,也包括那些一般意义上之网络通讯拦截(如某些公司企业为防止商业秘密泄露对公司局域网内电子邮件的监视等)。很明显,由于本书系探讨侦查中的网络通讯监听法制化问题,故笔者这里对其采用狭义解释——网络通讯监听是国家侦查机关利用网络技术措施对相关人员互联网通讯数据信息进行截取的侦查手段之总称。

特征作为事物本质属性的外化显著形态,它是本事物区分于彼事物的征象和标志所在。根据前面给侦查中网络通讯监听下的定义,不难发现,较之传统监听,网络通讯监听与其有着相似或一致性,但它毕竟产生于网络空间,自身特殊性也相当明显。具体说来,网络通讯监听一般均具备着下列基本特征:

第一,监听主体的普遍性。顾名思义,网络通讯监听乃对互联网通讯数据信息予以截取窃听的行为,而以"0"和"1"二进制数字建构起来的赛博(Cyber)空间表现形式又是非实体性质的虚拟态,这和传统通讯监听有着很大区别。后者作为对人们现实语言交流环境下借助语音形态或电信发报(如传真机、无线电发报机等)设备阐述的信息内容实施之截获窃听,往往需要依靠特殊实体性技术装置来完成。譬如为监听固定电话在发话筒内安装隐形麦克风、为监听办公室内众人谈话在墙壁夹层内放置增敏传声器或直接潜入会场利用藏在口袋内的录音笔当场录音等。虽然网络通讯监听亦要借助一些特殊软件程序,如美国安全部门用来监听特殊对象电子邮件而使用的"食肉者"(Carnivore)软件等。不过在现实社会中,要想获得窃听器、隐形麦克风之类特殊实体化间谍器材展开通讯监听并非易事,一般来说基于公民隐私权、通讯自由权等保护的考虑,普通人很难随便购买到此类器材。而互联网环境内要拦截、获取对方电子邮件等电子信息仅需安置相关特殊破译软件程序即可,因网络的匿名虚拟性和软件程序的非实体性,这些软件大多能够较随意地在网站中下载并安装使用。所以,在这样一种情形下,普通人均可以随便获取相关软件程序展开网络通讯监听,其监听主体自然带有着普遍性色彩。

第二,监听对象的非确定性。在传统通讯监听中,无论是有线电话或无线手机甚至私人面对面谈话交流、发报机发报监听,其监听对象基本均是确定的,即具体谈话的当事人。但网络通讯监听不然,网络通讯除了网络语音通话等部分实时语音交流外,大多都是以经过转化的数据信息流形态出现。这样一来,在对此等转化的数据信息流展开截获监听时就未必绝对仅仅涉足交流当事方,其他不特定人也难免牵涉其中。以最常见的电子邮件监听为例,监听软件往往是以在主干网络(Back bones)节点拦截网络封包(Package)等方式获取电子邮件信息内容。①但途经该节点的电子邮件并非只有监听对象所发出的那一封,故此时经过该节点的全部邮件都将被一概截获。兼之电子邮件和被封口盖章的传统信件不同,监听主体借助"食肉者"等特殊软件很容易就将电子邮件内容一览无余。况且,因互联网空间的匿名特征,人们更时常可以借助不同身份登录不同邮箱、微信或QQ号码进行网络信息交流。兼之伴随信息技术发展到云计算、②大数据阶段,③更实现了最大化整合虚拟网络资源的海量数据服务。凡此种种因素交织在一起,无不使得网络通讯监听的对象变得愈发不确定起来。

第三,监听范围的广泛性。众所周知,借助互联网传递信息具备容量大、传播速度快、距离远的优点,"一本6万字的书稿,它的信息量是约90k比特(bit),如果用64k比特/秒的速率传送,只要15秒就够了。宽带ISDN用户线路上的信息传输速率则可高达155.52M比特/秒,为窄带ISDN的800倍以上。"④在这样一种大数据(Big data)快捷的交流环境中,只要我们拥有电脑、4G手机等接入平台和网络连接设备且开通了网络信息服务,就可以随时随地利用Internet和全球范围内的任何一个互联网用户无拘无束地进行信息交流。但是,有交流就存在被监听的可能性,既然此类交流范围愈发广泛可以随时遍布世界各地,那么对相关网络

---

① 参见廖荣兴:《论网络通讯监听——以刑事诉讼为视角》,载《江西公安专科学校学报》2010年第5期,第37页。
② 所谓云计算,通常多指将计算任务分布在大量计算机构成的资源池上,令用户能按需获取计算力、存储空间及信息服务,它有着强大的数据计算、存储与处理能力。具体可参见何晓行、王剑虹:《云计算环境下的取证问题研究》,载《计算机科学》2012年第9期,第105页。
③ 大数据一般又称为巨量数据或者海量数据,它是一种所涉及的数据量规模庞大,达到无法借助当下主流软件工具于合理时间阶段内进行截取、存储、管理与分析的资讯,具备着典型的Volume(信息大量)、Variety(数据多样)、Velocity(动作迅速)和Veracity(判断准确)"4V"技术特质。具体可参见刘铭:《大数据反恐应用中的法律问题分析》,载《河北法学》2015年第2期,第87页。
④ 陈传夫:《高新技术与知识产权法》,武汉大学出版社2000年版,第68页。

通讯展开监听波及的范围自也是同样遍及全球各处而不受国家、地域限制。以 2013 年举世震惊的美国"棱镜门"事件为例,美国情报机构借维护国家安全之名对下至美利坚普通草根民众,上至远隔数千里的中、俄、德、巴西等大国元首网络信息实施截获,其监听范围覆盖之广不由得令人咋舌。故而,监听范围的广泛性便构成了网络通信监听的第三个主要特征。①

第二节 网络通讯监听的类型

参照合适标准将已知事物进行分门别类是全面掌握事物基本特点,探索洞析其发展与具体运行中的规律性问题之重要方法。虽然根据不同标准对网络通讯监听我们可以作出不同分类,譬如根据监听手段不同可分成利用以太网传输特性进行的监听和通过网络服务器进行的监听,根据被监听平台不同可分为固定网络通讯监听和移动网络通讯监听等。但笔者认为,网络通讯监听毕竟是和互联网通讯联系在一起的,故依据具体网络通讯形态展开划分无疑乃一种最主要的网络通讯监听界分方式。大体来论,网络通讯监听主要可分成如下三大类:

一、即时单独网络通讯监听

即时单独网络通讯主要是利用一对一网络通讯软件工具如腾讯 QQ 或手机微信、陌陌软件等远端登录(Telnet)进行的不特定双方当事人实时信息交流。随着互联网技术愈发普及和移动通讯全面迈入 4G 时代,即时单独网络通讯愈发普遍化,很多人包括犯罪分子闲暇都有着上网聊天嗜好甚至频繁借助此等方式互相联络。譬如 2000 年 9 月四川成都曾发生一起多人持枪抢劫加油站并开枪击伤警察的恶性案件,案发后主犯刁某外逃便从不直接使用电话与外界联系,而是借助腾

---

① 参见百度百科:《棱镜门》,载 http://baike.baidu.com/link?url=OC37mvvXkHx9f08pVPy3ouxdQ5X8nmYeOWW4R1CSIVTp8ghE9AKbMgl2yCIolQiMdUioJk06iHDF1QHLC4LsMHXcr7vzVcGGSXHGN_6OntcmH3wdT6Q1fTlm_ZHOZqtpBRN-RszVIsDWGg6QRPGRwuK,2014 年 1 月 2 日访问。

讯QQ网络聊天工具来同他人互通信息。① 即时单独网络通讯监听即主要针对此类通讯方式利用QQ或手机微信黑客工具来对网络服务器发送的通讯数据信息实施截获。如2009年广东黄埔海关缉私人员便利用网络技术在互联网中收集到与毒贩电话号码相关联的QQ、MSN通讯数据信息,逐步摸清了该贩毒团伙成员构成。② 应该说,这种监听类别和传统一对一电话监听有着异曲同工之妙,毕竟它们二者均仅对正在交谈的双方当事人阐述的信息内容予以秘密截获。所以,即时单独网络通讯监听可谓传统一对一电话监听的虚拟形态化,在各类网络通讯监听中亦是最简单的一种。对这种监听而言,除非事先获得了当事人任一方同意,③为避免给其隐私权等基本人权造成伤害,侦查机关均必须先得到法定机关(如法院或检察机关)令状许可后才可实施。

二、即时多人网络通讯监听

即时多人网络通讯主要是指依靠多人网络通讯软件工具如腾讯QQ群或各大门户网站聊天室等登入远程主机进行的不特定多方当事人实时信息交流。同即时单独网络通讯一样,这种通讯方式在网络时代也备受推崇。即时多人网络通讯监听则专门针对此类通讯方式凭借特殊网络监控软件来就其网络交流信息展开截获。不过较之前述即时单独网络通讯监听,该类型网络通讯监听的危害要大得多。因为即时多人网络通讯当事人并非仅局限于特定双方,它的参与者往往数目众多,数人、数十人甚至成千上万人均有可能。在这样一种环境中展开监听,势必极容易伤及不特定多数人相关隐私权、通讯自由权等基本人权。即便侦查人员等监听者能够事先征得部分当事人允许后才实施监听,也不可能每一个网络通讯参与者都会心悦诚服地对监听活动表示同意。久之,若总是以个别当事人许可为借口草率实施此类监听,这自然会导致公权力滥用,令普通民众基本人权被恣意践踏。所以,对即时多人网络通讯监听来说,除非系情形特别危急(如恐怖分子正策划危害国家安全等),无论是否征得了某些通讯当事人同意均要事先申请法定机

---

① 参见马忠红:《通讯信息的侦查价值及侦查方法》,载《贵州警官职业学院学报》2008年第5期,第50页。
② 参见郝静:《网络侦查技术在走私犯罪侦查中的应用研究》,暨南大学2013年硕士学位论文,第14页。
③ 当然,这种同意并不需要双方当事人均表示首肯。因为既然一方当事人大胆向另一方当事人透露某些信息也就意味着他此刻信任对方而承担起了相应泄密之风险。

三、非即时网络通讯监听

非即时网络通讯大多为凭借 E-mail 或 Blog、BBS、微博等方式进行的不特定若干方当事人非实时信息交流。与即时单独网络通讯和即时多人网络通讯一样,它目前也是非常普遍的一类网络通讯形态。如将个人心情文字化表达的 Blog、数字化社区 BBS 或微博等,都在网络空间内得到了广泛应用。非即时网络通讯监听,换言之,即专门针对非即时网络通讯用"食肉者""铁马冰河"等特殊监控软件在确定好目标计算机具体通讯路径(如物理地址或 IP 地址)后来智能化地搜索、复制、记录此类通讯路径传输的各种电子信息。这种监听方式在信息时代也已得到了经常性运用。以 2003 年两会期间清华、北大校园餐厅爆炸案为例,犯罪嫌疑人黄某在案发后便化名"黄老邪"不但在 BBS 上大肆宣扬作案经过,更得意扬扬地广发 E-mail 介绍爆炸装置构造和作案目的,公安人员得到电信部门配合后积极开展网络通讯监听最终将其一举擒获。① 应该说,非即时网络通讯监听范围在三类网络通讯监听中是最广泛的。因为此等通讯工具形态繁多,既有 E-mail,又有 Blog、BBS、微博、播客等,那么要监听的范围自然较前两类更加深远。上至普通网页浏览监控、流量监视,下至 FTP 命令监视、TELNET 命令监视、端口映射和 PP-POE 拨号监控,②无不囊括其中。但是,也正基于非即时网络通讯监听范围过于广泛深远,展开这类监听事先是否要申请法定机关令状许可就愈发难判断。例如在著名的加拿大 R.诉默瑞恩案中,便衣警察付费上 BBS 获取相关网络通讯数据信息从而顺藤摸瓜查获了一名犯罪嫌疑人,随后案件审理过程内法官拒绝了被告提出的警方行为乃侵犯公民隐私权的违宪行为之抗辩理由。主审法官认为 BBS 与普通私人电子邮件不同,它属于畅所欲言的公共自由场所,不存在隐私性,故警方行为并不违宪,无须事先获取令状许可。③

---

① 参见梁坤:《论网络监控取证的法律规制》,载《中国刑事法杂志》2009 年第 10 期,第 58 页。
② FTP 是互联网文件传输协议,TELNET 系互联网远程登录的标准协议和基本方式,端口映射主要功能在于将公网地址转化翻译成私有地址实现网络共享,PPPOE 拨号则主要用于小区组网。对它们进行监听都能够获得大量相关网络通讯数据信息。
③ 参见王文华:《互联网上侦查权与隐私权的冲突及其刑事政策——以加拿大为视角》,载《比较法研究》2003 年第 6 期,第 79 页。

第三节　网络通讯监听的基本性质

基本性质是事物自身具有的与其他事物相区别之根本属性。作为事物的本质,它乃特征的内核表现。对于网络通讯监听来说,其基本性质主要包括技术性和强制性两方面。

一、技术性

网络通讯监听系主要依靠高度发达的计算机和互联网来展开犯罪侦查工作,它理当具备相应技术属性。但该技术属性究竟有多强,它能否令技术性成为网络通讯监听的基本性质呢?毕竟在一个科学技术无所不及的年代,任何事物都或多或少带有技术化色彩。只有当此等技术比重达到一个较高的地步,方可将技术性界定成它的基本性质。

由于网络通讯技术在信息社会中运用范围越发辽阔,特别是伴随着人类全面进入云计算、大数据环境下的信息社会,网络通讯俨然已成为人们学习、工作、生活最重要的媒介。可以毫不夸张地说,没有网络通讯存在,人类交往就将一事无成。譬如借助网络交往买卖双方达成交易,利用网络通讯进行远程问诊,公司企业依靠网络信号召开远距离视频会议等。既然人类交往必须仰仗网络通讯,而犯罪作为最广义人类行为之一,它的进行也无法离开网络。如此一来,当今时代若想对犯罪行为实施有效遏制,在侦查活动中就必然需要对某些高危犯罪展开网络通讯监听。故网络通讯监听是随着电子计算机和互联网高速发展而产生的,没有代表现代社会最前沿科技的电子计算机和互联网,就不存在该监听手段。并且,借助各类特殊软件实施的相关网络通讯信息监听行为绝大多数情况都是很难被非专业人士察觉的。特别是当电子计算机和互联网发展进入到云计算、大数据阶段后,依靠自身公权力的便利和高技术设备,侦查机关能更容易绕开个人PC终端直接在"云端"(网络服务商的服务器)截获大量通讯信息,几乎可以做到神不知鬼不觉。所以,网络通讯监听的技术含量无疑相当之高,技术性理当成为其基本性质。

二、强制性

所谓强制性,顾名思义即违背当事人意愿而强行为之。网络通讯监听通常情况乃一种秘密通讯截获手段,那它是否具备浓郁的强制性呢?侦查措施广义上包括任意侦查措施和强制侦查措施,前者系被侦查人同意或允诺下进行的侦查,后者则系未征得被侦查人同意或允诺而强行违背其意愿展开的侦查。① 由于任意侦查措施体现了对被侦查人的尊重,其正当权益被侵害程度相对较轻,强制侦查措施带有较大强迫特征,被侦查人正当权益遭受侵害程度相对较大,故强制侦查措施历来都是法律规制的重点。在对侦查中的网络通讯监听实施探讨时,我们势必应在基本性质上完成其是否有强制性之准确认定。

对侦查措施强制性的认定,迄今日本学界共形成了传统见解、权利侵害说、新强制处分说和私生活秘密保障说等几种主流法理观点。传统见解认为必须有物理上的有形强制力存在方可构成强制侦查;权利侵害说主张只要被侦查人正当权益遭受侵害即成立强制侦查;新强制处分说主张强制侦查必须以事实上的强迫行为和课以法律义务为基本构成要件;私生活秘密保障说则认为大凡对个人私生活秘密造成侵犯便构成强制侦查。在这几种主流观点内,传统见解因更多着眼物理有形强制力,伴随人权保障意识增强和技术侦查手段运用,现已逐步被淡化。② 而根据其他三种观点,无疑网络通讯监听都符合强制侦查之判定。首先在权利侵害说上,网络通讯监听很容易导致普通民众隐私权、言论自由权、通讯自由权和私有财产权这些正当权益被损害;其次在新强制处分说上,尽管网络通讯监听是一类看不见摸不着的计算机虚拟技术,不可能给被侦查人带来物理有形强制力,但它依旧会出现事实上的强迫行为(以现代高科技信息技术强行去获取被侦查人及相关人员私密通讯信息)并课以法律义务(在打击犯罪的正当目的下迫使相关人员私密通讯信息被获取之结果合法化);最后在私生活秘密保障说上,既然网络通讯监听的应用极易损伤普通民众隐私权、言论自由权和通讯自由权,个人私生活秘密自会大受侵害。以2012年闹得沸沸扬扬的美国"棱镜门"事件为例,美英情

---

① 参见宋英辉著:《刑事诉讼原理》,法律出版社2003年版,第272页。
② 参见宋英辉著:《刑事诉讼原理》,法律出版社2003年版,第275—276页。

报机构利用网络监听甚至对戒备森严的各国首脑各类电子邮件数据成功实施截获。① 连国家政要都不能幸免,普通民众个人私生活就更无秘密可言。

另外,即便侦查机关进行网络通讯监听获取某些信息系被侦查人等相关人员自愿提供的,这也不能否定其强制性而充其量只能说此刻强制色彩淡薄些。主要原因有三:一是很多普通民众根本不具备专业计算机和互联网知识,不少场合下的所谓"同意"或"允诺"未必真的就是其本意。譬如非计算机专业的普通网友就很难知晓服务器端自发生成的cookie用途,即便网络服务商明确告知他可以禁用cookie,他也不一定完全掌握如何删除这些容易泄露自身通讯隐私数据的cookie之技巧。在这种情形下该网友作出了允许侦查机关通过cookie以特殊拦截软件收集其通讯数据信息的承诺,很大程度上自愿性也是大打折扣的;二是就算某些通讯数据信息被相关人员自愿公布出来时不带有私密色彩,但受过专业训练的侦查人员很可能依旧凭借此等平淡无奇的自愿公开信息解读出众多关键敏感议题,这往往是当事人所料不及的。例如2010年央视体育频道女记者徐莉不过在论坛上随意发布了几张自己购买的鞋架照片,竟被好事网友从鞋尺码、房屋布局等不起眼信息推断出了她的毕业院校、身高、工作单位、姓名和婚姻状况等隐私。② 2012年陕西安监局局长"表哥"杨达才也因公开披露在互联网中为数不多的几张照片被细心网友发现其中有10多块名表和价值不菲的皮带、眼镜,从而推断出他消费远远超过同级别公务员工资水平,必有着严重经济问题。③ 非专业人士尚且能发挥出"福尔摩斯"的奇效,训练有素的侦查人员借助网络通讯监听手段就更可想而知了;三是即使个别被侦查人等相关人员真正同意或允诺下进行的网络通讯监听不存在丝毫正当权益遭受侵害现象,但考虑到网络通讯监听手段运用整体上带来的负面效应,我们也宜将其纳入强制侦查措施范畴,受法律严格规制确保能得到合理使用。毕竟任意侦查措施因正当权益被侵害程度相对较低,法律约束自然较少。倘若仅是某些相关人员同意或允诺下启用的网络通讯监听未造成正当权益侵害就把它笼统归入任意侦查措施而放松了法律管控,这显然是避重就轻。

---

① 参见李娜:《"棱镜门"暴露出大数据时代隐私危机》,载《科技导报》2013年第31期,第9页。
② 参见仵佩:《鞋架照片"人肉"出中央电视台女记者 网友接龙搜索,隐私无处存放》,载 http://www.hsdcw.com/html/2010-9-9/294051.htm,2011年9月2日访问。
③ 参见杨月辉:《大数据时代网络反腐新特点》,载《学习时报》2012年11月5日第005版。

不过,对被侦查人等相关人员真正同意或允诺下进行的网络通讯监听,考虑到当事人自愿性和监督耗费之成本,未来司法实践中不妨监管适当灵活些。①

第四节　网络通讯监听与传统通讯监听的关系

网络通讯监听系凭借各种技术手段或最基本的人体感官来获知他人互联网通讯数据信息之行为。而传统通讯监听,主要指采用通常非网络虚拟环境下的听取、记录自然对话、有线或无线通讯的方法来获知他人信息之秘密活动。最广义上,无论新兴的网络通讯监听抑或传统通讯监听,肯定都乃监听之具体表现形态,彼此有着千丝万缕的必然联系。通过将网络通讯监听与传统通讯监听展开深入比较剖析,找出彼此相同、相近处及相异的个性化特点,便能有效防止二者产生混淆,更进一步助于正本清源完成侦查中的网络通讯监听概念精确厘定。对此犹太现象学家胡塞尔(Edmund Husserl)也认为,本质并非时空中的自在,而只是在把握它的行为中被把握到、被体验到、被直观和明证性地给予,认识的真正含义并非去认识"对象中的本质",而是要将一切假设先"悬置"起来,从而去认识"本质的对象"。②

一、网络通讯监听与传统通讯监听的相同点

所谓相同点,多指不同类别事物在本质层面的相同、相似特征。由于最广义上网络通讯监听和传统通讯监听均属于监听,兼之二者都是用来查明案件真实情况,故它们的相同点非常明显。大体而言,这主要包括以下三方面:

首先是实施目的上,无论是虚拟环境下启用的网络通讯监听抑或现实社会内动用的传统通讯监听,它们实施目的都是希望能够借助此类侦查措施顺利查明案件真相收集到必要证据,继而以法院进行刑事审判的公权力运作模式来完成规制犯罪、维持社会公共秩序的需要。倘若不是出自这一实施目的,譬如仅仅是为了

---

① 譬如当被侦查人等相关人员真正表示同意或允诺时,可以不需要像未表示真正同意或允诺情形那般必须先由法院等有权机关颁发令状才能进行网络通讯监听。
② 参见 *Edmund Husserl*:*Cartesian Meditation*,*The Hague*,*Martinus Nijhoff*,1977,p.14 – 25.

猎奇、窥伺他人隐私甚至敲诈勒索等，那便绝对无法构成侦查机关动用的网络通讯监听或者传统通讯监听。

其次是在运作程序上，网络通讯监听和传统通讯监听都必须要严格按照法定程序运作受到法律严格制约。监听乃一种强制性侦查措施，强制性措施本身就意味着它无须考虑对方主观意志，极易造成较大人身、财产等合法权益损害。故为尽量避免给他人乃至国家、社会正当利益带来侵害，现代法治国家均设置了一系列约束机制规范强制性侦查措施具体运作。以美国为例，遑论网络环境或者传统监听，都要受到"合理隐私期待"原则的强力掣肘。[1] 这么一来对运作程序而言，网络通讯监听和传统通讯监听一样都要受到严密规制程序的约束。

最后是在违法实施需承担的法律责任上，不论网络通讯监听或者传统通讯监听，只要具体实施过程中违反了相关法律规定，它们均应按要求分别承担法律责任。法律乃现代文明社会正常、高效运作的基本保障，任何人、任何机构、任何行为、任何事物都不得凌驾于法制框架之上。所以，只要侦查活动违背现行法律制度给他人合法权益乃至国家、社会整体利益造成了一定程度损害，那都需按照法律条文具体要求承担相关责任。譬如侦查机关为获取有力证据既未征得当事人许可也无法定机关颁发的令状就随意大肆截获他人电子邮件信息或者私自窃听其手机通话，假设给相关人员造成了较大权益侵害，受害人便可提起诉讼追究其民事、刑事责任，获取之资料信息也可能被法院视具体情形排除证据可采性。[2]

二、网络通讯监听与传统通讯监听的不同点

所谓不同点，即不同类别事物在本质层面的相异、互相甄别之特征。尽管从前述可知，网络通讯监听和传统通讯监听相同点或共性非常明显，但彼此大相径庭之处亦俯拾皆是。总体而言，这主要涵盖下列六方面：

首先是在实施平台上，网络通讯监听和传统通讯监听差别迥异。顾名思义，网络通讯监听乃适用于互联网通讯环境，传统通讯监听则运用在现实社会的信息

---

[1] 参见向燕：《第三人理论与美国刑事诉讼中的通讯隐私保护》，载《国家检察官学院学报》2008年第5期，第152—160页。
[2] 当然，究竟是否应排除其证据可采性在很多国家都要衡量诸多因素进行全面评价方能作出最终结论。以德国为例，若届时法官认为国家发现案件真实的利益小于因非法取证行为所受侵害的法益，违法取证获取的各类资料信息才无证据可采性。

交流中。譬如借助"食肉者"软件对电子邮件进行截获,这一过程就发生于看不见摸不着的虚拟赛博空间内;反过来利用窃听器窃听当事人在会议室的谈话,窃听器、会议室等都是看得见摸得着的。故二者实施平台有着明显差别。

第二是在直接实施主体上,网络通讯监听和传统通讯监听也有较大差异。虽然网络通讯监听和传统通讯监听均为国家侦查机关主导下进行的侦查活动,但前者的技术含金量要远远高于后者。以电子邮件的截获为例,若要拦截特定的电子邮件数据,则必须设置必备的特殊监控软件。而这些高科技的软件设置、适用绝非像传统通讯监听那般由侦查人员简单安置一套窃听器材即可。它往往需要侦查机关、电信部门、相应网络中介服务提供商(ISP)或内容服务提供商(ICP)的通力协作。在跨国界的网络通讯监听中,有时甚至还要得到国外网络运营商之鼎力相助。所以,网络通讯监听的直接实施主体要比传统通讯监听复杂许多。[①]

第三是在造成的负面效应上,网络通讯监听与传统通讯监听相差悬殊。监听作为一种对人性进行强行扼杀的秘密侦查手段,无论发生于网络环境或传统社会都会给普通公民通信自由权、隐私权等基本权益带来破坏,但网络通讯监听的危害就更甚。毕竟互联网是一个畅所欲言完全开放的空间,而要对该领域实施隐秘窃听又仅需一些特殊拦截软件利用调制解调器拨号、路由器登录上网即可完成。它根本不像传统通讯监听那般还要配置专业的监听器材如接触式窃听器、袖珍录音笔等,有时甚至相关拦截软件都能在互联网中自由下载使用。因此,就造成的负面效应来说,网络通讯监听要远比传统通讯监听更加深远。

第四是在具体适用程序上,网络通讯监听和传统通讯监听区别明显。尽管它们二者均属于强制性技术侦查措施,为尽量避免给他人、国家和社会正当利益造成损伤,它们都要受到国家法律的严格制约。譬如现行《中华人民共和国刑事诉讼法》第150条就明确指出"采取技术侦查措施,必须严格按照批准的措施种类、适用对象和期限执行"。不过,由于网络通讯监听主要是在虚拟网络数字环境下使用,传统通讯监听则只发生于现实社会,前者要实施起来往往更加简单隐蔽,造成的侵害范围也更广。故对监听申请、令状颁发、监听通讯数据信息收集与分析等诸多程序细节而言,网络通讯监听较传统通讯监听自然会更加严苛。

[①] 参见李明著:《监听制度研究——在犯罪控制与人权保障之间》,法律出版社2008年版,第231页。

第五是在非法证据排除上,网络通讯监听和传统通讯监听也非一概相同。毋庸置疑,监听作为搜集证据的侦查方式,倘若它给公民基本人权造成了较严重侵害,其获得的资料之证据可采性必将受到排除。但在此方面,虚拟数字形态的网络通讯监听和传统通讯监听仍有一定差异。这主要是因为网络通讯监听带来的负面效应大多要高于传统通讯监听,其非法证据排除力度肯定会一定程度胜过传统通讯监听。另外,由于网络通讯监听的具体运用和侦查机关网络监控、普通网络信息获取及政府网络舆情监测不少情形下都较难界分,①它的非法证据排除判断和其他证据规则运用也要比传统监听复杂许多。②

最后是在普通民众认知心态上,网络通讯监听和传统通讯监听同样大相径庭。就网络通讯监听而言,因互联网自身发展时间并不算太长,普通民众对网络通信自由权、网络隐私权重视程度尚达不到现实社会生活之地步。在他们心目中,网络通讯监听更多被看成了一种寻常网络安全的侵害,仅仅是黑客行为而已。但传统通讯监听较网络通讯监听在普通民众心里则要敏感忌讳许多,无论是新闻媒体报道或者《国家公敌》《窃听风云》等流行影视作品的渲染,都令人们既意识到监听乃侦查机关特殊侦查活动,又深深领教了通讯自由、隐私权被侵害的巨大危害。所以,虽然网络通讯监听与传统通讯监听均一定程度被普通民众所认知,但具体心态上的差异仍相当悬殊。

---

① 侦查机关网络监控即最广义的网络侦查取证,普通网络信息获取是寻常私个体和国家公权力机关对网络公开数据信息的收集,政府网络舆情监测则是政府机关借助特殊监控软件对网络民意的收集与分析。由于它们都要运用到特殊软件程序,其具体使用往往会产生混淆。实质上,国内学界也有学者将网络通讯监听和侦查机关的网络监控混为一谈。笔者认为,侦查机关网络监控的范畴要广于网络通讯监听,因为监控意味着不但要对当事人交流的信息予以截获,同时更要广泛地收集网络中各类同案情相关的信息。这其中有些的确属于侵犯隐私等基本权益的网络通讯监听,但还有很多仅仅是对网上公开数据信息的采集而已,它们未必会牵涉到非法证据排除问题。至于普通网络信息获取、政府网络舆情监测,虽然表面上有和网络通讯监听相似之处,但其目的与侦查并无任何直接干系。对其他学者观点,具体可参见梁坤:《论网络监控取证的法律规制》,载《中国刑事法杂志》2009年第10期,第58—66页。

② 参见王耀承:《美国刑事侦查中的电子邮件监控制度研究——兼考美国隐私权保护状况的变迁》,中国政法大学2008年硕士学位论文,第39—41页。

第三章

侦查中的网络通讯监听法制化基础

所谓法制化,概言之,即国家实现法制的动态过程,它主要强调通过法律制度的确认、规范、调整和保护(纳入法制轨道)令国家与社会基本关系、主要活动能够按合理高效的现代原则运行并不断朝着法治国家迈进。① 毋庸置疑,对现代文明国度来说,法制化是第一要义。毕竟法律乃"分配权利与义务,并据以解决纷争,创造合作关系的活生生的程序",②它"给人们以一种安全感和可靠感,并使人们不致在未来处于不祥的黑暗之中。"③而网络通讯监听作为信息社会方兴未艾的全新技术侦查措施,尽管恰如常人所言"存在即具备合理性",但在闪烁着理性智慧之光的现代文明社会,它是否亦需同其他人类活动一样进行法制化得到国家法律确认、规范、调整和保护呢?笔者认为,答案应当是肯定的。故在本章内,笔者将从现实基础和理论基础两层面出发,就侦查中网络通讯监听为何需进行法制化的必要性及合理性展开全方位深入探讨。

---

① 参见宋蕾、陈涛:《侦查学视野下的我国侦查法制化探讨》,载《犯罪研究》2010年第3期,第18页。
② [美]哈罗德·J. 伯尔曼著:《法律与宗教》,梁治平译,三联书店1991年版,第38页。
③ [英]弗里德里希·冯·哈耶克著:《自由秩序原理》(上册),邓正来译,三联书店1997年版,第374页。

第一节　侦查中网络通讯监听法制化的现实基础

现代唯物主义哲学告诉人们,物质乃人类生活世界的基础与依托。世界就是物质的世界,包括社会生活在内之整个世界均是多样性的物质统一体,①人类一切现实实践活动都必须仰仗其存在作为前提。同理,网络通讯监听这种信息社会的人类新兴侦查实践活动,究竟是否需要实施法制化,也应当参照客观物质化的现实社会实践来定。通过对相关具体社会司法运作情况着手剖析,不难发现其既有着极强烈的正面价值,同时又存在着不容小觑的负面效应,这种深刻的现实价值悖论,理当需要法制化方式来合理引导它兴利除弊。

一、网络通讯监听存在巨大正面价值

正面价值乃客体满足主体需要的积极意义或客体的有用性。② 对侦查中的网络通讯监听而言,即展开网络通讯监听侦查活动在全社会层面取得之积极效用。且它彰显的积极效用愈大,就更应获得我们鼓励与支持。笔者认为,网络通讯监听系信息社会中的一种技术侦查措施,既然它能在侦查活动中得到应用来打击、遏制犯罪,那自然就有着充分的正面价值。

（一）网络通讯监听能够有效满足打击现代犯罪的需求

众所周知,市场经济的不二法则便是存在何种需求就会紧跟着出现相应之产品供给。从世界范围来看,当前犯罪总数一直呈现出激增趋势。在英国,犯罪数量几乎每隔十年便要翻一番,德国上世纪80年代短短十年间犯罪数量也剧增了200多万。③ 考虑到英、德两国均属经济与文化较发达、法制较健全、治安环境较好的发达国家,对于那些经济和文化欠发达、法制不健全、治安环境较恶劣的发展

---

① 参见杨春贵、张绪文、侯才主编:《马克思主义哲学教程》(修订本 第二版),中共中央党校出版社2002年版,第41页。
② 参见张文显主编:《法理学》,北京大学出版社、高等教育出版社1999年版,第208页。
③ 参见李明著:《监听制度研究——在犯罪控制与人权保障之间》,法律出版社2008年版,第117页。

中甚至最不发达国家而言,其犯罪数量恐怕更要高出许多。以网络通讯监听为代表的一系列新兴技术侦查措施具备极强的秘密性和渗透性,能够更好地在犯罪嫌疑人、被告人尚未意识到侦查手段运用时就已经收集到了相关证据。并且除了犯罪总数的大肆增加外,现代社会犯罪还普遍展现出高智能化和超强隐蔽性之特征。一方面,由于互联网和 IT 技术的迅速普及,许多新型智能犯罪形态如利用病毒程序破坏计算机信息系统、网络诈骗、网络洗钱、网络传销、网络赌博等无不大量涌现。它们因为大多要借助到一定程度的科技尤其是计算机知识,较之传统的诈骗、抢劫、投毒等犯罪形态便往往带有更多专业技术色彩,不具备相关知识或素质者很难完成此类犯罪。故其高智能化特征相当明显,凭借传统方式进行侦查难以奏效;另一方面,随着网络技术的广泛运用,很多高智能犯罪如破坏计算机信息系统罪等都发生在虚拟的赛博空间内,而虚拟环境又是看不见摸不着的,无论犯罪预备、犯罪实行、具体危害结果等等各方面都难以一目了然展开判断。兼之这些高智能犯罪发生于虚拟赛博空间,犯罪分子进行联络也很少像以前那般简单利用传统口头交谈、电话联系、寄送信件等方式实施,BBS、E – mail 等电子虚拟通讯手段使用更多。譬如 2009 年我国新疆发生的"7·5"打砸抢烧严重暴力犯罪事件就是由犯罪分子事先利用 BBS 等网络通讯手段策动完成。① 凡此种种复杂情形交织在一起,现代社会犯罪自然凸显出了超强隐蔽性,更容易让犯罪行为人逍遥法外。

但是,这些现代犯罪毕竟有很多都要依靠互联网来传递信息或者直接在互联网上进行犯罪,我们借助高技术的网络通讯监听手段既不需要与犯罪嫌疑人、被告人正面接触,也无须征得当事人同意,就能够对他们在互联网中传递、发布的各种数据信息实施快捷有效之监控,显然便可较好地查明犯罪分子具体去向,做到定人(筛选犯罪嫌疑人等)、定时(记录网络通讯起止时间等)、定位(锁定犯罪嫌疑人大体位置等)甚至事先就对其犯罪策划、企图予以全面掌握,从而顺利打击、预防数量剧增又带有高智能性、超强隐蔽性特征之现代犯罪。所以,从这一点上说,网络通讯监听此类高科技侦查产品供给出现无疑可有效满足打击现代犯罪的社会需求。

---

① 参见曹志恒、毛咏、王大霖:《新疆"7·5"打砸抢烧严重暴力犯罪事件目击记》,载 http://news.sohu.com/20090707/n265028456.shtml,2013 年 10 月 8 日访问。

(二)网络通讯监听合乎现代民主社会公民权利运作要求

如果说能有效满足打击现代犯罪之需求可谓网络通讯监听存在的实际操作性正面价值,那它合乎现代民主社会公民权利运作要求便可看作其存在的原理性正面价值。根据现代民主社会公民权利运作的"主权在民"理论,它强调国家全部权力来自人民并归属人民,它必须时刻受到人民的绝对控制,人民或公民权利是最为神圣的。①"我将选择这样一个共和国:那里的人民很满意自己有权批准法律;他们可以根据首长们的提议集体地来决定最重要的公共事务;建立一些受人尊重的法庭;慎重地划分国家的省份和县份;……这就是诚挚而永久和睦的征兆和保证。"②但是,这并不意味着公民权利永远都要不加任何限定的放置于第一位。某些特殊紧急情况下,国家凭借普通人让渡自身私权利所形成的公权力来对公民生活实施必要干预更有助于他们长远权利运作之保护。譬如在传统社会领域,为打击、遏制具有严重社会危害性的犯罪活动,国家侦查机关采取无须考虑受侦查对象个人意志的监听、拘留、搜查、扣押等强制侦查措施表面看极易侵害对方通讯自由、人身自由、隐私权、财产权等诸多基本权利。但只要此类活动合乎国家法定程序,从长远看,它乃牺牲短期少数人利益来捍卫长期性大多数人利益或者公共利益,所以无疑是符合公民权利运作要求的。

网络通讯监听亦是如此,毕竟现代社会已经大踏步进入到信息时代,互联网很大程度取代传统通讯方式成为了人们重要的交流、联络工具。它为人类提供着全新交往媒介,消除时空障碍,拓展交往空间并大大缩短交往距离。由于网络通讯已经几乎凌驾于其他通讯方式之上,对那些具备严重社会危害性如侵害国家公共安全等犯罪行为在符合法定程序情形下实施网络通讯监听,表面似乎伤及被监听对象的网络通讯自由权、网络隐私权和网络言论自由权等人权,但实质乃保护国家、社会及大多数人长远利益。故只要巧妙控制在国家责任(遏制犯罪)界限之内,禁止其采用过度措施,网络通讯监听就很明显合乎着现代民主社会公民权利运作要求,"提前排除危险,保障公共安全和公共秩序,使社会免受犯罪的侵害或

---

① 参见欧阳爱辉、谭治国:《主权在民视野下的私人刑事调查法制化必然性》,载《嘉应学院学报》2011年第9期,第45页。
② [法]卢梭著:《论人类不平等的起源和基础》,李常山译,商务印书馆1962年版,第54页。

尽量减少犯罪对社会的危害……"①。

二、网络通讯监听存在不容小觑的负面价值

负面价值系客体对主体所造成的消极意义或客体的有害性。凡事有利便有弊,对网络通讯监听来说,即展开网络通讯监听侦查活动在全社会层面产生之消极效用。正如硬币有着正反两面一样,网络通讯监听的负面效应也是必然存在的。并且倘若这种负面价值越大,我们就更应对其以法制化措施进行强力遏制。假设不能加以法律有效引导,其危险必将愈发加剧。

(一)网络通讯监听易损害公民人权

所谓人权(human right),多指人之所以为人的各项基本权利。它既是人类社会最高形式和最具普遍性的权益总称,又乃人(human)区别于其他一切低等动物(animal)的观念、道德、政治和法律的基本标尺。② 同前所述,符合法定程序开展的网络通讯监听无疑是牺牲眼前个别人的权利来保卫国家、社会、其他大多数人之整体利益。但是,被监听对象的人权始终还是被侵害了。其中损伤最为明显的,即被监听对象在网络环境下的通讯自由权、隐私权、言论自由权、私有住宅不受侵犯、私有财产不受侵犯权等。

首当其冲被侵害的是网络通讯自由权。网络通讯自由权即公民享有借助不被第三人所探知的各类网络通讯方式与他人进行交流之权利。它作为人权在网络环境下的一种具体表现形态,往往意味着人们彼此间交流信息的自由流动。并且,这种通讯自由还预示着通讯秘密。因为如果不存在通讯秘密,可以随意获知其他人通讯内容,那人们有着种种顾虑又如何敢进行自由交流呢?现行《中华人民共和国宪法》第 40 条也明确指出,"中华人民共和国公民的通信自由和通信秘密受法律的保护。"譬如侦查机关对雅虎聊天室、微信群内的聊天信息予以截获,聊天室、微信群虽系一网络开放畅所欲言之空间,但要想在其中发言仍然大多需履行注册、得到聊天室、微信群管理人员许可等一系列步骤。侦查机关利用特殊黑客软件成功实现对聊天室、微信群内电子数据信息的获取,这首当其冲便损害到被监听对象的网络通讯自由权。因为通讯自由意味着普通公民彼此进行联络

---

① 吕耀怀、黄晓权:《技术侦查及其法制化进路》,载《湘潭大学学报》(哲学社会科学版)2011年第 6 期,第 53 页。
② 参见张文显主编:《法理学》,高等教育出版社、北京大学出版社 1999 年版,第 96 页。

应无拘无束不受第三方刺探,现在他们交流的信息却被国家公权力机关轻易获取,这自然就伤及他们互联网空间中的通讯自由权利。

随之而来被侵害的则是网络隐私权。网络隐私权即公民在网络环境下不愿公开或被他人知晓的秘密。最广义层面,网络通讯秘密权(对网络隐私的隐瞒权)无疑也囊括于网络隐私权之中,但网络隐私权除了网络隐私隐瞒权以外,还包括各种网络隐私的利用、维护和支配权,其本质核心即对公民个人网络数据信息所享有的自治和自决之权利。网络隐私权的确立并得到国家法律和公权力机关充分保障,是人类社会进入到信息时代的一种进步,也是普通公民个人尊严、情感、生活得到法律保护的重要手段以及充分实现人与信息社会和谐发展的必然要求。但网络通讯监听的实施,就难免令网络隐私权这种公民对其与社会公共利益无关的个人互联网信息、私人活动和私有领域进行支配的人格权因侦查机关的涉足而受到大肆破坏。毕竟网络数据信息有相关人员愿意公开的(如个人未作任何访问限制的微博日记),也有相关人员刻意或必须隐瞒的(如个人家庭地址甚至银行卡密码)。倘若那些普通民众不愿意外人知晓的信息在监听过程中被获取了,这无疑是对他们网络隐私权赤裸裸地侵犯。有学者对此便忧心忡忡地指出,侦查活动对特定人群私人空间的必然侵入性带来的种种问题,使得网络侦查与公民隐私权的冲突逐步展现。①

第三是网络言论自由权。它作为言论自由权在互联网状态下的延伸,指的是任何公民都有在虚拟空间内发表自己主张和意见的自由。从宪政价值角度来看,网络言论自由权能够维护民主实现民主、实现法治破除人治。② 而网络通讯工具的出现打破了时空障碍,令人们交往模式更加具备自由性,呈现出前所未有的广袤空间和自由天地。但假设此类网络通讯监听活动成为常态又缺乏法律必要约束引导,普通公民在互联网环境进行交流时总是顾虑到有第三方蜷缩一旁窥探,他们就不敢像以前那样随意开诚布公进行自由交流,网络言论自由权也将随之受到不同程度伤害。对于具有现代科学文化知识和文明精神的私个体而言,若缺乏一个不受限制、不受干涉的私人生活领域空间,就无法充分显示他的个性自由,其

---

① 参见段蓓玲:《网络侦查与公民隐私权研究》,载《湖北警官学院学报》2015年第2期,第15页。

② 参见闫斌:《网络言论自由权宪政价值初探》,载《理论月刊》2013年第4期,第108页。

个性自由发展必将受到严重阻滞。①

最后,网络私有住宅不受侵犯权和网络私有财产不受侵犯权也会或多或少受到侵害。从最广义层面来看,网络环境下的个人虚拟空间同样可视作普通公民在互联网中的私有住宅。正如同现实社会中的私有住宅乃私个体尊严之最后维护地一样,网络私有住宅(个人虚拟空间)无疑也是普通公民在互联网中的最后家园和城堡。但网络通讯监听的进行必然将导致国家侦查机关侵入这一网络空间私人领地,网络私有住宅不受侵犯权就会变得形同虚设。此外,网络私有财产不受侵犯权亦会深受其害。由于网络通讯监听收集的数据信息有很多难免同个人财产密切相关,如网络购物消费信息、私人存贷款信息等。通过获取此类信息,普通公民私人财产甚至还有可能被窃取,其私有财产权便无法得到妥善保护。更何况若侦查机关绕开法定程序恣意实施网络通讯监听,得不到法律有效掣肘,它造成的网络私有住宅不受侵犯权和网络私有财产不受侵犯权等公民人权损伤必然愈发严重。

(二)网络通讯监听易导致侦查权的滥用

侦查权系刑事诉讼领域国家特定机关依法享有的对刑事案件进行立案、调查、勘察、取证以确定犯罪事实、查明案件的一种国家公权力。毋庸置疑,网络通讯监听乃一类技术侦查措施,它的使用必然牵涉到侦查权之具体运作。但监听和拘留、扣押、搜查等侦查措施不同,它带有更多秘密行动色彩。网络通讯监听发生在看不见摸不着的互联网赛博空间,就更难被人所察觉。刚好我国又是一个法制尚未健全的发展中国家,对于传统的通讯监听活动都还没制定出具体法律规定予以明确规范。② 比传统通讯监听更加隐蔽、波及面更广的网络通讯监听就愈发处于无法可依的空白地带,兼之国家公权力又带有强烈进攻性、侵略性和扩张性。而根据侦查学相关原理,侦查权的配置必须符合权力与权利相平衡、权力与职责相匹配、权力分散与集中相结合、权力强度与程序繁简成正比、权力效益最大化五

---

① 参见余凌云、洪延青:《反恐侦查中的监听权力规制》,载《中国公共安全》(学术版)2007年第9期,第105页。
② 即便是2012年最新颁行的《中华人民共和国刑事诉讼法》也仅是简单规定公安机关、人民检察院可以根据侦查需要经过严格程序后动用各类技术侦查措施。但所谓的严格程序具体是什么,谁有权作出决定准允公安机关、人民检察院启用此等措施均未提及,它们能起到的规范、制约作用无疑相当有限。

项基本原则。① 若欠缺法律必备引导约束,网络通讯监听就明显背离了上述五项基本原则,极易造成侦查权滥用。

其一在权力与权利相平衡原则上,由于欠缺法律明文规定对网络通讯监听具体行使予以规范,侦查机关便很容易钻法律漏洞巧借法无明文规定而随意频繁动用网络通讯监听技术手段对公民用 E-mail、腾讯 QQ、微信等发送的网络通讯数据信息进行截获,普通公民却无法依靠法律武器来对抗、掣肘侦查机关的相关监听行为。权力与权利自然根本无力做到二者相平衡;其二在权力与职责相匹配原则上,网络通讯监听具体职责是什么,侦查机关彼此权力究竟该如何划分在法律制度层面目前都属于一片空白,那又如何实现权力与职责相匹配?其三在权力分散与集中相结合原则上,侦查实践操作中大部分网络通讯监听职权都掌握在公安机关和国家安全机关网络监控机构手中并辅之以电信部门的通力协作,权力欠缺必需的合理分散,滥用就将变得更加明显;其四在权力强度与程序繁简成正比原则上,当前国内网络通讯监听几乎没有任何专门性程序予以约束,仅是简单规定公安机关、人民检察院可以根据侦查需要经过严格程序后动用各类技术侦查措施,但网络通讯监听实施又可能造成大面积普遍化的网络通讯自由权、隐私权、言论自由权、私有住宅不受侵犯、私有财产不受侵犯权等受损害,故权力强度与程序繁简无法成正比;最后在权力效益最大化原则上,尽管网络通讯监听的使用能最大化帮助我们查清信息时代案情,短期内提高了侦查活动经济效益,但无所顾忌地使用给公民各项人权造成的损害也非常之大。长期下来,必将令人们正常生活、工作秩序大受干扰,严重破坏了侦查活动社会效益。

因此,在日益缺乏必要国家公权力制约情形下,网络通讯监听实施就会愈发随意,侦查权也将慢慢膨胀逾越过原先合理界限,从而导致这种带着强烈进攻、侵略和扩张色彩的公权力出现被滥用的危险。

(三) 网络通讯监听易诱发司法伦理困惑

众所周知,最朴素的伦理道德标准往往要求人们无论从事何种活动都必须以合理正当手段来实现其正当的目的。侦查权虽带有行政权色彩,但从最广义上说侦查活动同样属司法运作范畴,那自然侦查机关开展网络通讯监听也必须如实满

---

① 参见周欣:《我国侦查权配置问题研究》,中国政法大学 2009 年博士学位论文,第 151—153 页。

足司法伦理之根本要求。不过可惜的是,网络通讯监听之出现非但没能迎合我们固有的主流伦理道德标准,反而进一步诱发了相应司法伦理困惑。

首先,网络通讯监听带有暗地窥伺意味。我们知道,无论是传统电话、信件监听截获还是网络通讯数据信息截取,它们均为一种"窃听"的秘密活动。那既然是秘密活动,就必然不大可能正大光明进行。即便侦查机关事先经过法定程序得到了令状许可,对被监听对象来说,它依旧是暗地里实施的行为,非君子所为。这么一来,它自然显得不够理直气壮,实属刑事程序内的不纯之物。而社会大众对法律的尊重和信仰程度乃法律权威树立之关键环节,①网络通讯监听如此不"纯洁",普通民众又如何能对它持有绝对的尊重和信仰树立法律权威呢?

其次,网络通讯监听背离了司法诚信要求。监听作为暗地里开展的活动,常常带有欺诈色彩,这种欺骗对方令其不知不觉中泄露自身秘密的行为显然跟光明磊落、诚实信用的司法诚信标准发生了偏离。以 2003 年两会期间清华、北大校园餐厅爆炸案为例,当时犯罪嫌疑人黄某在案发后化名"黄老邪"在 BBS 上大肆宣扬作案经过,侦查人员为引蛇出洞锁定其准确位置,先后用不同 ID 在互联网注册引诱黄某发言,最后通过对黄某 BBS 发言记录和 E-mail 进行监控锁定他具体所在地为福州市猎人网吧将其一举抓获。② 虽然犯罪分子最终难逃法网,但从纯而又纯的司法诚信标准上看,侦查人员相应行为似乎算不得完全光明诚信。毕竟侦查人员要时刻保持自己的良好形象,体现出个人品质之正义。

最后,网络通讯监听还可能令侦查人员自身道德约束力严重下降。正如俚语所言"网络世界中没有人知道你是一条狗",对这类彼此不见面完全虚拟的网络信息监听活动来说,由于互联网存在高度匿名性,警察等侦查人员在自由环境内受到之约束无形中便会大幅度下降。尽管某些国家可以借"明显不道德"为由对警察等侦查人员相关行为实施法律约束,但这类约束在司法实践活动中很少发生。③ 加上监听本身在中国相关法律制度中就不健全甚至趋向空白,基于"人性本恶"的道德原罪观念,侦查人员自然愈发可能背离基本道德范畴要求为所欲为

---

① 参见王淑荣、孟鹏涛、许力双:《司法伦理在法治国家建设中的价值论析》,载《社会科学战线》2014 年第 12 期,第 205 页。
② 参见梁坤:《论网络监控取证的法律规制》,载《中国刑事法杂志》2009 年第 10 期,第 58—59 页。
③ 参见李明著:《监听制度研究——在犯罪控制与人权保障之间》,法律出版社 2008 年版,第 138 页。

起来。即便日后相关人员的不良行为被揭穿甚至受到严惩,依旧难免出现"塔西佗陷阱"(Tacitus Trap)①造成民众对整个侦查机关基于不信任产生严重的质疑。

第二节 侦查中网络通讯监听法制化的理论基础

理论基础系事物或行为、活动在理论、原理层面得以存续的根基。正确认识或科学理论反映了事物的本质及其正常发展规律,它是在越来越丰富的认识成果基础上经反复加工、升华而成,能够帮助人们预见或预测事物发展趋势与实际进程,并通过实践转化成改造世界的巨大物质力量。② 假若说现实基础主要系由感性认识"实然"方面回答某些事物或行为、活动为什么可以存在的问题(即必要性),理论基础则是主要由深层次理性"应然"剖析出发解答这些事物或行为、活动为什么应当存在之疑惑(即合理性)。故网络通讯监听作为一种已悄然兴起的全新技术侦查活动,究竟是否需要完成法制化,除了要就其现实因素展开探讨外,理论根源思考亦至关重要。从这里或许不难发现,它同样拥有着极深刻、底蕴深厚的理论基础,理当由此来实现侦查中网络通讯监听之全面法制化。

一、宪法理论基础

宪法理论基础,即某些事物、行为或活动在宪法层面的理论依据。毕竟宪法乃一国根本大法,它"代表着一类本源精神,一套兴国安邦总纲的描述与设计,一种道统、政统、法统三者关系的理性宣言"。③ 倘若某些事物或行为、活动能在国家宪法层面获得最普遍承认或者首肯,那也就意味着它得到了根本大法之完全许可,理应广泛存在。通过对各国现行宪法实施分析,可以看出尽管因侦查中的网络通讯监听法制化尚属一新兴技术侦查问题,在各国现行宪法中鲜有就其专门进

---

① 塔西佗陷阱多指当政府部门或某一组织失去公信力时,无论说真话或者假话,做好事抑或坏事,都将会被普通民众认为是在说假话或者干坏事。
② 参见杨春贵、张绪文、侯才主编:《马克思主义哲学教程》(修订本 第二版),中共中央党校出版社2002年版,第179页。
③ 欧阳爱辉:《闲话法律制度的具体象征性》,载朱腾执行主编:《原法》(第3卷),人民法院出版社2008年版,第249页。

行规定的(当然这也有可能是笔者资料收集手段不足造成的缺失),但对诸多跟它密切相关的宏观内容,绝大多数国家宪法仍然作出了具体详尽设定。考虑到宪法在各国法律体系内主要起着总揽全局的整体指导作用,笔者认为,宪法实施的前提即宪法文本具体内容的存在和对其原则以及立法精神的深刻理解,故此等相关内容便可谓我们推行侦查中的网络通讯监听法制化宪法理论基础之明确体现。这亦恰如大法官波斯纳所言,"宪法创制者给我们的是一个罗盘,而不是一张蓝图。"①

第一,各国宪法大多均赋予了国家侦查机关采用各种手段开展侦查活动打击犯罪的能力。根据宪法制度性保障理论,宪法法规可以为某些特定制度提供一类特殊化保护,宪法目标即是在于防止用普通立法来实施某些废止行为。②譬如现行《中华人民共和国宪法》第 40 条就直接指出,"由公安机关或者检察机关依照法律规定的程序对通信进行检查",《荷兰王国宪法》第 12 条规定"私人通信秘密受到保护,但在法定场合根据法院命令扣留检查者不在此限"。③前者就开宗明义地赋予了侦查机关检查通信的权力,它虽然未明确指出针对网络通讯,但广义上理当涵盖其在内;后者则以除外方式规定了相关国家机关可以有条件实施包括网络通讯在内的监听活动。

第二,各国宪法基本上都指出应对公民通信自由、隐私权等正当权益给予最大化保护,不得随意实施侵害,从而为避免网络通讯监听过分使用侵蚀到宪法明确保障的各项公民基本人权设定了必要底线。国家立法、司法者和行政机关都不得侵犯宪法所确认的制度之核心内容,至于公民各项基本人权保护的展开则必须以宪法实施为基础,以国家合宪性法律秩序与社会秩序的生成和具体运行为主干枢纽。例如现行《中华人民共和国宪法》第 40 条强调的"中华人民共和国公民的通信自由和通信秘密受法律的保护",《德意志联邦共和国基本法》第 1 条规定着"人性尊严不可侵犯,尊重和保护人性尊严是一切国家权力的义务",④《大韩民国

---

① [美]理查德·A. 波斯纳著:《法理学问题》,苏力译,中国政法大学出版社 2002 年版,第 178 页。
② 参见那艳华:《"制度性保障"宪法理论的流变及现代价值》,载《北方法学》2016 年第 2 期,第 136 页。
③ 百度百科:《荷兰王国宪法》,载 http://baike.baidu.com/view/1045843.htm,2013 年 10 月 10 日访问。
④ 祝捷主编:《外国宪法》,武汉大学出版社 2010 年版,第 166 页。

宪法》第18条同样要求了公民私生活自由和通信秘密不受侵害。① 故据此不难发现,即便侦查机关要进行网络通讯监听,它一般亦不得越过宪法底线恣意损害普通公民通信自由及隐私权。

第三,各国宪法大多均确立了建设法治国家的基本方针,从宏观上引导着网络通讯监听。制定完备的法律制度,对国家公权力运作和公民私权利行使进行明确规划,从而由立法、执法(司法)、守法等各层面完成国家、社会与公民的良性互动乃当今世界的主流走向。在这样一种情况下,当前绝大多数国家都在宪法中对法制进行了高度尊崇。毕竟具备强大扩张性、进攻性和侵略性的国家公权力若得不到法律有效约束制衡,一定会对公民权利造成程度不一之侵害,严重时甚至肆虐人世间。而具体说来,此等宪法对法制的尊崇又被表征成两种不同形态:其一是明示型,即通过现行宪法具体条文明确表述揭示出国家对法制的推崇。如现行《中华人民共和国宪法》序言所强调的"发展社会主义民主,健全社会主义法制"和第5条规定的"中华人民共和国实行依法治国,建设社会主义法治国家";其二是默示型,即尽管具体宪法文本未明确阐述应尊崇法制,但在其观念层面或者说政治理想、原则追求上对法制持默认态度。譬如美国《联邦宪法》序言强调"我们美国人民,为建立一个更完备的联邦,树立正义,保证国内治安,筹设国防,增进一般福利,并谋我们自己和我们子孙永享自由幸福起见,特制定和确立这部美利坚合众国的宪法"②等,无不体现了现代国家对法制的向往与追求。

故而,既然现行各国宪法大多既赋予了国家侦查机关采用各种手段开展侦查活动打击犯罪的能力,又要求就普通公民通信自由、隐私权等正当权益给予最大化保护且确立了建设法治国家实施法治进行宏观引导的基本方针,它们三者叠加结合于一体,自然就会从宪法理论层面追求着侦查机关网络通讯监听法制化的实现,给予了网络通讯监听法制化充足的宪法理论基础。

二、程序正义理论基础

所谓程序正义,即法律在维护公平正义理念时应不仅仅追求简单化之实体权利义务公正合理性,同时亦要最大限度实现具体程序运作的公正合理性。美国哲

---

① 百度百科:《大韩民国宪法》,载http://baike.baidu.com/view/1418946.htm?fromenter=%BA%AB%B9%FA%CF%DC%B7%A8,2013年12月1日访问。

② 戴学正等主编:《中外宪法选编》(下册),华夏出版社1994年版,第219页。

学大师约翰·罗尔斯(John. Rawls)曾对程序正义作出过较精辟的划分,他认为程序正义包括纯粹的程序正义、完善的程序正义与不完善的程序正义三大类。其中纯粹的程序正义要求人们无论启用何种程序,结果都必须是公正的,显然在现实生活中除了赌博、抽签等全靠运气的机会主义方式外,它几乎是无法实现的;不完善的程序正义则与其基本类似,因为它虽然有判断结果是否具备公正合理性之标准,但程序无法令相应正义结果、标准成为实际可能,故不完善的程序正义在现实生活中同样几乎没有任何存在的合理价值和必然性。这么一来,程序正义更多便是指完善的程序正义,即凭借完备、较难挑剔的过程和步骤,尽量确保最终结果之公正合理性。① 而完善的程序正义,恰恰又强烈要求着信息社会网络通讯监听侦查应得到国家法律强力规范。

一方面,对现代信息社会来说,侦查机关必须启用网络通讯监听应对复杂的犯罪形势。毕竟从全球范畴看,犯罪总数近年一直普遍呈现出激增趋势。并且除犯罪总数大量增加外,现代信息社会犯罪还广泛展现出高智能化和超强隐蔽性等基本特征。有学者曾指出,新《中华人民共和国刑事诉讼法》颁行后公安侦查活动面临着审讯方式、证据制度、证人出庭制度、监督方式、逮捕标准、举证制度、证人保护制度和技术侦查证据等众多挑战。② 故为顺应时代发展趋势有效遏制高科技条件下的严重犯罪,侦查机关频频动用各类监听软件、电子设备就犯罪分子网络通讯实施通讯信息截取以收集必要证据或预防犯罪无疑对维护社会公共安全等实体正义有着极大实践价值。但另一方面,片面追求实体公正难免会冲淡程序正义的重要性。因为无论实体或程序正义,它们二者结合于一体均是为了全面保护人之所以成为人的基本人权,权利得到最起码的尊重与保障乃正义理念核心所在。毕竟法治就是"法的统治",它在于"法律至上"信念的充分实现,任何人、任何事和任何机构都应居于法律之下,任何行为都始终应约束于法律框架之内。运用高科技手段获取证据固然必需,但倘若一味地借口保护社会公共安全而对普通公民网络通讯信息予以不加限制的拦截,根本无法做到严格规范证据收集应用确保证据的科学体系化,这自然会给民众带来严重恐慌。即便真能有效遏制高危犯罪,其程序也将要饱受非难,令人们纷纷觉得完善的程序正义根本未真正实现。

---

① 参见樊崇义主编:《诉讼原理》,法律出版社2003年版,第222页。
② 参见倪义福:《程序正义:公安刑事侦查的新坐标》,载《公安研究》2013年第10期,第23页。

所以,网络通讯监听实施法制化就可恰到好处地满足程序正义理论需要。通过国家颁布相关法规既将侦查机关进行网络通讯监听予以明确合法化,避免因法无明文规定而导致的程序漏洞诟病,同时又对网络通讯监听的具体适用条件一一明文规定,令其能严格按照科学合理的程序实施。譬如立法详尽列出侦查机关申请网络通讯监听的具体方式,强调一般应采用书面形式进行申请,申请书要写明申请机关和被监听者具体情况、监听范围、持续时间、对相关事实和实施理由的详尽阐述等。并且若得不到司法审查机关同意,则网络通讯监听不得实施。终究民众对具体公权力行为的满意度和信任度,会进而影响到他们对作为整体的国家公权力机关的满意度和信任度。如此一来,较完善的程序便能顺利建构成功,巧妙迎合了程序正义理论。

三、司法伦理理论基础

司法伦理,即司法活动过程内对伦理道德的基本要求。作为法律职业伦理核心内容,它关注的不仅是司法官在司法过程中的权利、规范及责任,更注重的是司法官对法律的忠诚热爱。[①] 毕竟人类社会的伦理道德标准都要求着人们无论从事何种活动均必须以合理正当手段来实现其正当的目的。从古至今,不管是伦理学中的神启论、自然主义抑或人本主义观点,均对此予以了强调。但可惜的是,站在这样一种司法伦理理论视域,不难发现现今网络通讯监听之大量启用非但未能迎合我们原有的社会主流司法伦理道德标准,反而更进一步造成了相应司法伦理危机。

首先,在司法伦理本体价值上。它要求司法伦理的建构可以维护法律权威、促进社会公正之实现、遏制司法腐败并满足实现法治目标的需求。可网络通讯监听本身带着浓厚暗地窥探意味,而既然是暗地展开的窥探侦查活动,就无法公开堂堂正正进行。若缺乏法律规范有效引导制约,这就明显背离了法制透明之要求,法律权威性无疑大打折扣。相应的,法律权威性减少了又会导致人们对法律持怀疑态度,不相信法律,社会公正断难实现。同时因为网络通讯监听出于侦查活动保密性考虑必须暗地进行,在欠缺法律规范制衡条件下相关人员难免为所欲

---

① 参见王淑荣、孟鹏涛、许力双:《司法伦理在法治国家建设中的价值论析》,载《社会科学战线》2014年第12期,第202页。

为,久之司法腐败也会滋生,丧失了道德和法律精神实质内核,法治目标当然亦无从满足。

其次,在司法伦理目的价值上。它强调着司法公正之实现,对侦查中的通讯监听而言,即侦查人员必须全面做到忠诚、公正、负责和廉洁。为确保迅速查明案情达到侦查机关和犯罪嫌疑人、被告人彼此之间信息的不对称,暗地里的网络通讯监听在信息时代必不可少。但因为缺少必要的法律规范实施具体制约,仅仅依靠自身道德良心,恪尽职守忠实履行职权职责就显得过于空洞。"在物欲横流和道德沦丧的现实面前,我们的心早已经磨损得千疮百孔……"①而丧失了忠诚,行为公正并且对自己行动义无反顾地承担责任也会随之经不起推敲。更有甚者,难免会利用这样一种公权力替个人谋取不法利益,廉洁同样将土崩瓦解。

最后,在司法伦理社会价值上。它追求着各阶层民众对法律的无比信仰,但这种法律的信仰必须仰仗具体化的法律规范来保障。因为"法只是可能的道德",②假若一切刑事诉讼领域内之程式均仅能凭道德伦理纽带联系,那自然会使国家和普通私个体行为都将变得愈发恣意妄为起来。故实现高度法律化严格按法律规定开展各项活动系法制社会基本要求之一,侦查中的网络通讯监听也不例外。只有以法律手段明白无误地对网络通讯监听实施引导约束,侦查人员方能真正做到公正无私不偏不倚、尊重和保障普通民众人权,进而塑造起各阶层民众对侦查活动相关法律的绝对化神圣信仰。

伦理学的效果论告诉我们,人必须依照行为外在特征或行为所造成的客观后果来确定行为本身之道德价值。③ 从上述分析不难看出,在得不到相关必要约束前提下,盲目频繁进行网络通讯监听带来更多的是道德评价负能量,根本无助于司法伦理本体价值、目的价值和社会价值实现。但若畏首畏尾过分限制侦查中的网络通讯监听也会带来一系列问题,譬如束缚到侦查机关手脚甚至某些重大案件因影响广泛,带有盲从心态的公众舆论还会给案件侦查以及紧接下来的刑事审判带来巨大压力。有鉴于此,对网络通讯监听实施法制化确保它能获得法律的有效引导、控制无疑具备着司法伦理理论充分支持。因为届时侦查机关开展网络通讯

---

① 龙宗智:《重建司法伦理》,载《国家检察官学院学报》2011年第3期,第10页。
② [德]古斯塔夫·拉德布鲁赫著:《法律智慧警句集》,舒国滢译,中国法制出版社2001年版,第11页。
③ 参见黄伟合著:《欧洲传统伦理思想史》,华东师范大学出版社1991年版,第9页。

监听系受法定程序严格监控后之产物,即便它带有浓厚暗地窥伺意味不够理直气壮,但也是用"小恶"(行为不正大光明、不诚信)遏制"大恶"(打击具备严重社会危害性的犯罪活动)。两害之间取其轻,伦理正效应会凸显更多。另外,由于复杂苛刻的程序设计(如法律对网络通讯监听条件、具体流程的严格规划等)还能使相关侦查人员具体侦查活动受到严密约束,在担心违反法律规定受到严厉制裁的心态左右下,侦查人员自会小心翼翼恪尽职守而很少背离基本道德操守去大肆窥探他人隐私或侵害其他人权。司法伦理本体价值、目的价值和社会价值由此便能更好地圆满实现。

第四章

国外侦查中的网络通讯监听法制化之比较考察

顾名思义,网络通讯监听是伴随着 Internet、网络通讯的发展而兴起的互联网通讯信息截获手段。由于 Internet 和相应计算机技术都是 20 世纪后半期才真正走上历史舞台的,故在各国侦查活动中动用网络通讯监听并对其实施法制化时间并不算太长。不过因以互联网为载体,借助某类特殊软件辅助工具(如电子邮件、腾讯 QQ、BBS 等)发送、接收和传输各种信息的网络通讯较之传统通讯方式,有着身份不受约束、操作简单、传播快捷和成本低廉等特点,目前业已逐渐发展成人们工作生活中不可或缺的通讯手段。有人甚至十多年前就断言除了受客观语言障碍限制外,其传播面将是世界性的。① 在这样一种以高科技为表征的信息时代语境下,为了更行之有效打击那些具有严重社会危害性的犯罪行为,各国纷纷对符合法定条件之网络通讯进行监听自是刑事侦查活动中的应有之义。

但恰如哲人弗里德里希所言,"人类的个体具有最高的价值,他应当免受其统治者的干预,无论这一统治者为君主、政党还是大多数公众。"②监听的采用势难避免会造成当事人隐私权、通讯自由权等宪法所赋予的基本人权横遭侵害,出于尽量将此等侵害控制到最低限度之目的,诸多国家立法都明确规定实施监听乃强制侦查行为,必须以法定机关事先签发令状或事后核准确认(如某些紧急状态下来不及先申请令状)为判断其是否合法之根本依据。但同时为节约司法资源,避免给侦查活动带来不必要的束缚,它们又纷纷强调某些特殊情况(如获任一方通

---

① 参见刘娴静:《匿名网络通讯法律问题的研究》,载《嘉兴学院学报》2003 年第 3 期,第 119 页。

② [美]卡尔·J. 弗里德里希著:《超验正义——宪政的宗教之维》,周勇、王丽芝译,三联书店 1997 年版,第 15 页。

讯当事人许可等)除外,完全无须受此等法则的制约。可新生的网络通讯毕竟是一类虚拟环境下隐去真实身份由"0"和"1"的二进制数字转换传送信息的新兴通讯方式,它和传统电话、信件、传真等通讯有着本质区别。"互联网络能够使各种与侦查有关的信息得到高效的管理和运用,从而最充分解放人力、物力,提高效率……但是其保密性却比传统文件资料大为降低,要侵入其个人数据,获得个人信息也比以往的任何方式容易得多……"①那么,对于网络通讯监听,究竟该如何在保障基本人权和节约司法资源、防止过分束缚侦查活动中寻觅一法制化方略?是简单比附传统通讯监听抑或另起炉灶重新予以设置?近几十年来,世界各国尤其是互联网和计算机信息技术居于全球前列的西方发达国家在此方面做了大量有益探索,这是可资后来者学习的巨大财富。故在本章内,笔者将对国外侦查中的网络通讯监听法制化具体情况进行全方位深入探讨,以求全面厘清国外侦查中的网络通讯监听法制化发展脉络对我国起到借鉴作用。

第一节　国外侦查中网络通讯监听法制化的产生与发展

对侦查中的网络通讯监听实施法制化,从逻辑上进行判断,无疑系网络通讯和网络通讯监听产生之后。而最早的网络通讯又是在互联网诞生以后才出现的。1969 年,美国军方在 APRA(阿帕网,美国国防部研究计划署)制定的协定下,设置了专门用于计算机传递信息的军事连接,其目的主要是为确保即便某些地区在爆发战争被核武器摧毁后也能维持最关键的军事通讯信息传送。次年,该连接又同美国西南部四所大学——加利福尼亚大学、加利福尼亚大学洛杉矶分校、犹他州大学和斯坦福大学研究院的主要计算机实现了信息连接。这便是世界上最早的互联网雏形。随着上世纪 70 年代 TCP/IP 协议的出现和 1981 年电子邮件服务开始崭露头角,互联网逐渐由最初的军事用途向最广泛层次的民用界扩展。到了 90 年代中后期和 21 世纪初,由于个人计算机日渐普及和互联网技术逐步成熟,互联

---

① 王文华:《互联网上侦查权与隐私权的冲突及其刑事政策——以加拿大为视角》,载《比较法研究》2003 年第 6 期,第 75 页。

网和网络通讯才开始真正登堂入室走入寻常百姓家。直至今天,G20集团中的发达国家互联网年增长达到了8%,发展中国家互联网增长更是达到了创纪录的18%。①

有互联网和网络通讯,就必然会出现对其进行的监听。从原理来看,网络通讯监听其实并不复杂。它主要就是通过网卡来接收一切所能接收的数据信息。由于互联网中大多数用户使用的均为以太网协议的局域网,各网络主机都是借助交换机、集线器等通讯媒介连接于一体。当这些网络主机互相进行信息传递时,往往是由源主机将写有目的主机地址的数据包直接发给通讯媒介,通讯媒介再将其发送给存在物理连接的其他主机。因为数据包中记录有接收通讯信息的主机之IP和MAC地址,只有IP和MAC地址符合要求的主机才能真正接收到此类信息。但是,这种数据包通讯信息传递不能简单依靠IP层直接完成,它必须交给上层协议软件(IP层软件)来处理。而提交上层协议软件的时候,局域网中的主机便能接收并监听经过自己网络接口的数据包。更严重的是,若连接在同一通讯媒介上的主机被划分成几个子网时,假设其中一台主机处于监听模式中,它就可以接收到发往与自己不在同一子网的主机数据包信息。② 所以,网络通讯监听的工作流程主要可分成三步:将网卡置于混杂模式③→捕获数据包→分析数据包。

一、美国侦查中网络通讯监听法制化的产生与发展

由于美国是互联网和网络通讯发源地,自然网络通讯监听活动最早也起源于美国。1980年上半年,James P. Anderson 在替美国空军做的技术报告中首次阐述了计算机和网络监控、监听的概念。1986年,乔治敦大学的科学家研制出了计算机网络实时检测系统模型IDES。进入上世纪90年代以后,加利福尼亚大学戴维斯分校的科学家们又联合开发出了网络和主机检测系统Network Security Monitor。至此,网络监听检测技术呈现百花齐放局面,在智能化与分布式两大方向取得了

---

① 参见百度百科:《互联网》,载 http://baike.baidu.com/link? url = pg4Y9HuGz9zR5VBW8Tq3muRvBNFX8LGCKr6a_gyBNT2lwzoNu71oN9FkR0eAGELs8OCAXpYzVe – BHmc2cjPNl9WByTX – zb9skHvOtmYvBti,2016年7月7日访问。

② 参见肖自红、刘霞:《网络犯罪侦查中的监听检测及监听定位的研究》,载《法制博览》2012年第6期,第32页。

③ 混杂模式,即指一台计算机不论目的地址究竟是它与否,都能够接收所有经过它的数据流。正常情况下它多被用来监测网络故障,但也经常被实施网络通讯监听者利用。

长足进步。① 目前美国国家安全局(National Security Agency, NSA)在美国政府职能机构中专门用来负责网络通讯监听和情报窃密,它构筑了全球最庞大的网络通讯监听体系。从近年闹得沸沸扬扬的"棱镜门"事件披露的相关信息来看,美国网络通讯监听系统已形成了由网络设施到人,由内容到行为的完整架构。它强调网络获取技术作为主线,云计算和大数据分析技术为核心,涵盖着各类异构数据源和不同的战略、战术应用综合集成系统。NSA不仅可以从移动设备应用程序APP中随意截获个人数据信息,还向全球近10万台计算机植入了专门软件,甚至即便这些计算机没有连入网络,NSA仍可借助其他方式获取通讯数据信息。②

美国对侦查中的监听活动进行法制化引导大体可以分成三个阶段。第一阶段系基本放任自流阶段,它发生在1791年美利坚合众国宪法第四修正案通过至1934年《联邦通讯法》(Communications Act of 1934)出台之前;第二阶段为权利保护观念变化阶段,即1934—1968年《综合犯罪控制和街道安全法》(Omnibus Crime Control and Safe Street Act of 1968)制定以前,这一阶段对监听侵害普通民众权利的界定标准由"物理入侵说"朝着"隐私保护说"过渡;第三阶段为犯罪控制与权利平衡阶段,即1968年至今。③ 其中在2001年"9·11"事件爆发前,监听的使用更多向普通民众权利方面倾斜。"9·11"事件爆发后,基于国家安全需要,监听的启用则更多朝着犯罪控制、国家整体利益方面倾斜。考虑到真正意义上的网络通讯系1969年以后才出现,网络监控、监听的概念和模型更是直到上世纪80年代方崭露头角,而美国对侦查中监听活动的法律规制广义上覆盖了传统通讯监听和网络通讯监听两部分。那么我们可以认定美国侦查中网络通讯监听法制化最早宪法本源即1791年美利坚合众国宪法第四修正案规定的人民的人身、住宅、文件和财产不受无理搜查和扣押,除非依据可能成立的理由以宣誓保证且详细说明搜查地点和扣押的人或物,否则不得发出搜查和扣押状。④ 1934年《联邦通讯法》、

---

① 参见余继来:《网络监听技术及其应用研究》,湖南大学2012年硕士学位论文,第2—3页。
② 参见朱杰:《看山姆大叔如何玩转"全球监听"》,载《中国信息安全》2014年第6期,第80—87页。
③ 参见李明著:《监听制度研究——在犯罪控制与人权保障之间》,法律出版社2008年版,第60—61页。
④ 参见李明著:《监听制度研究——在犯罪控制与人权保障之间》,法律出版社2008年版,第61页。

1968年《综合犯罪控制和街道安全法》等最初针对传统通讯监听之法律对其也具有约束力都是它法制化的一种表现。但美国侦查中的网络通讯监听得以实现广泛法制化还是时间进入21世纪特别是"9·11"事件爆发后。因为在21世纪网络通讯才真正得到了最广泛运用,"9·11"事件后美国本土又面临着巨大恐怖威胁,此时通过制定《爱国者法》(USA Patriot Act of 2001)、《国土安全法》(National Security Act of 2002)、《保护美国法》(Protect America Act of 2007)等一系列法规,美国侦查中的网络通讯监听法制约束进一步趋向全面化。

二、其他主要国家侦查中网络通讯监听法制化的产生与发展

除美国外,其他各国尤其是互联网和计算机技术居于世界领先地位的西方发达国家,在对侦查中的网络通讯监听实施法制化方面也颇有建树。笔者择其主要者作一介绍:

(一)英国侦查中网络通讯监听法制化的产生与发展

英国是英美法系中的典型代表,其法制历来也较完备。但相关通讯监听的法律制度总体而言出现较晚。在1985年《通讯截取法》制定之前,英国并无任何法律授权执法机关实施监听活动。① 待到1985年《通讯截取法》、1994年《情报业务法》、2000年《侦查权限法》等一系列法律法规颁布以后,其监听活动才日益法制化规范化。毫无疑问,网络通讯监听肯定也是适用于这些法律的。但真正具体涉及网络通讯监听的法律主要还是随着21世纪英国互联网普及和英国警察实施Socmit开源情报监听计划而发展起来的。到了2007年7月,英国上议院又通过了《数据存留法》。2009年、2011年英国政府还两度发布《英国网络安全战略》报告。这些报告中更是明确指出,"要积极利用网络空间对抗来自罪犯、恐怖分子以及有能力的国家部门的威胁——对罪犯、恐怖分子实施更多先发制人的打击。"②

(二)德国侦查中网络通讯监听法制化的产生与发展

德国号称欧洲信息技术最为发达的国度,高度重视网络空间安全与发展。而德国的通讯监听法律制度很早就已经存在。譬如"二战"以前德国制定的魏玛宪

---

① 当然司法实践中,一般认为英国内务大臣有权批准实施监听活动。
② 方兴东、张笑容、胡怀亮:《棱镜门事件与全球网络空间安全战略研究》,载《现代传播》2014年第1期,第117页。

法第 117 条就明文规定除法律规定外,书信、邮政、电话、电信秘密不得被侵害。①德国其他法律如 2002 年出台的《抗击国际恐怖主义法》等出于人权保障之需要,也对监听予以了最严格的限制。2011 年正式发布的《德国网络安全战略》则明确指出其制定目标是大力推动网络空间建设,在"保护重要信息基础设施"等 10 大方面重点强化网络安全措施。② 这些无疑将德国侦查中网络通讯监听法制化的发展推向一个新高潮。

(三)俄罗斯侦查中网络通讯监听法制化的产生与发展

自苏联解体后,俄罗斯继承了原苏联绝大多数科学技术,在网络安全、电子信息数据保护与窃取方面积累了大量宝贵经验。1995 年颁布的《联邦信息、信息化和信息网络保护法》就将信息安全写入了法条中,现行《俄罗斯联邦刑事诉讼法典》第 13 条更明文指出除非获得法院令状,普通民众通信秘密权利不受限制。③ 2011 年 9 月,俄罗斯与中国、乌兹别克斯坦等亚洲邻国常驻联合国代表联名致函联合国秘书长潘基文,将由上述国家共同起草的《信息安全国际行为准则》列为第 66 届联合国大会正式文件,要求加强国际合作实现网络监管的合法有序化。④ 到了 2012 年 12 月,以俄罗斯为代表的国家还在阿联酋迪拜举行的国际电信大会上提出强化政府在互联网发展与管理中的作用。⑤ 虽然这些政府文件并没有明确指出针对网络通讯监听,但作为法律法规的一种形态,在广义层面上也囊括了对网络通讯监听的法律引导,体现着俄罗斯侦查中网络通讯监听法制化的发展。

(四)日本侦查中网络通讯监听法制化的产生与发展

日本作为计算机信息技术名列世界前列的发达国家和美国网络安全战略亲密盟友,其对侦查中网络通讯监听的法制引导也备受重视。由于日本 2001 年便成立了 IT 战略本部,制定了 e – Japan 计划和《IT 新改革战略》,信息产业发展如

---

① 参见李明著:《监听制度研究——在犯罪控制与人权保障之间》,法律出版社 2008 年版,第 96 页。
② 参见方兴东、张笑容、胡怀亮:《棱镜门事件与全球网络空间安全战略研究》,载《现代传播》2014 年第 1 期,第 118 页。
③ 参见宋英辉、孙长永、刘新魁合著:《外国刑事诉讼法》,法律出版社 2006 年版,第 542 页。
④ 参见百度百科:《信息安全国际行为准则》,载 http://baike.baidu.com/link?url = qw4hVIM2aLjPfsjEXryrdbIRDhV9vC – Ll1UHQTJw07HIxcy8FSI1wKYaXE7q86GbSLkxeGw92HMdFAiLv7q_Wq,2016 年 7 月 9 日访问。
⑤ 参见谢亚宏:《俄罗斯对网络安全常抓不懈》,载 http://ru.people.com.cn/n/2013/0730/c360502 – 22372738.html,2016 年 7 月 9 日访问。

火如荼,相关法律法规建设自然也非常迅猛。其中最早的是1999年出台的《反黑客对策行动计划》,该法规就有一些较粗略的网络通讯监听规定。同年颁行的《关于犯罪侦查中监听通讯的法律》也对最广义的通讯监听进行了规范。2014年11月,日本国会通过了《网络安全基本法》。到了2015年9月,日本政府又通过了新指针"网络安全战略",要求进一步扩大网络监管防范对象并强化防止个人信息外泄。① 该战略的提出必然能在宏观层面继续引领日本相关法律法规的发展。

(五)加拿大侦查中网络通讯监听法制化的产生与发展

加拿大由于是互联网发源地——美国最大的邻国且本身经济、科技都非常发达,在网络通讯监听使用和法律制约引导方面同样极其重视。最广义宪法根源上,1982年颁行的《加拿大宪法》第8条就指出每个人都有不被非法搜查及扣押的权利。尽管1984年最高法院通过判决授权某些特殊情况下警察可以不征得相关人员同意即在其住宅安置窃听设备,但该判决备受加拿大各界指责。目前加拿大并未像美国那样通过出台专门法规调整网络通讯监听,而主要仰仗弹性手段,根据具体情况多方面考虑来灵活利用传统刑事规范,借助判例完成法律引导。不过2015年元月针对愈发严峻的恐怖主义危机,加拿大通过了C-51号法案,赋予警察和加拿大安全情报局(CSIS)较大权限对各种机构予以监听监视,政府能较以往获得更多个人信息。很多加拿大民众都担心今后加拿大将变成一个警察国家,人民只要不同意政府施政方针,不论举行游行集会抑或网络宣泄不满,均会沦为警察和情治人员关注之目标。②

另外,随着欧洲国家一体化程度不断提高,自1993年欧洲联盟正式成立之后,欧洲国家很大程度上开始保持着"用同一个声音说话"。侦查活动中的网络通讯监听亦不例外。早在1995年欧洲联盟就出台了《个人数据保护指令》(E Data Privacy Directive)保障民众数据隐私。鉴于欧洲列国长期以来和美国亲密的政治、经济、外交和军事联系,欧洲联盟还一直强调与美国进行最广泛层面的网络安全合作。即便2013年"棱镜门"事件令美欧跨大西洋伙伴关系遭受了前所未有的

---

① 参见中国新闻网:《日本政府出台新网络安全战略 扩大监管范围》,载 http://finance.ifeng.com/a/20150904/13954520_0.shtml,2016年7月9日访问。
② 参见大华网:《加拿大全国大示威反对C-51反恐法案》,载 http://canada.eastday.com/n9/u1ai153522.html,2016年7月9日访问。

信任危机①,但欧洲联盟依旧保持着较高程度与美国之网络安全对话。2013年欧洲联盟公布了自己的网络安全战略并在荷兰成立了欧洲网络犯罪中心(European Cybercrime Centre,EC3),它们与2016年最新通过的《一般数据保护条例》(General Data Protection Regulation,GDPR)②一道力图完成数字时代欧洲联盟的两大核心任务——打击网络犯罪和保护数据安全。有了这些法律规范作为保障,欧洲国家在侦查活动的网络通讯监听法制化方面显然将发展到一个新的层面。

第二节 当前国外侦查中网络通讯监听法制化的具体内容

对于当前国外侦查中网络通讯监听法制化的具体内容,考虑到美国既是互联网和网络通讯发源地,又是目前世界上法制和科学技术最发达的国家之一,该国现已在网络通讯监听方面设置了一系列较成熟完备的法律制度并有着丰富实践运作,故笔者本节将主要以美国侦查中的网络通讯监听法制化为研究重点,同时对其他主要国家(含相关国际法)予以探索。

一、当前美国侦查中网络通讯监听法制化的具体内容
(一)相关法律规定

从最广义上说,美国和侦查中网络通讯监听相关的法律制度可以分成两方面。一是一般性立法,即不但适用网络通讯监听,亦同时适用传统监听的法律制度;二是专门性立法,即大多情况限定了只能针对互联网通讯适用的法律制度。笔者将对此逐一展开介绍。

---

① 根据"棱镜门"事件中美国中央情报局(CIA)雇员爱德华·约瑟夫·斯诺登所披露的信息,2012—2013年间美国共收集了法国含网络通讯在内的7030万份通信记录,并且美国还通过一项名叫"藏宝图"(Treasure Map)的项目几乎做到了实时从德国互联网上获取各类数据信息。参见李恒阳:《后斯诺登时代的美欧网络安全合作》,载《美国研究》2015年第3期,第60—61页。

② 参见新鲜事网:《欧盟最终通过严苛的数据保护新规定》,载http://mt.sohu.com/20151217/n431657865.shtml,2016年7月10日访问。

1. 一般性立法

美国目前对网络通讯监听进行规划的一般性立法主要包括四部分。其一为1791年通过的美利坚合众国宪法第四修正案,该修正案规定人民的人身、住宅、文件和财产不受无理搜查和扣押,除非依据可能成立的理由以宣誓保证且详细说明搜查地点和扣押的人或物,否则不得发出搜查和扣押状;①其二则是1934年颁行的《联邦通讯法》,该法第605条明确指出未经发送人授权,任何人均不得截取任何通讯及对他人泄露或公开通讯之存在、内容、要旨、意义与目的;②其三是1968年通过的《综合犯罪控制与街道安全法》,它开宗明义规定在未征得任一方当事人同意情况下,窃听仅能由具备司法管辖权的法官授权进行,且窃听必须受到严格监督与控制。但为捍卫国家安全,总统有权动用紧急措施;③其四为全美电信监管机构——美国联邦通信委员会(Federal Communication Commission, FCC)1994年颁布的《通信协助执法法案》(Communication Assistance to Law Enforcement Act, CALEA)和2004年通过的《关于通信协助执法法案的规则制定提案通告》(Notice of Proposed Rulemaking of CALEA, CALEA NPRM),④它们主要是针对电讯运营商所制定的要求其协助侦查部门截获通讯信息之相关法律规章。虽然这些一般性立法出台时互联网基本上尚未问世,但宪法乃一国根本大法,《联邦通讯法》和《综合犯罪控制与街道安全法》等法规所指代的"通讯""窃听""通信"定义又涵盖了现实社会传统通讯和网络通讯,故上述法规无疑对信息时代侦查机关实施网络通讯监听依旧适用。

2. 专门性立法

与一般性立法相对应,美国现行对网络通讯监听进行规划的专门性立法主要包括六部分。其一是1978年制定的《外国情报监察法》(Foreign Intelligence Surveillance Act of 1978, FISA),该法出于国家安全考虑,虽然严格限制了情报机构对

---

① 参见李明著:《监听制度研究——在犯罪控制与人权保障之间》,法律出版社2008年版,第61页。
② 参见李明著:《监听制度研究——在犯罪控制与人权保障之间》,法律出版社2008年版,第66页。
③ 参见陈瑞林:《论监听措施的法治化》,载《汕头大学学报》(人文社会科学版)2006年第4期,第63页。
④ 参见马民虎、方婷、郝文江等:《欧美网络电话监听的法律规制分析》,载《信息网络安全》2011年第8期,第87页。

涉及美国公民或长期生活在美国的民众进行通信监听之权力，但认为在战争或其他特殊紧急状态下，总统有更大的灵活尺度未经司法授权即下令实施电子监听，其监听标准要远远低于前述《综合犯罪控制与街道安全法》就国内普通犯罪展开监听的要求。此外到了2008年，美国国会又对《外国情报监察法》进行修改增设了部分条文，规定协助政府实施监控的电信公司若能证明自己行为合法则不承担法律责任，执法部门进行无令状监控时间由48小时延长至7天，总监察长必须就"总统监控计划"开展全面审查。①

其二是1986年制定的《电子通信隐私法》(Electronic Communications Privacy Act of 1986, ECPA)，该法按法条结构可划分成三部分。第一部分为《搭线窃听法案》(Wiretap Act)，本部分法条认为监听必须在法院指令(Court Order)下进行，若违反不但要被非法证据排除规则否认效力，更可能被处以每次1万美元的罚金。但它对网络通讯监听限制的范围较小，受其保护的通讯必须系"传输过程"内，若已经完成通讯传输，则不受《搭线窃听法案》规范。此外，它认为国家公权力机关要构成监听民众通讯应当有一个"拦截过程"，可互联网传输速度奇快，所谓通讯"拦截过程"几乎无法衡量；第二部分是《存储通信内容法案》(Stored Communications Act)，本部分法条首先对电子储存进行了界定，认为它是伴随通讯产生的一切临时中间缓存和运营商出于保障通信正常化而进行的备份。此等存储若在180天以内，侦查机关须获得令状再从运营商处获取。但若超过了180天，则仅要事先通知用户(无须征得同意或得到法院令状)即可提取。假如侦查机关行为被判定违法，除受非法证据排除规则约束外还将被课以每次1000美元以上的罚金；②第三部分为《笔式记录器法案》(Pen Register Act)，它规定若进行"笔式记录器"和其他追踪设备监控，侦查机关只要能证明取得之监控信息同侦查活动相关即可获得法院令状，该令状有效期长达62天。③ 总体上说，该法对侦查机关实施通讯监听是否需要法院令状基于的是"合理隐私期待"(Justifiable Reliance upon the Privacy of a Particular Place)标准和20世纪六七十年代美国法院通过Katz案及其他一些判例确立的辨别侦查行为的Katz、Kyllo两大标准。前者要求侦查行为所侵犯

---

① 参见刘涛译：《美国涉外情报监控法及涉外情报监控法院诉讼规则》，中国人民公安大学出版社2011年版，第4—8页。

② 参见 *United states v Hambrick*. 55 *F. Supp.* 2d 504。

③ 参见 *Smith v Maryland*, 442 *U. S.* 735（1979）。

的必须是被告人具有隐私期待性的领域以及社会认为这一隐私期待性存在是合理的；后者认为判断是否侦查第一应考察该技术所揭露的是否为美国宪法所保护之信息,在该技术产生前是否能以非物理方式获取,第二还需考察该技术是否被公众普遍使用。① 当然,这两大标准也有着自身缺陷,即主观性过强且未考虑到技术本身拥有的揭示个人隐私细节之强大能力。

而根据"合理隐私期待"具体判定标准深化形成的"第三人理论"则是美国《电子通信隐私法》所确立的当前美利坚涉及网络通讯监听最重要之理论。"第三人理论"强调个人自愿将信息披露给第三人并由他们保存,则不享有隐私合理期待,政府对此种信息的获取不构成监听或搜查。② 譬如该法专门设定了"同意例外"(Consent Exception)制度——"若通讯中的另一方当事人事先已同意,那么不管他是否以合法的理由截取有线、口头或电子通讯信息,其行为均是合法的。除非截取此类通讯信息是出于犯罪或侵权目的,违反了美国宪法、法律或任何一部州法"。③ 并且它还将"同意例外"予以细化,把排斥于监听之外的侦查分为"暗示同意"(Implied Consent)和"明示同意"(Actual Consent)两类。④

其三是2001年颁行的《爱国者法》,该法在美国本土面临严重恐怖威胁之反

---

① 参见高峰、卢钜波：《论技术侦查中的法律规制问题——美国联邦最高法院 Kyllo v U. S. 案件引发的思考》,载徐静村主编：《刑事诉讼前沿研究》(第五卷),中国检察出版社2006年版,第180—190页。

② 参见向燕：《第三人理论与美国刑事诉讼中的通讯隐私保护》,载《国家检察官学院学报》2008年第5期,第152页。

③ 参见张新宝主编：《互联网上的侵权问题研究》,中国人民大学出版社2003年版,第315页。

④ 值得一提的是,芬兰议会2009年3月通过了一项被媒体戏称为"诺基亚法"(Lex Nokia)的新法案。该法案规定雇主阅读员工的电子邮件内容虽系非法,但他们有权跟踪员工的电子邮件并保留相关数据信息,包括收件人、发件人和电子邮件发送与接收的时间。同时,雇主也将有权监视邮件是否带有附件。倘若雇主认为某一员工有犯罪嫌疑,则必须请警方来实施调查行动。虽然本法案主要乃针对雇主通过网络监听员工之行为,笔者在其他方面搜集到的芬兰相关立法也极其有限,但我们似乎不难揣测,既然雇主遑论员工是否同意均可对其电子邮件实施非内容性质之监听,那么国家侦查机关启用同样方式不需要令状便进行网络通讯监听在法律上或者至少说在该国立法发展趋势上有可能也是被允许的。这便很有些美国相关法律中"第三人理论"的味道了(当然其沿用程度没有美国深,因为美国根据第三人理论在特定情况下甚至可就电子邮件内容实施无令状侦查)。对于芬兰"诺基亚法",具体可参见赛迪网：《芬兰通过"诺基亚法"允许雇主跟踪员工邮件》,载 http://it.people.com.cn/GB/1068/42900/8910772.html,2014年6月3日访问。

恐大背景下,对过去立法中受到严格限制使用的监听侦查措施给予了大胆放宽,又进一步扩充了联邦侦查机构截取私人通讯的权力。首先在监听针对对象方面,它将可以采用包括网络通讯监听在内的各类监听手段的犯罪形态进行了扩大化界定,甚至连计算机诈骗犯罪也被纳入到监控范畴;然后在监听方式和期间上面,它明确准许进行机动性监听(Roving Surveillance),监听期间也最长延长至120天;最后在具体网络通讯监听上,它认为不获得电子邮件内容而仅仅是知晓监视对象之互联网地址和发送、接收电子邮件的地址,因一般包含个人隐私较少,侦查机关无须法院令状便可实施收集。① 为了提高对抗国际恐怖主义或间谍活动的侦查能力不妨害侦查活动进行,政府无须合理根据便可扣押电讯记录以及任一能确认这些发送电讯的设备号码或地址。对于声音邮件,仅需寻常搜查令状而不必申请监听令状即可实施扣押,且被搜查者没有任何救济渠道。

不过该法已经于2015年6月1日失效,取而代之的是2015年6月通过的《自由法》。它作为《爱国者法》的新发展,一方面允许政府对美国公民通话数据进行大规模收集,但较之《爱国者法》有诸多限制,其收集主要交由私营通讯运营商承担。侦查机关必须先获得外国情报监控法庭许可或在紧急状态下,才可向私营通讯运营商公司索取相关数据;另一方面,本法仍批准美国情报机构继续开展用于追踪"独狼"式恐怖分子的监控项目,以及允许情报机构对特定嫌疑人进行不间断监视的监控项目。对此有人便指出,与其说《自由法》替代了《爱国者法》,不如说新法案是对处在"停摆"状态的《爱国者法》的重新"授权"与"续命"。②

其四是2002年通过的《国土安全法》,根据该法美国成立了国土安全部(United States Department of Homeland Security,DHS)并提出了万维信息触角计划(Total Information Awareness)。后者更是认为若恐怖分子要计划、执行一项恐怖活动,就势必会在信息空间内留下"数据脚印",涌现一大堆通讯、财务、交通等数据记录,对此类信息予以收集挖掘便能够发现有特定恐怖行为模式者,迅速锁定犯罪嫌疑人。③

其五是2007年制定的《保护美国法》,本法设立初衷是为了防止《爱国者法》

---

① 参见 USA Patriot Act of 2001 § 202。
② 参见《人民日报》海外版:《美国〈自由法案〉通过 公民并不自由世界仍被监听》,载 http://world.huanqiu.com/article/2015-06/6618200_3.html,2016年7月26日访问。
③ 参见刘铭:《大数据反恐应用中的法律问题分析》,载《河北法学》2015年第2期,第89页。

造成的国家公权力过分膨胀侵害普通民众正当权益,同时又不至于给国家安全保护带来太多束缚。在这样一种理念主导下,《保护美国法》认为若是针对外国领土目标进行监听,则美国相关机构拥有更多权限不受法院令状约束。且倘若第三方当事人完全乃按法院命令向政府机构提供帮助,他们也不应承担法律责任。此外涉外情报监控法院可以对海外监控活动实施司法审查并具备要求第三方当事人为情报机构情报收集活动提供便利之权力。①

其六是2009年奥巴马上台后根据国内外安全形势和大数据发展需要,制定的一系列法律规范。如《网络空间政策评估报告》《国家网络安全综合计划:法律授权和政策考虑》《网络空间国际战略》《网络空间行动战略》《国防授权法案》《网络情报共享和保护法案》等。② 以2013年通过的《国防授权法案》为例,它便要求国防承包商必须允许政府人员来调查和分析有关的网络数据。③

(二)具体实践运作

从前述可知,美国对侦查中的监听活动进行法制化引导大体可分成三阶段:第一阶段系基本放任自流阶段(1791年美利坚合众国宪法第四修正案通过至1934年《联邦通讯法》出台前);第二阶段为权利保护观念变化阶段(1934—1968年《综合犯罪控制和街道安全法》制定前);第三阶段为犯罪控制与权利平衡阶段(1968年至今)。毫无疑问,侦查中网络通讯监听的法制化宏观上理当属于犯罪控制与权利平衡阶段,但其具体实践运作在这数十年间又表现出了不同之变化。

如果按照时间段予以划分,围绕前文所言法律法规美国进行的一系列网络通讯监听实践运作也大致可分成三阶段。第一阶段系互联网和网络通讯兴起直至2001年"9·11"事件爆发前,本阶段可称之为侦查机关网络通讯监听活动起步期。在本阶段,出于打击高危犯罪需要,美国侦查机关已经开始了对相关人员网

---

① 参见刘涛译:《美国涉外情报监控法及涉外情报监控法院诉讼规则》,中国人民公安大学出版社2011年版,第7—8页。
② 尽管《网络空间政策评估报告》《国家网络安全综合计划:法律授权和政策考虑》等作为行政法规或行政规章效力并没有前述《保护美国法》等法律那么高,但放置于网络空间安全和网络通讯监听具体内容上依旧具备一定的法律指引力。
③ 参见 Congress of USA:"National Defense Authorization Act for Fiscal Year 2013, January 3, 2012",载http://www.gpo.gov/fdsys/pkg/BILLS-112hr4310enr/pdf/BILLS-112hr4310enr.pdf,2016年7月20日访问。

络通讯的监听活动(如保密署针对电子犯罪实施的特别侦查项目 ECSAP 就专门建立了司法检验室用于处理电子储存数据和通讯设施①)。但因为这一时期网络通讯还未绝对取代传统通讯方式占据主导地位,兼之美国国内对恐怖分子借助网络通讯手段策划实施恐怖活动还普遍认识不足,此阶段网络通讯监听违反法律规定受到各界普遍关注的现象相对较少。不过美国国内也不乏有志之士,看到了技术飞速发展和法律制度滞后彼此间存在的冲突。如美国联邦最高法院的 Scalia 法官便曾尖锐指出,"那种认为(美国宪法)第四修正案所保护的公民的隐私的程度完全不受技术进步的影响的观点是愚蠢的。"②针对《电子通信隐私法》中确立起来的"第三人理论",由于该理论是 20 世纪七八十年代之产物,它并未能预见到互联网在个人通讯方面的里程碑性贡献对互联网在个人生活中的作用估计不足,从而导致存储于第三人服务器中的信息记录所受隐私保护远远低于传统通讯方式所获保护,加上国会又过分拘泥于第三人理论,故一些美国学者纷纷反对其在电子通讯领域之适用。③ 如该法规定要获取传输中的电子通讯和储存时间在 180 天内之通讯内容,均要获法庭令状并有合理根据。但若超过 180 日则蜕变成一种储存在第三人服务器上由第三人持有知晓的电子记录,那么就无须进行司法审查。这么一来,存储在网络服务器中超过 180 日的电子邮件以及 Space、Blog 等电子记录内容所受隐私保护程度必将远远低于法律对传统通讯方式之保护——警察无须任何令状与合理根据便能对服务器上这些内容大肆截获,这显然是对公民网络通讯自由权和网络隐私权赤裸裸之侵犯。鉴于第三人理论在司法运作中的不合理性,许多州法院均已排斥第三人理论在特定情形下之使用,④不过这样又

---

① 参见郑红梅:《美国国家保密署电子犯罪特别侦查项目》,载《上海公安高等专科学校学报》2001 年第 6 期,第 57 页。
② 转引自高峰、卢钜波:《论技术侦查中的法律规制问题——美国联邦最高法院 Kyllo v U. S. 案件引发的思考》,载徐静村主编:《刑事诉讼前沿研究》(第五卷),中国检察出版社 2006 年版,第 183 页。
③ 参见 Deirdre K. Mulligan: "Reasonable Expectations in Electronic Communications A Critical Perspective on the Electronic Communications Privacy Act". In: Geo Wash Law Review, Vol. 72 (2004), p. 1557.
④ 印第安纳州最高法院甚至完全抛弃了联邦最高法院的"合理隐私期待"标准,要求所有政府行为都必须列入到宪法审查范围之内。具体可参见向燕:《第三人理论与美国刑事诉讼中的通讯隐私保护》,载《国家检察官学院学报》2008 年第 5 期,第 152—160 页。

会减弱法律规则的稳定性和可预期性。①

第二阶段为"9·11"事件爆发直至2013年"棱镜门"东窗事发之前,本阶段可称之为侦查机关网络通讯监听活动膨胀期。由于进入21世纪之后互联网和网络通讯迅速得到了普及,美国本土安全形势严峻,兼之国家安全部门开始广泛吸取"9·11"事件未能充分注意到基地组织网络通讯信息的教训,随着《爱国者法》的制定实施,包括安全部门在内的侦查机关网络通讯监听活动日益膨胀。② 2002年小布什更是签署总统令授权国家安全局在未获外国情报监听联邦法庭允许情况下,就可以直接窃听美国公民越洋电话或查看其电子邮件。截至2007年,美国国家安全局"获取特定情报行动办公室"(TAO)下属的600多位监听员秘密侵入了成千上万的外国计算机系统、访问目标人物的电子邮件账户。③ 鉴于《爱国者法》等法规赋予国家侦查机关权限太大,为缓和国内广大民众不满情绪并消除反对党的过分指责,2007年年初,美国司法部长冈萨雷斯不得不通过公开信方式宣布今后国土安全局在监听、拦截美国人民联络外国人士的电话和电子邮件之前,都必须向一个秘密法庭申请许可令。④ 总体来说,此时美国侦查中的网络通讯监听法制化具体运作实质即强大福利国家的政府以维护安全惩治犯罪名义,同网络通讯服务商密切合作,织构起严密的监督之网,但这样又恰恰和宪法第四修正案所反对的政府恣意干涉公民私生活意旨南辕北辙。

第三阶段是2013年"棱镜门"东窗事发延续至今,本阶段可称之为侦查机关网络通讯监听活动调整期。尽管包括理查德·波斯纳在内的不少著名法学家仍一定程度对以国家安全部门为首的侦查机关网络通讯监听活动持较多肯定态度,

---

① 所以对此也有美国学者坚持认为《电子通信隐私法》确立的第三人理论具备替代效应,若无该理论,违法者将利用第三人活动,使犯罪隐匿于公众目光之外。科技的发展会迅速加剧第三人活动对犯罪的配合作用,打乱美国宪法确立的公民隐私同社会安全之平衡。具体可参见 S Kerr: "*The Case for the Third-Party Doctrine*". In: *Michigan Law Review*, Vol. 107(2009), p. 526.

② 据相关媒体介绍,"9·11"事件前美国国家安全局其实已经对以本·拉登为首的基地组织恐怖分子卫星电话和电子邮件都实施了拦截,其内容甚至涵盖了"9·11"事件具体策划方案,但可惜并未引起安全部门足够重视最终酿成大憾。转引自李明著:《监听制度研究——在犯罪控制与人权保障之间》,法律出版社2008年版,第21页。

③ 参见朱杰:《看山姆大叔如何玩转"全球监听"》,载《中国信息安全》2014年第6期,第82—83页。

④ 参见刘莹:《美国秘密侦查的强化措施——"9·11"后美国对窃听与电讯监视的变革》,载《吉林公安高等专科学校学报》2007年第5期,第17页。

"私隐是恐怖分子最好的朋友,并且恐怖分子的私隐已经强化了。……政府有压倒性的需要,用数字化来捍卫国家安全。但如果允许这一点,情报官员就要严格审查有关美国公民的大量个人信息。"①但顾虑到国内普通民众一浪高过一浪的反对呼声以及媒体广泛披露"棱镜门"事件在全球范围引发的一系列连锁负面反应,加上互联网技术正悄然向云计算和大数据过渡,故在相关法律规范准允的框架下,美国侦查机关的网络通讯监听活动不得不做出适当调整。譬如2013年8月白宫专门设立了外部专家小组用于审查政府网络通讯监控项目,2014年元月总统奥巴马在司法部宣布了将改革情报监控项目的决定,美国国会也可以组建一个专业小组来参与外国情报监视法庭对秘密情报项目的审批活动。② 总体而言,在维护国家安全惩治犯罪名义下,迄今美国相关法律制度依旧授予了侦查机关极大的网络通讯监听权力,但它也体现出了四大环节上的变化:(1)注重与盟友、伙伴国的网络监控、网络通讯监听合作。为消除"棱镜门"事件带来的恶劣影响,美国近三年积极推进同各盟友、伙伴国的相关合作,希望令各国意识到一个开放的、有操作价值、安全可靠的网络空间真实作用,并促成各个负责任的利益相关者展开亲密协作;③(2)淡化国家公权力属性,移交 ICANN 管理权,④加强和私营电讯企业合作。吸取前车之鉴,为尽量避免造成美国侦查机关滥用公权力的负面印象,现今美国正着力淡化网络通讯监听公权力属性,宣布将 ICANN 管理权移交给"全球利益攸关体"。同时在网络通讯监听中更多强化了私营通讯运营商的作用,要

---

① [美]理查德·波斯纳著:《并非自杀契约——国家紧急状态时期的宪法》,苏力译,北京大学出版社 2010 年版,第 148 页。
② 参见 The White House:"Remarks by the President on Review of Signals Intelligence". 载 http://www.whitehouse.gov/the-press-office/2014/01/17/remarks-president-review-signals-intelligence,2016 年 7 月 23 日访问。
③ 参见李恒阳:《奥巴马第二任期美国网络安全政策探析》,载《美国研究》2014 年第 2 期,第 59 页。
④ ICANN(Internet Corporation for Assigned Names and Numbers)系互联网名称和数字地址分配机构英文名称缩写。它是一个总部设在美国加利福尼亚州的非营利性国际组织,根据其同美国商务部签署的合同,该组织负责全球互联网域名系统、根服务器系统、IP 地址资源的协调、管理及分配。长期以来它都受着美国控制,美国政府宣布将 ICANN 的管理权进行移交,某种程度上就淡化了美国公权力机关对它的绝对化制约。具体可参见百度百科:《互联网管理权》,载 http://baike.baidu.com/link?url=MJ2QqC3XnJh9BToHj4zFmad0pMcz3bY4zw2xCv6oIUnWhGmLWKes6ymlGukWqhlxlPW0PT0PoAPchJUMSHfd6_,2016 年 7 月 23 日访问。

求它们深化与国家公权力机关的合作,借助其力量监听大多数电子邮件并获取定位、地址数据。如此一来,既减小了公权力影响,又巧妙利用各私营电讯企业扩大了侦查中的网络通讯监听范围和力度;(3)积极以公开透明的司法手段和法律程序来展现网络通讯监听侦查活动的合法性,竭力消除民众不满。"棱镜门"事件后,美国凭借法律途径大力展示其对互联网"基本自由、隐私和信息自由流动"之维护,美国权力制衡机制和长期推崇自由的美利坚文化传统使得侦查机关在实际操作中能够做到恪守底线,相关法律制度具体运作一直处于有法可依而非有法必依的状态中;①(4)根据云计算和大数据发展,在法律框架下促进和云计算、大数据相对应的新网络通讯监听技术运用。依靠"云"服务和大数据技术深度挖掘错综复杂的网络通讯信息背后之隐匿关联性,构建无所不在、无所不知的全新隐形"数字化圆形大监狱",凭借人、机、物三元世界高度融合以数字化记忆方式更加高效隐蔽地截获民众的网络通讯信息。②

二、当前其他主要国家侦查中网络通讯监听法制化的具体内容

(一)英国侦查中网络通讯监听法制化的具体内容

英国作为英美法系国家另一典型代表,目前在侦查中的网络通讯监听方面,尽管没有就网络通讯监听作出专门性规定,但它对此类监听往往作了较灵活法律设置,某种程度上似乎寻找到了打击严重刑事犯罪和保障基本人权之平衡点。现行英国法律往往根据监听对隐私侵扰程度或者其是否为不法入侵将监听区分成不同类别,每一类均需不同理由及授权,这体现了有关立法的灵活性。③ 该国2000年制定的《侦查权限法》把互联网纳入了通信截收范围,政府有权要求互联网服务商安装"黑匣子"监视系统为政府通讯监听发送数据与电子邮件。企业根据政府技术规定设置和应用"黑匣子"监视系统无须经过法院。④ 并且还根据侦查犯罪需要认定嫌疑人于错误信任中所吐露的犯罪事实和证据不构成隐私权侵犯。而2007年7月英国上议院通过的《数据存留法》也因考虑到在现有规则下收

---

① 参见刘铭:《大数据反恐应用中的法律问题分析》,载《河北法学》2015年第2期,第89页。
② 参见徐琦:《大数据时代美国隐私保护之困》,载《中国传媒科技》2013年第9期,第44页。
③ 参见陈真、邓剑光著:《建构与价值——刑事司法的若干制度研究》,四川大学出版社2004年版,第49页。
④ 参见李明著:《监听制度研究——在犯罪控制与人权保障之间》,法律出版社2008年版,第93页。

集互联网流量数据过于复杂,便将安全机关收集互联网数据如电子邮件、网络语音电话等一概排斥在外。① 此外,2009年、2011年英国政府两度发布的《英国网络安全战略》报告也明确指出"要积极利用网络空间对抗来自罪犯、恐怖分子以及有能力的国家部门的威胁——对罪犯、恐怖分子实施更多先发制人的打击。"②

在侦查中网络通讯监听法制化具体实践运作上,2000年制定的《侦查权限法》应该算是指导网络通讯监听最主要的法律规范。根据该法,英国政府通信总部为了国家安全需要在2012年元月至2013年6月之间从光纤中截获了大量个人私密通讯信息并将其最多保存长达30天。由英国警察实施的Socmit网络通讯监听项目则主要针对的是开源情报信息,即那些不具备私人保密性质的数据信息。但究竟为何会没有保密性质,则主要在于人们自愿公开或者一时疏忽大意。③ 但对此某些美国学者认为,人们自愿形成的同意依旧须进行严格限定,否则仍然会造成人权的不当侵害。譬如美国学者Jerold H. Israel和Wayne R. Lafave就认为必须强调同意乃是出于一种真正的"自由意志"。④ 另外英国媒体还披露了本国警察一项类似Socmit的网络通讯监听计划,其秘密数据库已经将近万来自不同政治群体的人纳入到"国内恐怖分子"名单中。⑤

(二)德国侦查中网络通讯监听法制化的具体内容

现代德国是欧洲大陆诸国中最注重公民人权保护的国家之一。尽管德国迄

---

① 2007年国内大多数媒体以讹传讹,一度误认为英国打算利用该法于2009年将监控范围扩大至互联网,届时英国公民上网浏览的具体网址、自892邮箱地址及网络电话号码均将遭监控。对于这些错误报道,具体可参见中国新闻网:《英国强制监听全民电话　监控范围将扩至互联网》,载http://tech.tom.com/2007-10-01/06MB/05472892.html,2016年7月26日访问。

② 方兴东、张笑容、胡怀亮:《棱镜门事件与全球网络空间安全战略研究》,载《现代传播》2014年第1期,第117页。

③ 北欧国家瑞典在网络通讯监听方面判断截获之数据信息是否有保密性亦如此。该国遵照欧洲联盟《信息保护指导》(Data Protection Directive)法令制定了《个人信息法案》(Personal Data Act),在相关问题上采用"人们自愿同意"。但强调"同意必须意味着各种自愿、具体而且明确的意思表示……同意表示可以采用书面或口头形式……同意表示可随时撤回。撤回之后,不得对个人信息进一步处理。"具体可参见周汉华主编:《个人信息保护前沿问题研究》,法律出版社2006年版,第291—292页。

④ 参见Jerold H. Israel and Wayne R. Lafave:"Criminal Procedure in a Nutsell". New York:West Group,1993,p. 173—175.

⑤ 参见方兴东、张笑容、胡怀亮:《棱镜门事件与全球网络空间安全战略研究》,载《现代传播》2014年第1期,第117页。

今也没有替侦查中的网络通讯监听设置专门化的法律制度,但德国对通讯秘密的保护早就存在。基于保障基本人权促进人性自由发展视角考虑,对各种监听无一例外均进行了极其严格的限制。"二战"以前德国制定的魏玛宪法第 117 条就明文规定除法律规定外,书信、邮政、电话、电信秘密不得被侵害。① 现行《德意志联邦共和国基本法》第 10 条第 1 款同样指出,"信件的秘密性以及邮件和电子通讯的秘密性是不可侵犯的",除非能够获得司法机关令状之许可。并且,对于邮件(含电子邮件)的检查必须限于对侦查有意义的邮件。若仅就轻罪产生轻微怀疑,实施邮件检查便构成了对通讯秘密权利的不当侵害;只有对犯罪嫌疑人已经实施严重犯罪具备合理充分的理由怀疑且无法采用其他侦查手段或其他侦查手段无效时,方能动用此项侦查。② 德国现行《刑事诉讼法》则明确规定"监听电信通讯"必须为"不经当事人知晓的措施",③但这并非意味着获得"当事人知晓"就可绕开法院令状成为一类任意侦查措施。事实与之截然相反,为保护当事人人格尊严,即便"当事人知晓"获取了他们"同意"甚至某些情况下犯罪嫌疑人自身亦放弃了对隐私之隐瞒,侦查机关仍必须不厌其烦地接受司法审查。很明显,这种法律处理方式非常注重普通公民人权保护,但过于僵化,刚性太强,甚至有时令人觉得滑稽可笑。④ 对此美国学者指出,通过工具监视那些仅与犯罪有关的谈话时,警察必须合理地尽最大努力,即具备最低限度要求。但具体判断是否构成最低限度时,应以监听合理性为标准。⑤ 因此德国立法机关的做法未免太谨慎生硬,给侦查实践活动造成了比较大的成本。另外,德国现行《抗击国际恐怖主义法》在注重保护相关人员隐私权同时,还对各部门情报信息(含网络通讯数据信息)交流做了一定程度变通。⑥

---

① 参见李明著:《监听制度研究——在犯罪控制与人权保障之间》,法律出版社 2008 年版,第 96 页。
② 参见宋英辉、孙长永、刘新魁等著:《外国刑事诉讼法》,法律出版社 2006 年版,第 419 页。
③ 龙宗智主编:《徘徊于传统与现代之间——中国刑事诉讼法再修改研究》,法律出版社 2005 年版,第 215 页。
④ 参见邓立军:《非法监听与证据排除》,载《武汉大学学报》(哲学社会科学版)2008 年第 3 期,第 332 页。
⑤ 参见齐树洁主编:《美国司法制度》,厦门大学出版社 2006 年版,第 565 页。
⑥ 参见卞烨:《反恐背景下公民隐私权的保障与限制》,复旦大学 2010 年硕士学位论文,第 17 页。

(三)俄罗斯侦查中网络通讯监听法制化的具体内容

俄罗斯与英、德两国类似,目前也没有出台专门的法律制度用于规范、引导、制约侦查中的网络通讯监听活动。相关立法除了1995年颁布的《联邦信息、信息化和信息网络保护法》对信息安全重要性进行了规定外,主要即现行《俄罗斯联邦刑事诉讼法典》。该法典第13条明确指出除非获得法院令状,普通民众通信秘密权利不受限制。除非根据法院决定,禁止限制公民的通信、电话和其他谈话、邮件、电报和其他通信秘密的权利;若要扣押邮件、电报以及在邮电机构提取邮件和电报、对电话和其他谈话进行监听与录音,只能依照法院决定实施,但法律另有规定的除外。① 此外,俄罗斯政府2000年颁布的信息安全基本纲领性文件《国家信息安全学说》要求必须确保遵守宪法规定的公民获取信息和利用信息的各项权利与自由。② 由此可见,俄罗斯现阶段针对侦查中网络通讯监听活动主要是用司法机关令状来进行有效控制。

(四)日本侦查中网络通讯监听法制化的具体内容

日本在进入21世纪以前,对监听的运用类似于美国早期——大多认为监听虽属不道德之行为,但尚未达到违法程度,监听获取的资料理当具备证据可采性。③ 不过因日本经济科技均较为发达,公民也具有更高的基本人权保护意识,从1999年开始以《反黑客对策行动计划》和《关于犯罪侦查中监听通讯的法律》为代表逐渐对侦查中的网络通讯监听设置了一系列相关法律规定。这其中,最主要的法律即1999年出台的《关于犯罪侦查中监听通讯的法律》。该法认为,实施监听属于强制侦查必须以司法机关颁发令状为基本条件,但被监听当事人同意情况下实施的属于任意侦查可以排除在外。如该法第2条、第3条及附表都规定监听对象只限于没有经过通讯一方当事人同意的电子通讯,包括电话、电传和网络通讯等,而不包括秘密口头谈话和经一方当事人同意的电子通讯。④ 日本判例也强

---

① 参见宋英辉、孙长永、刘新魁等著:《外国刑事诉讼法》,法律出版社2006年版,第542页。
② 参见方兴东、张笑容、胡怀亮:《棱镜门事件与全球网络空间安全战略研究》,载《现代传播》2014第1期,第119页。
③ 参见李明著:《监听制度研究——在犯罪控制与人权保障之间》,法律出版社2008年版,第97—98页。
④ 参见陈光中主编:《中华人民共和国刑事证据法专家拟制稿(条文、释义与论证)》,中国法制出版社2004年版,第360页。

调"经当事人一方同意截获通讯,属于任意侦查。"①2014年11月日本国会通过的《网络安全基本法》虽然并非专门针对网络通讯监听,但其立法主旨依旧秉承了《关于犯罪侦查中监听通讯的法律》相关精神。

在具体侦查实践中,日本侦查机关动用网络通讯监听对打击犯罪也发挥了不小作用。譬如早在1999年5月,日本爱知县的警察就曾借助网络通讯监听成功破获了一起网络诈骗案。② 不过日本政界、学界出于对侦查机关可能滥用公权力的担忧以及公民人权将受到严重侵蚀之恐惧,大多一直对监听活动持谨慎甚至反对态度。故无论传统通讯监听或者网络通讯监听均很少真正投入使用,即便采用了也要对社会公开并由政府专门向国会汇报。在2004年前,传统通讯监听和网络通讯监听每年真正实施过的仅仅3—4件,与美国等监听大国相比可谓有着天壤之别。③ 虽然这种情况随着时代发展到今天已经大有改观,但日本国内很多学者仍对传统通讯监听和网络通讯监听的具体程序提出了更严格要求。如某些日本学者就认为,经某方当事人同意的监听要认定为任意侦查措施,就须具体看其目的是否合法,若包含非法目的则不得简单视作任意侦查;④还有些日本学者则主张在基于承诺或同意而实施的任意侦查场合,应当以受侦查人熟知权利内容和放弃的后果下做出明确放弃权利表示为前提,否则依旧属于强制侦查措施需要司法机关颁发令状进行授权。⑤ 不过在法律层面,尽管学界质疑不断,迄今立法机关依旧坚持若征得通讯一方当事人同意则无须司法机关颁发令状的原有法律规定。⑥

---

① 参见宋英辉、孙长永、刘新魁等著:《外国刑事诉讼法》,法律出版社2006年版,第610页。
② 参见于青、管克江:《日本〈通信监听法〉起争议》,载http://www.people.com.cn/GB/channel2/18/20000822/196777.html,2016年7月28日访问。
③ 参见[日]松尾浩也:《日本刑事诉讼法修改的动向》,佚名译,载http://www.bloglegal.com/blog/cgi/shownews.jsp?id=1650009662,2016年7月28日访问。
④ 转引自邓立军:《非法监听所获材料之证据能力的比较法考察》,载《中国人民公安大学学报》(社会科学版)2008年第4期,第107页。
⑤ 转引自宋英辉主编:《刑事诉讼原理》,法律出版社2003年版,第277页。
⑥ 当然这种做法也有不少其他国家使用。如韩国现行《实名金融交易和秘密保障法》(RNL)、《资信隐私和使用法》(PUCIL)和《信息与电信网络使用改进和信息隐私法》(ITL)同样将个人同意作为信息披露之前提条件。具体可参见周汉华主编:《个人信息保护前沿问题研究》,法律出版社2006年版,第296—297页。

(五)加拿大侦查中网络通讯监听法制化的具体内容

从前述可知,加拿大是一个在侦查中的网络通讯监听方面有着一系列法律规定的国度。但它没有像美国那样通过出台专门法规进行调整,而主要仰仗弹性手段,根据具体情况多方面考虑来灵活利用传统刑事规范,借助判例完成相关界定。譬如按照加拿大法律有关规定,凡可能侵犯公民隐私权的侦查手段均必须事先获取司法授权。倘若网络文档不存在隐私权,则无须令状,不构成法律意义上的"搜查",那么对这类网络通讯进行监听便属于一类除外。但互联网上之隐私究竟何时何地会存在?成文法无法给出一明确答复,这便只能依赖司法实践中的判例来进行具体灵活把握。有些法官即指出,不必要求对所有的电子数据信息获取及扣押出示相关证件,网络隐私权的合理界限应当取决于该通讯记录中谈话细节之私人性程度和该作者为保护其内容所做的保密努力。而此类问题又必须依个案具体情况来定,无授权的网络通讯监控(如对 BBS 的监听)未必会构成人权侵害。

在著名的 R.诉默瑞恩案中,便衣警察付费上 BBS 查获了一名犯罪嫌疑人,随后案件审理过程中法官拒绝了被告提出的便衣警察行为乃侵犯隐私权之违宪行为的抗辩理由。法官认为 BBS 属公共场所,不存在隐私性,故便衣警察行为尚不违宪,无须事先司法授权。毕竟并非所有网络通讯监听都需事先获得司法授权,将因随意发送数据信息遭致的危险和国家随便侵入私人谈话领域并予永久性记录的危害相提并论是根本错误的,但绝大多数互联网监控还是需获取法定机关事先许可。譬如该法官同时亦指出,若警察进入的是私人电子邮件则另当别论。值得一提的是,除了不存在隐私权这一类监听除外,加拿大法律中还有另外一种网络通讯监听除外。根据该国法律规定,若电子文档含有隐私权内容,即构成法律意义上的"搜查",同时还可能构成对私人谈话之窃听(监听)。也就是说,在符合法律定义需事先司法授权之"搜查"上,还要区分为监听和一般搜查两种情形,然后侦查机关再遵照具体类别选择不同的授权类型。同前述各国进行比较不难发现,这实可谓加拿大相关法律一鲜明特色。导致本制度形成的原因在于该国认为许多高科技网上自动搜索、快速浏览方式虽同传统刑事"搜查"大相径庭,但仍可能揭示众多极其隐秘的私人谈话,侵犯公民基本人权。那么在符合法律定义之"搜查"内,又该如何具体甄别监听和一般搜查呢?判断依据乃数据信息所处之状态。若数据信息处于运动中,即构成窃听(监听),反之处于静止状态下(如对包含电子邮件信息的硬盘进行检查)就属一般搜查。不过实际运作远非如此简单,毕竟互联网信息的无形化很难令人对上述区分作出一圆融自洽之界定。①

另外,需要特别强调的是加拿大 C-51 号法案。加拿大本身在侦查中的网络通讯监听方面更多启用司法判例予以规范。但近年受美国相关法律法规影响,为打击日益泛滥的恐怖主义,维护国家安全,2015 年元月,保守党政府推出的 C-51 号法案明确规定若某人被认定对国家安全造成了威胁,政府各部门可以较过去分享他更多的私人信息;加拿大安全情报局则在有合理理由认为存在国家安全威胁的时候扰乱犯罪嫌疑人的网站和社交媒体账户。② 就某种程度而言,该法案必将较以往司法判例进一步扩充侦查机关实施网络通讯监听的权力。

(六)国际法中关于侦查中网络通讯监听法制化的具体内容

在很多国际法文件中,尽管没有专门就侦查中的网络通讯监听进行明确规定,但对广义层面的相关人权、监听活动和网络信息安全来说,则依旧设置了不少相关条文。显然它们也是适用于网络通讯监听的。其一是最广义范畴的相关人权规定。譬如 1948 年 12 月联合国大会通过的《世界人权宣言》第 12 条就明文规定"任何人的私生活、家庭、住宅和通信不得任意干涉,他的荣誉和名誉不得加以攻击。人人有权享受法律保护,以免受这种干涉或攻击";③1966 年 12 月联合国大会通过的《公民权利和政治权利国际公约》第 19 条第 2 款也指出"人人有自由发表意见的权利;此项权利包括寻求、接受和传递各种消息和思想的自由,而不论国界,也不论口头的、书写的、印刷的、采取艺术形式的、或通过他所选择的任何其他媒介";④1953 年 9 月生效的《欧洲人权公约》第 10 条第 2 款规定"行使上述各项自由(表达自由的权利),因为负有义务和责任,必须接受法律所规定的和民主社会所必需的程式、条件、限制或者是惩罚的约束。这些约束是基于对国家安全、领土完整或者公共安全的利益,为了防止混乱或者犯罪,保护健康或者道德,为了

---

① 参见王文华:《互联网上侦查权与隐私权的冲突及其刑事政策——以加拿大为视角》,载《比较法研究》2003 年第 6 期,第 75—84 页。
② 参见加拿大华人网:《保守党 C-51 反恐法案实施后 将会有哪些变化?》,载 http://www.sinoca.com/news/ca/2015-06-19/422063.html,2016 年 7 月 28 日访问。
③ 百度百科:《世界人权宣言》,载 http://baike.baidu.com/link?url=5LZZDSFWKH-fKkUc8HySZy57LSgLMUtWdm3yU5U5JkJAhFi3veqPgg8ANHiHtRy8ip-Nkax7JplOwFbmFwYXa_,2016 年 7 月 28 日访问。
④ 360 百科:《公民权利和政治权利国际公约》,载 http://baike.so.com/doc/6612639-6826431.html,2016 年 7 月 28 日访问。

保护他人的名誉或者权利,为了防止秘密收到的情报的泄露,或者为了维护司法官员的权威与公正的因素的考虑";①1978年7月生效的《美洲人权公约》第11条第2款同样要求"不得对任何人的私生活、家庭、住宅或通信加以任意或不正当的干涉,或者对其荣誉或名誉进行攻击"。② 这些国际条约无论是全球性质的(如《世界人权宣言》等)或区域性质的(如《欧洲人权公约》等),就都从最宏观人权保护层面③约束着侦查中的网络通讯监听活动进行。

其二是广义层面的监听活动相关规定。例如1990年联合国第8届预防犯罪和罪犯待遇大会上通过的《预防和控制有组织犯罪准则》第10条规定"截获电信和使用电子监视也是适当而有效的方法,但应考虑到不侵犯人权";④2000年第55届联合国大会通过的《打击跨国有组织犯罪公约》第20条也指出"各缔约国均应在其本国法律基本原则许可的情况下,视可能并根据本国法律所规定的条件采取必要措施,允许其主管当局在其境内适当使用控制下交付并在其认为适当的情况下使用其他特殊侦查手段,如电子或其他形式的监视和特工行动,以有效地打击有组织犯罪。"⑤上述国际条约对侦查中的监听活动(广义上包含网络通讯监听)在宏观上予以了原则性论述,肯定了其价值同时强调应不得侵害公民人权。

其三是广义层面信息网络安全相关规定。例如2001年第56届联合国大会通过的《打击滥用信息技术犯罪的决议》就规定法律制度应允许保存并快速调取与具体犯罪调查有关的电子数据。在可行的情况下,还必须确保所设计的信息技术有助防止和侦查非法滥用,既考虑保护个人自由与隐私,又切实维护政府打击

---

① 360百科:《欧洲人权公约》,载 http://baike.so.com/doc/6576944-6790708.html,2016年7月28日访问。

② 360百科:《美洲人权公约》,载 http://baike.so.com/doc/5825010-6037828.html,2016年7月28日访问。

③ 当然随着时代发展并受到某些特殊外界因素影响,这些国际条约未来也可能发生变化,不仅仅从最宏观层面而有可能直接对网络通讯监听进行规范。譬如2013年德国就曾联合巴西向联合国大会提出草案要求在《公民权利和政治权利国际公约》中添加涉及网络隐私保护的条款以便规范网络监控,具体可参见李恒阳:《后斯诺登时代的美欧网络安全合作》,载《美国研究》2015年第3期,第64页。

④ 参见李明著:《监听制度研究——在犯罪控制与人权保障之间》,法律出版社2008年版,第101—102页。

⑤ 百度百科:《打击跨国有组织犯罪公约》,载 http://baike.baidu.com/link?url=FX7sFqoSb5VIUT7I80IYPmT7YLxqkYGAOdtLT-M6ZAeJbofJSrIyjkKkO3YxGjN9y2EbYSoKucETiGPw0l9dkK,2016年7月28日访问。

这种非法滥用之能力;①经济合作与发展组织(OECD)(中国未加入)于1980年颁布的《隐私保护和个人资料跨界流通的指南》则确定了各成员国在保护个人资料方面应遵循的8项基本原则。其中第1项收集限制原则(Collection Limitation Principle)指出"个人资料收集应存在限制,获得资料的手段必须合法和公平,且须经资料享有人知晓或同意。"第4项使用限制原则(Use Limitation Principle)强调"个人资料为不得被公开、被利用或被使用于超出根据前一确定的目的,除非资料主体同意或法律有如此的授权";②1992年制定的《国际电信联盟组织法》第34条指出,"各会员对于可能危及国家安全、违反国家法律、妨碍公共治安或有伤风化的任何其他私务电信,也保留予以截断的权利";③1995年欧洲联盟出台的《个人数据保护指令》呼吁各成员国建立统一的个人隐私保护法律、法规体系以保证个人数据在加盟国之间自由流通;2001年,欧洲联盟又制定了《网络犯罪公约》,它号称目前世界上影响范围最广、最重要的打击网络犯罪国际公约。本公约第21条就明确指出截获特定通讯数据信息必须仅限于国内法确定的某些严重犯罪,执法机关和网络服务商应当履行严格的保密义务;④2002年,欧洲联盟进一步颁布了《隐私和电子通信指令》强调各成员国应通过国内立法确保公共通信网络和公用电子服务中通信和相关数据传输的机密性,禁止除用户或征得其同意外的其他人储存信息或相关的数据,且记录的通信应被秘密保存,在提供服务之后,应销毁或使其处于匿名状态;⑤到了2016年,欧洲联盟更通过了《一般数据保护条例》。尽管它要到2018年才正式生效,但堪称史上最严格的数据保护条例。⑥该条例强

---

① 参见崔聪聪、巩姗姗:《全球网络安全与犯罪公约制定的基本问题》,载《重庆邮电大学学报》(社会科学版)2015年第1期,第24页。
② 参见杨坚争主编:《经济法与电子商务法》,高等教育出版社2004年版,第460页。
③ 百度百科:《国际电信联盟组织法》,载http://baike.baidu.com/link?url=ruivnU5UkKDi4-Cj7XkybibwD4KnOymcL-LEX5PDsMaiCAxzwEcXhG5wN1s6PYXwWpGvQX6abQMSEo7RgTFAxq,2016年7月29日访问。
④ 参见崔聪聪、巩姗姗:《全球网络安全与犯罪公约制定的基本问题》,载《重庆邮电大学学报》(社会科学版)2015年第1期,第25—26页。
⑤ 参见管理员:《欧洲议会和欧盟理事会2002年7月12日关于电子通信行业个人数据处理与个人隐私保护的第2002/58/EC号指令(隐私与电子通信指令)》,载http://www.infseclaw.net/news/html/1091.html,2016年7月29日访问。
⑥ 参见鲲:《欧盟颁布〈一般数据保护条例〉成为个人信息保护里程碑式法律》,载http://www.360doc.com/content/16/0429/19/235269_554869684.shtml,2016年7月29日访问。

调处理个人数据信息必须合法、正当、透明,数据主体还享有被遗忘权和可携带权。① 这些国际条约的一一颁行,无不于国际法信息网络安全广义层面对侦查中的网络通讯监听活动起到了规范、引导、制约作用。

不过有一点需要着重指出的是,鉴于国际法本身的不成体系碎片化,②加上前述各相关国际条约大多仅仅是做原则上的宏观规范,而侦查中的网络通讯监听活动主要是依靠各国国内公权力机关去着手实施。故除了目前已基本形成整体带有浓郁一体化特质之欧洲联盟制定的适用于各成员国的国际条约外,绝大多数国际法在侦查中的网络通讯监听活动法制化方面发挥的作用更多是原则纲领性而非实际操作意义的。

第三节 对国外侦查中网络通讯监听法制化的评价与未来展望

从前面论述不难发现,当下大凡对侦查活动中的网络通讯监听设置了法律规范予以引导、制约的国家,其法律制度根本宗旨并无绝对性区别。各国都希望借助网络通讯监听,能够做到既有效规制信息社会的犯罪行为,又尽量减少不必要的公民人权侵害,实现国家、社会和个人利益之有机统一。不过,囿于立法技术、法律文化传统、科学技术和经济发展水平等因素差异,在法制化具体内容上面还是存在诸多差别。并且随着时代不断朝前发展和法律、科学技术的进步,其未来发展轨迹也非常鲜明。通过对它们实施梳理评析展望未来发展态势,这无疑将有助于我国日后科学合理地实现侦查中的网络通讯监听法制化。

---

① 被遗忘权指的是当个人数据已经和收集处理目的无关,数据主体不希望其数据被处理或控制者无正当理由保存数据时,数据主体可随时要求收集数据者删除这些数据;可携带权则指数据主体可以向控制者索要数据,也可以将这些数据转移到另一控制者处。
② 参见莫世健:《国际法碎片化和国际法体系的效力》,载《法学评论》2015年第4期,第117页。

一、对国外侦查中网络通讯监听法制化的具体评价

（一）监听整体模式

从哲学上来分析，模式系一种类型化表述，模式的存在乃是为了对同类事务之解决提供整体上可资遵循的范本。① 故监听整体模式作为网络通讯监听活动实施的一种宏观反映，它折射着一个国家对网络通讯监听所持的基本态度。在对侦查中的网络通讯监听活动设置了相应法律规范进行法制化引导的国家中，若按照侦查机关权力大小以及人权保障程度甄别，其监听整体模式大致可分成三种类型——人权保障型、犯罪遏制型和权利平衡型。

1. 人权保障型

人权保障型监听整体模式即指在侦查机关实施网络通讯监听时，将公民人权的维护放置于打击犯罪之上。该种监听整体模式典型代表为德国和日本，其中德国表现最为突出。由前述可知，从保障基本人权促进人性自由发展视角着眼，当前德国对各种监听毫无例外都进行了异常严格的限制。德国现行《刑事诉讼法》明文规定"监听电信通讯"必须为"不经当事人知晓的措施"，②但这并非意味着获得"当事人知晓"就可绕开法院令状成为一类任意侦查措施。为保护公民人权不受侵害，即便"当事人知晓"获取了他们"同意"甚至某些情况下犯罪嫌疑人等自身也放弃了对隐私之隐瞒，侦查机关仍须按照法律规定接受严苛的司法审查。很明显，强调侦查机关只要实施了网络通讯监听无论何种情况均得受到司法机关审查，尽管有些呆板僵硬甚至造成不必要的人力、物力、财力耗费，③但无疑对被监听者人权保障方面是做得最为稳妥的。基于这样一种保护人权之理念，虽然德国和美国有着非常亲密的盟友关系，但当2013年"棱镜门"事件被媒体披露持续发酵后，德国的反应在欧洲国家中是最强烈的。德国总理安格拉·默克尔届时就发

---

① 参见欧阳爱辉：《大数据时代的职务犯罪信息情报收集模式》，载《江南论坛》2015年第6期，第35页。
② 龙宗智主编：《徘徊于传统与现代之间——中国刑事诉讼法再修改研究》，法律出版社2005年版，第215页。
③ 当然，这并不是说德国相关法制化措施就一定非常僵化。从前述可知，现行德国《抗击国际恐怖主义法》为了能够有效打击国际恐怖主义犯罪，在注重相关人员隐私权保护同时也就各部门情报信息（含网络通讯数据信息）交流做了一定程度变通。

表了极其强硬的讲话,认为这是对两国互信的最大破坏。①

除了德国之外,日本也可谓人权保障型监听整体模式的典范。尽管日本在相关法规上比德国灵活,它没有像德国那般严苛要求只要实施网络通讯监听就必须受到司法机关审查,以其颁发令状为基本标尺,而认为监听针对的是未征得通讯一方当事人同意的电子通讯,征得通讯一方同意便不构成强制侦查,不属于法律要约束的监听,显然这较之德国要宽松些。不过日本司法实践中大多一直对监听持谨慎甚至反对态度,理论界很多学者也对网络通讯监听的具体程序提出了更严格要求,故其真正使用频率较欧美国家少之又少。

因此,以德、日为代表的人权保障型监听整体模式在公民人权保护上应该说是做得最稳妥完善的。但万事有利便有弊,过于烦琐复杂的司法审查或者太谨慎地使用网络通讯监听,要么会造成资源的浪费要么就会错过最佳侦查时机贻误案件侦破,故此类监听整体模式启用的国家并不多。

2. 犯罪遏制型

犯罪遏制型监听整体模式即指在侦查机关实施网络通讯监听时,更多注重对案件真相的查找,当打击、遏制犯罪和保护相关公民人权发生冲突时,优先考虑其遏制犯罪的功能。这种监听整体模式在迅速查明案情,打击、遏制犯罪尤其是高危犯罪方面成效显著,但难免顾此失彼造成一定程度的公民人权损害。"9·11"事件爆发后直至 2013 年"棱镜门"东窗事发前的美国,由于监听启用更多向犯罪控制、国家整体利益方面倾斜,即可谓犯罪遏制型监听整体模式的代表。

该阶段的美国因面临着恐怖活动的重重威胁,侦查机关相关侦查权限空前膨胀。网络通讯监听范围广、持续时间长且相关民众被侵害现象严重。2002 年小布什更是签署总统令授权国家安全局在未获取外国情报监听联邦法庭允许情况下,就可以直接窃听美国公民越洋电话或查看其电子邮件。至于后来被斯诺登披露的"Xkeyscore"计划则更几乎可以涵盖所有网上信息,能够最大范围收集互联网数据,内容包括电子邮件、网站信息、搜索和聊天记录等,该计划已经协助美国情报

---

① 参见 Scott Wilson and Michael Birnbaum:"Merkel Calls Obama About Alleged U. S. Monitoring of Her Phone",载 http://www.washingtonpost.com/blogs/post – politics/wp/2013/10/23/obama – assures – merkel – u – s – is – not – eavesdropping – on – her – calls/,2016 年 7 月 30 日访问。

机构抓捕了数百名恐怖嫌犯。① 借助犯罪遏制型监听整体模式,在这一阶段无疑有效帮助美国应对了一浪高过一浪的恐怖犯罪阴影,但国内大量普通公民的网络通讯自由权、网络隐私权、网络言论自由权等无不受到了极大损害,过分扩张的海外网络通讯监听甚至还引发了包括欧洲亲密盟国在内的国际社会强烈不满。

3. 权利平衡型

较之过于注重人权保护难免导致资源浪费甚至放纵犯罪的人权保障型和过分扩张侦查机关公权力难免侵害普通公民人权的犯罪遏制型监听整体模式,权利平衡型监听整体模式更关注如何在遏制犯罪和保障公民人权彼此之间寻找平衡点,以求灵活合理地实现二者效用最优化。应该说现阶段的美国和英国、俄罗斯、加拿大等启用的网络通讯监听都是此类模式,而其中具备典型代表意义的主要又当属现今的美国和加拿大。

从前述可知,美国在2013年"棱镜门"事件被媒体曝光后,为尽量减少原先犯罪遏制型监听整体模式带来之负面效应,通过强化国际合作、淡化国家公权力属性、以公开透明的司法手段和法律程序来展现网络通讯监听侦查活动的合法性、强调云计算和大数据新网络通讯监听技术运用等方式,不但减少了网络通讯监听造成的人权侵害不利影响,还提高了打击犯罪的效力。加拿大亦同此理,通过法官对 BBS 和私人电子邮件的灵活界定,巧妙诠释是否网络通讯监听侵犯公民网络隐私权。2015 年元月保守党政府推出的 C-51 号法案则考虑到当下北美地区恐怖威胁加重,以前加拿大相关判例对打击高危犯罪过于温和,便灵活地促使着网络通讯监听适当朝犯罪遏制倾斜,以求实现保障人权和遏制犯罪二者之有效平衡。故相对来说,权利平衡型监听整体模式要比人权保障型和犯罪遏制型在实际操作中更能妥善把握好度,未来应用前景将更加广阔。

(二) 监听的动用

在国外那些对侦查中的网络通讯监听实施了法制化的国度,无论监听整体模式系人权保障型、犯罪遏制型抑或权利平衡型,通常情况其网络通讯监听之动用都必须受到法定机关的严密审查,即获取法定机关(如法院)颁发的令状。而令状(Warrant),一般多指记载有关强制性措施裁判的裁判书。② 它们以法定机关事先

---

① 参见搜狗百科:《斯诺登》,载 http://baike.sogou.com/v60647544.htm?fromTitle=斯诺登,2016 年 7 月 30 日访问。

② 参见宋英辉主编:《刑事诉讼原理》,法律出版社 2003 年版,第 269 页。

签发令状或事后核准确认(如事态危急或证据很可能发生灭失等紧急情况)为判断监听是否具备合法性的根本尺度,无令状则监听活动非法。但总体上说,各国在监听动用签发令状方面还是有细微差异,其大致可以分成四类:

其一是强调所有网络通讯监听都必须签发令状,无令状则证据断不可采。这主要以推崇人权保障型监听整体模式的德国为典型代表。毕竟监听在有效打击、遏制犯罪同时还带有着诸多与生俱来之负面效应——轻则侵蚀到少数公民隐私权、通讯自由权等宪法所赋予的基本人权;重则造成侦查权滥用以及司法伦理悖论、破坏全社会正常安宁的工作生活秩序,甚至被人用作政治斗争工具(如美国的"水门事件"等)诱发了整个国家或民族的严重危机。但是,在所有监听都必须不辨牝牡骊黄取得令状,无令状则证据断不可采之情况下,难免白白浪费了大量宝贵的司法资源,令法网恢恢,讼累不堪。尤其许多当事人事先使用网络通讯工具(如BBS、Blog等)进行信息交流前就已然表示同意放弃了相关合法权益,那么侦查机关还需要不厌其烦地一概接受司法审查吗?事实上,作为通讯一方当事人的犯罪嫌疑人等自己都已经放弃了合理隐私期待,在此情况下法律还要求保障所谓网络隐私权等人权,实属画蛇添足。另外,这样做还可能阻滞了政府网络舆情监测系统之建立与运行,慢慢蜕变成政府及时通过网络掌握民意的掣肘。①

其二是以"当事人是否同意"为令状签发的判别标准。这主要以日本为典型代表。所谓"当事人是否同意",多指若非事先征得任何一方被监听当事人同意,否则就必须像传统通讯监听那般由法定机关颁发了令状方能开展网络通讯监听活动。可以说该方式既看到了所有网络监听一概均需获取令状的弊端,同时又考虑到了保障网络通讯自由权、网络隐私权等人权,消除监听负效应之需要。不过,由于此判别标准很大程度乃传统通讯监听中关于隐私权之"当事人同意"规定的笼统照搬,那它是否有足够把握可胜任网络环境下通讯条件发生巨大变化之需要尚存疑虑。因为网络环境下的"同意"是否为当事人的一种真实意思表示极难判断,许多人隐瞒身份上网聊天时很可能根本未意识到自己随意点击屏幕上的"同

---

① 因为政府网络舆情监测系统主要工作即针对网络这一"第四媒体"进行海量网络舆论信息的实时自动采集、分析、汇总与监视,并识别其中关键信息,及时通知相关机构和人员,从而第一时间应急响应,为树立正确舆论导向和收集广大群众意见提供帮助。在所有监听都必须运用令状,无令状则证据不可采情况下,政府网络舆情监测系统的建立与运行便势难避免受其影响。

机构抓捕了数百名恐怖嫌犯。① 借助犯罪遏制型监听整体模式,在这一阶段无疑有效帮助美国应对了一浪高过一浪的恐怖犯罪阴影,但国内大量普通公民的网络通讯自由权、网络隐私权、网络言论自由权等无不受到了极大损害,过分扩张的海外网络通讯监听甚至还引发了包括欧洲亲密盟国在内的国际社会强烈不满。

3. 权利平衡型

较之过于注重人权保护难免导致资源浪费甚至放纵犯罪的人权保障型和过分扩张侦查机关公权力难免侵害普通公民人权的犯罪遏制型监听整体模式,权利平衡型监听整体模式更关注如何在遏制犯罪和保障公民人权彼此之间寻找平衡点,以求灵活合理地实现二者效用最优化。应该说现阶段的美国和英国、俄罗斯、加拿大等启用的网络通讯监听都是此类模式,而其中具备典型代表意义的主要又当属现今的美国和加拿大。

从前述可知,美国在2013年"棱镜门"事件被媒体曝光后,为尽量减少原先犯罪遏制型监听整体模式带来之负面效应,通过强化国际合作、淡化国家公权力属性、以公开透明的司法手段和法律程序来展现网络通讯监听侦查活动的合法性、强调云计算和大数据新网络通讯监听技术运用等方式,不但减少了网络通讯监听造成的人权侵害不利影响,还提高了打击犯罪的效力。加拿大亦同此理,通过法官对BBS和私人电子邮件的灵活界定,巧妙诠释是否网络通讯监听侵犯公民网络隐私权。2015年元月保守党政府推出的C-51号法案则考虑到当下北美地区恐怖威胁加重,以前加拿大相关判例对打击高危犯罪过于温和,便灵活地促使着网络通讯监听适当朝犯罪遏制倾斜,以求实现保障人权和遏制犯罪二者之有效平衡。故相对来说,权利平衡型监听整体模式要比人权保障型和犯罪遏制型在实际操作中更能妥善把握好度,未来应用前景将更加广阔。

(二)监听的动用

在国外那些对侦查中的网络通讯监听实施了法制化的国度,无论监听整体模式系人权保障型、犯罪遏制型抑或权利平衡型,通常情况其网络通讯监听之动用都必须受到法定机关的严密审查,即获取法定机关(如法院)颁发的令状。而令状(Warrant),一般多指记载有关强制性措施裁判的裁判书。② 它们以法定机关事先

---

① 参见搜狗百科:《斯诺登》,载 http://baike.sogou.com/v60647544.htm? fromTitle=斯诺登,2016年7月30日访问。

② 参见宋英辉主编:《刑事诉讼原理》,法律出版社2003年版,第269页。

签发令状或事后核准确认(如事态危急或证据很可能发生灭失等紧急情况)为判断监听是否具备合法性的根本尺度,无令状则监听活动非法。但总体上说,各国在监听动用签发令状方面还是有细微差异,其大致可以分成四类:

其一是强调所有网络通讯监听都必须签发令状,无令状则证据断不可采。这主要以推崇人权保障型监听整体模式的德国为典型代表。毕竟监听在有效打击、遏制犯罪同时还带有着诸多与生俱来之负面效应——轻则侵蚀到少数公民隐私权、通讯自由权等宪法所赋予的基本人权;重则造成侦查权滥用以及司法伦理悖论、破坏全社会正常安宁的工作生活秩序,甚至被人用作政治斗争工具(如美国的"水门事件"等)诱发了整个国家或民族的严重危机。但是,在所有监听都必须不辨牝牡骊黄取得令状,无令状则证据断不可采之情况下,难免白白浪费了大量宝贵的司法资源,令法网恢恢,讼累不堪。尤其许多当事人事先使用网络通讯工具(如 BBS、Blog 等)进行信息交流前就已然表示同意放弃了相关合法权益,那么侦查机关还需要不厌其烦地一概接受司法审查吗? 事实上,作为通讯一方当事人的犯罪嫌疑人等自己都已经放弃了合理隐私期待,在此情况下法律还要求保障所谓网络隐私权等人权,实属画蛇添足。另外,这样做还可能阻滞了政府网络舆情监测系统之建立与运行,慢慢蜕变成政府及时通过网络掌握民意的掣肘。①

其二是以"当事人是否同意"为令状签发的判别标准。这主要以日本为典型代表。所谓"当事人是否同意",多指若非事先征得任何一方被监听当事人同意,否则就必须像传统通讯监听那般由法定机关颁发了令状方能开展网络通讯监听活动。可以说该方式既看到了所有网络监听一概均需获取令状的弊端,同时又考虑到了保障网络通讯自由权、网络隐私权等人权,消除监听负效应之需要。不过,由于此判别标准很大程度乃传统通讯监听中关于隐私权之"当事人同意"规定的笼统照搬,那它是否有足够把握可胜任网络环境下通讯条件发生巨大变化之需要尚存疑虑。因为网络环境下的"同意"是否为当事人的一种真实意思表示极难判断,许多人隐瞒身份上网聊天时很可能根本未意识到自己随意点击屏幕上的"同

---

① 因为政府网络舆情监测系统主要工作即针对网络这一"第四媒体"进行海量网络舆论信息的实时自动采集、分析、汇总与监视,并识别其中关键信息,及时通知相关机构和人员,从而第一时间应急响应,为树立正确舆论导向和收集广大群众意见提供帮助。在所有监听都必须运用令状,无令状则证据不可采情况下,政府网络舆情监测系统的建立与运行便势难避免受其影响。

意"选项就已导致网络通讯自由权和网络隐私权等人权悄然遭到侵蚀。更何况一方当事人同意并不暗含着另一方权利可以罔顾,这样无疑是对另一方合法权益之不当侵害。尤其在多人网络通讯情形(如腾讯QQ群或各大门户网站聊天室的多人数据信息交流中)下,仅一位当事人表示同意就实施无令状监听很可能完全忽略了其他多名甚至数百名参与者之合法权益。两相比较,未免有些得不偿失。久而久之,侦查机关也极可能据此来规避令状原则约束,使相关监听法律制度形同虚设。

其三是以"是否存在合理隐私期待"为令状签发的判别标准。这主要以英国为典型代表。① 所谓"是否存在合理隐私期待",多指网络通讯监听中令状运用要以相关侦查活动带来的影响程度是否会造成伤害公民合理预期的隐私权之结果来进行判断,若可能造成则必须获取令状。应该说,究其实质而言,本判别方式同前述"当事人是否同意"基本一致。因为"同意"亦证明公民对此有所了解,在隐私权方面多半具备了"合理期待"界限,所以本判别标准实属"当事人是否同意"之具体扩充演化。然而,"是否存在合理隐私期待"的令状运用判别标准虽较"当事人是否同意"有了进一步细化,但这种标准主要也是应用于传统通讯侦查,在网络通讯监听中仍存不少缺憾。因为究竟何属网络环境下"合理隐私期待"仍难以准确判定,不同人可能会产生不同理解。加之网络通讯监听包罗范围极广,上至普通网页浏览监控、邮件监控和流量监视,下至FTP命令监视、TELNET命令监视、端口映射和PPPOE拨号支持等。那么在如此复杂的技术环境中,该判别标准就难免遭到各方更多非议。

---

① 除英国外,我国香港特别行政区和台湾地区也持类似立法主张。如我国香港特别行政区2006年生效的《截取通讯及监察条例》将是否具备"合理隐私期待"当作令状签发判定依据,认为"监察是在属其目标人物的任何人有权对享有私隐有合理期望的情况下进行的",无"合理期望"断然不属于监听不需要令状;台湾地区在令状签发上"当事人是否同意"和"是否存在合理隐私期待"并重,1995年颁行的《电脑处理个人资料保护法》强调"同意"甚至要求以"书面同意"为是否需要签发令状之基本依据,但1999年发布的《通讯保障与监察法》第3条认为"……前项所称之通讯,以有事实足认受监察人对其通讯内容有隐私或秘密之合理期待者为限";第26条又规定"已得通讯一方事先同意且无不法目的者,为尊重当事人意愿,其监察行为应阻却违法"。具体可分别参见邓立军:《秘密侦查法治化的现代典范——香港〈截取通讯及监察条例〉》,载《中国刑事法杂志》2008年第5期,第103—120页;郑好:《比较法视野下的监听立法研究——兼论我国监听制度的基本建构》,载《研究生法学》2006年第5期,第21—22页。

其四是以"综合考虑"为令状签发的判别标准。这主要以美国和加拿大为典型代表。所谓"综合考虑",即指网络通讯监听中令状运用须根据具体情况多方面因素来灵活判定。该方式较前述三种判别标准拥有更多灵活性,看到了纷繁复杂的网络环境难以凭借某种简单方法做出非此即彼之判断,故多遵照具体情况的不同,分别对症下药做出是否需签发令状的规定或评判。例如美国原本是一严格启用"当事人是否同意"和"是否存在合理隐私期待"为令状签发判别标准之国度,只要当事人并未表示同意或存有合理隐私期待则监听必须获得令状。但"9·11"事件后,在反恐大背景下美国国会立即放松了对监听令状之严格要求,允许侦查机关很大程度均可实施无令状网络通讯监听。不过,以"综合考虑"为令状运用的判别标准依旧存有自身不足。这主要是因为"综合考虑"模糊性太强,极易丧失法律应有的刚性和准确度,而网络通讯又远比传统通讯手段更加复杂。倘若我们在法律上无法就"综合考虑"作出一较明确限定的话,那它往往要么易造成公权力恣意妄为,要么就束缚了侦查机关的手脚放纵犯罪。这也恰如伏尔泰所言,"整个法律应清晰、统一和精确"。①

(三)法律适用性

网络通讯监听是带有极其浓厚高科技色彩的侦查方式。它的运用往往必须同技术发展相适应,故对国外侦查中的网络通讯监听法制化实施具体评价,除了监听整体模式和监听动用外,最重要之考察点即相关法律的适用性。毕竟法律有着天生的滞后性,而计算机和互联网技术又在不断朝前飞跃,若相关法律本身有很多存在破绽难以满足信息社会需求,那侦查中的网络通讯监听法制化效果也将大打折扣。就总体来论,欧洲联盟2016年通过的《一般数据保护条例》适用性最强,对个人数据保护也最严格更贴近现今时代发展步伐。

欧洲联盟《一般数据保护条例》的强大法律适用性主要表现在三个方面。其一是根据新时代需要不断扩大数据主体权利,替数据主体增设了被遗忘权和可携带权。毕竟云计算和大数据的盛行令公民网络通讯自由权、网络隐私权等人权被

---

① 转引自[爱尔兰]J. M. 凯利著:《西方法律思想简史》,王笑红译,法律出版社2002年版,第274页。

侵害的概率较以往更高了,而且借助新兴的数据挖掘技术①等手段进行的网络通讯监听获取数据信息有时还比利用普通拦截软件进行的寻常网络通讯监听更容易绕开传统令状约束。对此大师波斯纳就曾指出,"这种数据搜集的程度并不取决于依据宪法第四修正案或依据诸如(一般性联邦有限窃听制定法)……会受到质疑的电子监听。'国防部潜在危险项目'……显示,无须那种通常需要搜捕令的监听就可以获得珍贵的情报。"②为避免造成过分人权损害,《一般数据保护条例》第 17 条和第 20 条分别规定"当个人数据已和收集处理的目的无关、数据主体不希望其数据被处理或数据控制者已没有正当理由保存该数据时,数据主体可以随时要求收集其数据的企业或个人删除其个人数据。如果该数据被传递给了任何第三方(或第三方网站),数据控制者应通知该第三方删除该数据""数据主体可向数据控制者索要其数据,也可将其个人数据转移至另一个数据控制者",③这就能够更有效维护数据主体合法权益。

其二是根据新时代需求不断强化义务主体义务,对个人数据处理必须合法、正当、透明,并进行个人数据泄露通知。在此方面,《一般数据保护条例》第 37、38、39 条强调为确保数据保护合乎规定并妥善处理数据保护相关事务,数据控制者和数据处理者需设置数据保护官(Data Protection Officer,DPO)。它的出现意味着数据控制与处理者理当承担更多的保护义务。并且,第 33 和第 34 条还规定数据控制者应在 72 小时内向监管机构报告个人数据泄露情况。当数据泄露可能会给数据主体权利或自由带来巨大风险时,数据控制者必须毫不延误地通知数据主体,以便数据主体及时采取相应措施。这种个人数据泄露通知义务的增加能够尽量将个人数据信息被网络通讯监听窃取后的不利影响缩小化,无疑更与当前社会从信息技术时代向数据技术时代迈进的大数据步伐相吻合。④

---

① 数据挖掘技术,即从数据源(如互联网、数据库、文本等)中搜索有价值的模式或知识的技术之通称。具体可参见郑永红:《犯罪信息工作中的数据挖掘技术》,载《广东公安科技》2005 年第 1 期,第 39 页。
② [美]理查德·波斯纳著:《并非自杀契约——国家紧急状态时期的宪法》,苏力译,北京大学出版社 2010 年版,第 148 页。
③ 鲲:《欧盟颁布〈一般数据保护条例〉成为个人信息保护里程碑式法律》,载 http://www.360doc.com/content/16/0429/19/235269_554869684.shtml,2016 年 7 月 31 日访问。
④ 参见沈逸:《网络时代的数据主权与国家安全:理解大数据背景下的全球网络空间安全新态势》,载《中国信息安全》2015 年第 5 期,第 59 页。

其三是随着新时代发展对特别类型的个人数据制定特殊处理规则。《一般数据保护条例》第9条规定"禁止收集处理反映个人种族或民族起源、政治观点、宗教/哲学信仰、是否是工会组织成员的数据、个人基因识别数据、生物数据、或涉及健康、性生活或性取向的数据。但在例外的情况下也可以收集加工以上数据,如已获得个人的明示同意,或数据控制者因处理劳动关系、社会保险之需要并在法律允许的范围内且已采取了适当的保护手段等。"①因为伴随物联网、云计算、移动互联网等新技术应用和普及,社会数据信息化进程日益加快,数据将涵盖经济社会发展各领域成为新的重要驱动力。② 有了本条规定,在侦查中实施网络通讯监听就不能随意获取本方面的数据信息,更符合新时代特质。

二、国外侦查中网络通讯监听法制化的未来展望

网络通讯监听乃新兴的高科技侦查手段,国外相关法律制度和法制化实践目前都处于不断发展完善中,但从前面的分析介绍来看,其法制化均体现着如下几大发展趋势:

(一)网络通讯监听进一步趋向法制化

正如哲人所言,"法律创设的目的在于公民的安全,国家的防务,以及人类生活的安宁与幸福。"③尽管各国对侦查中的网络通讯监听设置法律制度进行规范、引导、约束的时间并不长而且也有很多不尽如人意之处,但总体上说,网络通讯监听必将进一步趋向法制化。首先,制定相关法律规范的国家会越来越多甚至未来可能出现更多的有关国际条约。因为在信息社会,网络通讯是人们最主要的通讯工具之一,对网络通讯展开监听用以打击犯罪也是侦查机关必不可少之手段。若它得不到全面法制化,难免令侦查机关缺乏法律制度指引,要么用得太多太滥侵害到公民人权,要么过于畏首畏尾又放纵了犯罪。加上目前美国、英国、德国、俄罗斯、日本、加拿大等西方发达国家都初步建立起了相关法律制度,基于发达国家的成功示范效应,其他各国自然也会群起效仿;第二,目前已经制定了相应法律规

---

① 鲲:《欧盟颁布〈一般数据保护条例〉成为个人信息保护里程碑式法律》,载 http://www.360doc.com/content/16/0429/19/235269_554869684.shtml,2016年7月31日访问。
② 参见张茉楠:《构造大数据时代国家安全战略》,载《服务外包》2015年第7期,第77页。
③ [爱尔兰]J. M. 凯利著:《西方法律思想简史》,王笑红译,法律出版社2002年版,第20—21页。

范,具有一定法制化实践的国家将会继续完善现有法律制度,确保其更加完善。从前述可知,无论美国抑或英、德等各国,其相关法律制度在实践运作中仍有不少不足之处。譬如美国《电子通信隐私法》中的《搭线窃听法案》认为国家公权力机关要构成监听民众通讯应当有一个通讯"拦截过程",但对于电子邮件等高科技网络通讯手段,所谓的"通信传输过程"几乎可忽略不计。这么一来,侦查机关岂不是可巧妙利用传输过程的微乎甚微来借口否认自己进行了网络通讯监听拦截?因此美国目前正积极对自己原有法律制度和法制化实践进行修正,德国等欧洲联盟国家则通过制定《一般数据保护条例》来弥补先前法律制度之缺陷。这一切无不进一步促成了网络通讯监听的法制化。

(二)网络通讯监听范围日益扩大化

尽管自"棱镜门"事件被媒体广为披露后,国际社会对保障人权、减少非法监听运用的呼声一浪高过一浪,但笔者认为,这并不意味着未来侦查中的网络通讯监听适用范围将普遍缩小。实质上根据发展趋势,网络通讯监听范围还将日益扩大。其原因有二:第一,现今国外有相关立法的国家,其立法适用范围大多正逐步扩大。譬如美国2015年通过的用以取代《爱国者法》的《自由法》,尽管它比《爱国者法》有诸多监听权力限制,一定程度保障到美国公民人权,但它将通话数据大规模收集工作交给了私营通讯运营商。私营通讯运营商在美国把持着主要网络系统。由他们负责进行数据收集,一方面比侦查机关更加快捷方便,另一方面获取的数据信息资料范围也会更加广泛;第二,互联网和计算机技术发展至云计算和大数据的今天,和网络通讯相关的数据信息范围越来越广。个人电脑、智能手机、平板电脑和星罗棋布的数字传感器,都可能成为我们监听的数据信息载体与来源。而在以前的不少相关法律中,很多都认为类似的数据获取不构成网络通讯监听。例如美国《爱国者法》就认为不获取电子邮件内容而仅是知晓电子邮件地址等数据信息一般无须法院令状不构成监听。但电子邮件地址等数据信息和普通电话号码不同,寻常电话号码大多只是一组阿拉伯数字的集合,不会泄露持有者重要信息。电子邮件地址则不然,它一般均是由用户自主设定邮箱名形成,通过这些具备浓郁自我个性特征的邮件地址往往很容易推断出用户的部分真实信息(如姓名、出生日期、爱好等)。因此若一概断言收集电子邮件地址等数据信息侵犯隐私权较小、无须令状不构成监听,这对民众造成之侵害也是不可小觑的。所以云计算和大数据环境下带来的海量数据信息获取有很多也必须纳入到监听范围中去,这既能令网络通讯监听获得更全面运用,又可通过法制渠道对其予以妥善引导规制。

(三)网络通讯监听具体技术日益精密化

随着云计算和大数据的风起云涌,面对最大化整合虚拟资源的海量网络数据交换场景,未来侦查机关展开网络通讯监听就不再仅仅是像十多年前那样凭借一两款"食肉者"黑客软件便完成信息截获了。基于科学技术的飞速发展,网络通讯监听具体技术自然也会越发精密化。一方面,大量传统电子取证技术在网络通讯监听中会继续得以使用。例如数据恢复技术、数据复制技术、数据解密技术、日志分析技术、数据截取技术、攻击源追踪技术等,这些传统电子取证技术能够帮助我们更好地将截获的相关网络通讯信息转换成电子证据;[1]另一方面,为了和新兴的云计算、大数据运用相适应,一大批新技术也将获得广泛运用,体现出技术使用的精密化。譬如美国目前正投入巨资开发的多级别异常检测项目(ADAMS),它能够解决海量网络数据中的异常监测和鉴定问题;美国另外正开展的一项 Insight 项目,它可以通过分析成像和非成像传感器以及其他来源数据信息自动确定网络威胁。[2] 很明显,这些新兴技术一旦研发成功并得以投入使用,侦查机关展开网络通讯监听自然更加如虎添翼。

---

[1] 数据恢复技术主要指将人为或偶然原因受到不同程度毁坏的数据信息予以恢复和重现的技术措施;数据复制技术主要指将待调查的数据信息进行精确完整复制,保存在其他介质上用以检验和分析的技术措施;数据解密技术即通过解密算法和解密密钥将数据密文恢复成明文;日志分析技术是通过构建常用操作系统、数据库和应用系统日志等形成通用日志形式化描述方法来对日志进行检查;数据截取技术即通过网络嗅探等方式对在正传输中的通讯数据信息予以截获;攻击源追踪技术利用已有数据信息来对攻击者所处位置实施精确判断。在进行网络通讯监听时,数据被毁坏、加密等情形经常出现,故上述技术手段不可或缺。具体可参见杜春鹏著:《电子证据取证和鉴定》,中国政法大学出版社 2014 年版,第 85—93 页。

[2] 参见陈明奇、姜禾、张娟等:《大数据时代的美国信息网络安全新战略分析》,载《信息网络安全》2012 年第 8 期,第 33 页。

第五章

我国侦查中的网络通讯监听现状及存在的主要困惑

从前述分析可知,网络通讯监听作为一种信息社会新兴技术侦查措施,进行法制化具有极其丰富的现实土壤和理论基础,不少西方发达国家也已经着手了颇具价值的尝试。不过,究竟该如何对其加以完整建构实现法制化,绝非一蹴而就之简单问题。法儒孟德斯鸠早就指出,"为某一国人民而制定的法律,应该是非常适合于该国的人民的。所以如果一个国家的法律竟能适合于另外一个国家的话,那只是非常凑巧的事。"①毕竟任何理论设计与制度建设都充斥有浓郁的特定时空维度和典型本土化色彩,即便当下不少西方发达国家业已建立起了一系列相关法律制度和配套运行机制,②我们也断不能简单秉承"拿来主义"心态将其全盘照搬式地引入国内当作标准范本。因此,若要使研究更加全面对接"地气",为我国日后侦查中的网络通讯监听活动提供确实有效的法制化理论支撑和实现路径,在充分探讨其概念界定、法制化的现实土壤、理论基础并实施相关域外比较考察后,还必须深深扎根于中国社会语境,对我国侦查中的网络通讯监听现状和存在的主要困惑展开全方位探析。

---

① [法]孟德斯鸠著:《论法的精神》(上册),张雁深译,商务印书馆1961年版,第6页。
② 参见杨郁娟著:《侦查权的逻辑与经验》,中国人民公安大学出版社2010年版,第17页。

第一节　我国侦查中的网络通讯监听现状

就当前我国侦查中的网络通讯监听现状进行深层次剖析，主要目的是为了量体裁衣替下一步着手具体法制化建构打好基础。而这么一来，理论上要就中国侦查中的网络通讯监听具体现状实施探讨，首先需要关注的即是国内现今涉足网络通讯监听侦查活动方面规定的各项法律制度，终究一丝不苟按照法律文本明确规定展开相关活动是现代文明国度之基本要求，接下来方能根据此类法律制度具体规定深入分析各类网络通讯监听活动目前的实践运用情况。因为法律文本主要乃国家宏观理想立法层面、思辨语境下的一种纸面规划，实践运用则是人类活动在具体鲜活现实环境中产生的一系列连锁反应。研究者理当耐心面对丰富的生活素材，结合法律文本细致观察现实生活中人与人彼此间的互动，毕竟真正能够深刻揣摩的真实世界总是非常具体细小的。故唯有从复式（法律文本＋实践运作）而非单线分析（纯文本解读或实践运作情况思考）路径着手，才能较全面准确地揭示我国侦查中网络通讯监听活动之多元化的客观现实。

一、我国侦查中的网络通讯监听相关法律现状

虽然单从法律文本字面含义来论，由于网络通讯监听系一种信息社会方才兴起的特殊计算机互联网窃听技术，且立法又有着从宏观层面规范人类社会以及促使成本简约等之考量，故无论我国抑或前面所言西方发达国家大多均未明确设立冠以"网络通讯监听"之名的法律制度。不过若从最广义层面技术侦查活动角度而言，则我国和西方发达国家迄今都有不少相关法律实践。具体言之，除开国家网络安全战略[①]和国际条约以外，根据法律位阶效力差异，我国现有相关侦查中

---

① 2014年初，我国中央网络安全和信息化领导小组宣告成立并由国家主席习近平亲自担任组长。业界纷纷认为这即是网络安全上升至中国国家安全战略的重要标志。尽管目前我国网络安全战略尚未像前文所言的西方发达国家那样具体系统化，但作为国家级别的战略指针，它必将对我国相关法律规范未来发展具备着极大指导意义。具体可参见何廷润、杨峥：《美国网络电磁空间安全战略对我国的启示》，载《人民邮电》2014年3月31日第007版。

网络通讯监听的法律制度主要包括如下四部分：

第一，在宪法层面。作为一国根本大法，宪法中的相应法律条文无疑在规范、引导、制约网络通讯监听侦查活动上发挥的宏观作用至关重要。如现行《中华人民共和国宪法》序言提出的"发展社会主义民主，健全社会主义法制"，第40条更是直接规定"中华人民共和国公民的通信自由和通信秘密受法律的保护。除因国家安全或者追查刑事犯罪的需要，由公安机关或者检察机关依照法律规定的程序对通信进行检查外，任何组织或者个人不得以任何理由侵犯公民的通信自由和通信秘密"。由此可见，我国宪法尽管未明确指出要对网络通讯监听予以规范、引导和制约，但它宏观上提出的健全法制、保护公民通信自由和通信秘密、只有公安或检察机关有权实施通信检查且必须按照法定程序进行，显然于最广义范畴对侦查机关开展网络通讯监听具有最高引导、约束作用。

第二，在法律层面。尽管我国迄今并未有专门性法律明确针对侦查中的网络通讯监听，不过总体上仍存在诸多法律法规就其展开规范。例如现行《中华人民共和国刑事诉讼法》第148—152条对技术侦查措施的规定，由于网络通讯监听无疑当属技术侦查，这些法条规定对它自然适用。这主要包括第148条"公安机关在立案后，对于危害国家安全犯罪、恐怖活动犯罪、黑社会性质的组织犯罪、重大毒品犯罪或者其他严重危害社会的犯罪案件，根据侦查犯罪的需要，经过严格的批准手续，可以采取技术侦查措施。人民检察院在立案后，对于重大的贪污、贿赂犯罪案件以及利用职权实施的严重侵犯公民人身权利的重大犯罪案件，根据侦查犯罪的需要，经过严格的批准手续，可以采取技术侦查措施，按照规定交有关机关执行。……"、第150条"采取技术侦查措施，必须严格按照批准的措施种类、适用对象和期限执行。侦查人员对采取技术侦查措施过程中知悉的国家秘密、商业秘密和个人隐私，应当保密；对采取技术侦查措施获取的与案件无关的材料，必须及时销毁。采取技术侦查措施获取的材料，只能用于对犯罪的侦查、起诉和审判，不得用于其他用途。公安机关依法采取技术侦查措施，有关单位和个人应当配合，并对有关情况予以保密"等；现行《中华人民共和国网络安全法》从总则到分则各部分均设置了众多网络信息安全的法条，在侦查中动用网络通讯监听牵涉的安全问题自然囊括其中；现行《中华人民共和国国家安全法》第42条规定"国家安全机关、公安机关依法搜集涉及国家安全的情报信息，……"，第53条规定"开展情报信息工作，应当充分运用现代科学技术手段，加强对情报信息的鉴别、筛选、综合和研判分析";现行《中华人民共和国反间谍法》第12条规定的"国家安全机关因侦察间谍行为的需要,根据国家有关规定,经过严格的批准手续,可以采取技术侦察措施";现行《中华人民共和国反恐怖主义法》第19条规定"电信业务经营者、互联网服务提供者应当依照法律、行政法规规定,落实网络安全、信息内容监督制度和安全技术防范措施,防止含有恐怖主义、极端主义内容的信息传播;发现含有恐怖主义、极端主义内容的信息的,应当立即停止传输,保存相关记录,删除相关信息,并向公安机关或者有关部门报告",第45条则指出"公安机关、国家安全机关、军事机关在其职责范围内,因反恐怖主义情报信息工作的需要,根据国家有关规定,经过严格的批准手续,可以采取技术侦察措施。依照前款规定获取的材料,只能用于反恐怖主义应对处置和对恐怖活动犯罪、极端主义犯罪的侦查、起诉和审判,不得用于其他用途",第48条规定"反恐怖主义工作领导机构、有关部门和单位、个人应当对履行反恐怖主义工作职责、义务过程中知悉的国家秘密、商业秘密和个人隐私予以保密。违反规定泄露国家秘密、商业秘密和个人隐私的,依法追究法律责任";现行《中华人民共和国警察法》第16条规定:"公安机关因侦查犯罪的需要,根据国家有关规定,经过严格的批准手续,可以采用技术侦察措施";现行《中华人民共和国刑法》第253条指出,"……违反国家有关规定,将在履行职责或者提供服务过程中获得的公民个人信息,出售或者提供给他人的,依照前款的规定从重处罚。窃取或者以其他方法非法获取公民个人信息的,依照第一款的规定处罚。单位犯前三款罪的,对单位判处罚金,并对其直接负责的主管人员和其他直接责任人员,依照各该款的规定处罚",第285条指出,"违反国家规定,侵入前款规定以外的计算机信息系统或者采用其他技术手段,获取该计算机信息系统中存储、处理或者传输的数据,或者对该计算机信息系统实施非法控制,情节严重的,处三年以下有期徒刑或者拘役,并处或者单处罚金……",第286条规定"网络服务提供者不履行法律、行政法规规定的信息网络安全管理义务,经监管部门责令采取改正措施而拒不改正,有下列情形之一的,处三年以下有期徒刑、拘役或者管制,并处或者单处罚金;……(三)致使刑事案件证据灭失,情节严重的;……";现行《中华人民共和国电子签名法》第4、5、6、7、8条则对电子数据形式、保存和作为证据的真实性作了明确规定,如第7条就指出"数据电文不得仅因为其是以电子、光学、磁或者类似手段生成、发送、接收或者储存的而被拒绝作为证据使用"。

第三,在行政规章层面。行政规章作为国务院各部委、中国人民银行、审计署、具有行政管理职能的直属机构以及各省、自治区、直辖市人民政府和省、自治区人民政府所在地的市、经济特区所在地的市、经国务院批准的较大的市的人民政府依法制定的普遍适用本部门、本地区的规定、办法、实施细则、规则等规范性文件总称,数量极多。尽管它也没有专门针对侦查中网络通讯监听,但很多具体规章仍然在网络通讯监听上有一定约束性。譬如现行《公安机关执法细则》第七章《计算机犯罪现场勘验与电子证据检查》对电子证据固定与封存、在线分析、远程勘验、电子证据检查等制定了一系列具体规定,它认为"在线分析是指在现场不关闭电子设备的情况下直接分析和提取电子系统中的数据""远程勘验的目的是通过网络对远程目标系统实施勘验,以提取、固定远程目标系统的状态和存留的电子数据"。据此不难看出,网络通讯监听其实就包含于在线分析和远程勘验之中;《公安机关办理刑事案件程序规定》第254条指出,"公安机关在立案后,根据侦查犯罪的需要,可以对下列严重危害社会的犯罪案件采取技术侦查措施:(一)危害国家安全犯罪、恐怖活动犯罪、黑社会性质的组织犯罪、重大毒品犯罪案件;(二)故意杀人、故意伤害致人重伤或者死亡、强奸、抢劫、绑架、放火、爆炸、投放危险物质等严重暴力犯罪案件;(三)集团性、系列性、跨区域性重大犯罪案件;(四)利用电信、计算机网络、寄递渠道等实施的重大犯罪案件,以及针对计算机网络实施的重大犯罪案件;(五)其他严重危害社会的犯罪案件,依法可能判处七年以上有期徒刑的。公安机关追捕被通缉或者批准、决定逮捕的在逃的犯罪嫌疑人、被告人,可以采取追捕所必需的技术侦查措施";《公安机关刑事案件现场勘验检查规则》(公通字〔2005〕54号)第36条要求"勘验、检查与电子数据有关的犯罪现场,应当按照有关规范处置相关设备,保护电子数据和其他痕迹、物证。必要时,可以指派或聘请专业技术人员复制有关电子数据";现行《公安机关电子数据鉴定规则》第5条规定"省级以上公安机关公共信息网络安全监察部门和有条件的地市级公安机关公共信息网络安全监察部门可以设立电子数据鉴定机构"、第14条规定"公安机关电子数据鉴定人享有以下权利:(一)在其专业范围内可以充分表达鉴定意见,不受任何单位或者个人的非法干涉;……"、第15条规定"公安机关电子数据鉴定人应当履行以下义务:(一)遵守国家法律、法规、行业标准和检验鉴定规程有关规定;……"此外,中国国家认证认可监督管理委员会、司法部联合印发了《司法鉴定机构资质认定评审准则》,中国合格评定国家认可委员会也曾发布了《检测和校准实验室能力认可准则》和《检测和校准实验室能力认可准则在电子物证检验领域的应用说明》对电子数据的检验机构和使用进行规定。这些行政规章分别在各自领域就侦查中网络通讯监听的使用和网络通讯监听获得数据信息之鉴定进行了部分引导、约束。

第四,在法律解释层面。具备相关权限的立法、司法和行政机关对法律、法规及规章所做的解释,由于其相对较灵活能有效保障法律稳定性和社会发展变化之平衡,在侦查中的网络通讯监听运用上也具备着相应作用。例如2000年12月九届全国人大常委会第19次会议通过的《全国人民代表大会常务委员会关于维护互联网安全的决定》明确指出"非法截获、篡改、删除他人电子邮件或者其他数据资料,侵犯公民通信自由和通信秘密"构成犯罪的应追究刑事责任,该立法解释无疑就对侦查机关非法实施网络通讯监听的刑事责任追究进行了规定;最高人民法院《关于适用〈中华人民共和国刑事诉讼法〉的解释(1)》第93条指出"对电子邮件、电子数据交换、网上聊天记录、博客、微博客、手机短信、电子签名、域名等电子数据,应当着重审查以下内容:……(二)收集程序、方式是否符合法律及有关技术规范……(三)电子数据内容是否真实,有无删除、修改、增加等情形……";最高人民法院、最高人民检察院、公安部发布于2016年10月1日正式颁行的《关于办理刑事案件收集提取和审查判断电子数据若干问题的规定》则对电子数据的界定、完整性保护、收集提取、移送展示、审查判断都作了一系列具体规定;最高人民法院、最高人民检察院、公安部、国家安全部、司法部联合发布的《关于办理死刑案件审查判断证据若干问题的规定》第29条指出,"对于电子邮件、电子数据交换、网上聊天记录、网络博客、手机短信、电子签名、域名等电子证据,应当主要审查以下内容:(一)该电子证据存储磁盘、存储光盘等可移动存储介质是否与打印件一并提交;(二)是否载明该电子证据形成的时间、地点、对象、制作人、制作过程及设备情况等;……"最高人民检察院颁布的《人民检察院刑事诉讼规则(试行)》第263条则规定,"人民检察院在立案后,对于涉案数额在十万元以上、采取其他方法难以搜集证据的重大贪污、贿赂犯罪案件以及利用职权实施的严重侵犯公民人身权利的重大犯罪案件,经过严格的批准手续,可以采取技术侦查措施,交有关机关执行。……";最高人民检察院发布的《人民检察院电子证据鉴定程序规则(试行)》则从整体上就包括网络通讯数据信息在内的各种电子证据具体鉴定程序——作了规范。由此可见,此类法律解释对侦查中的网络通讯监听运用必须采取严格批准手续、收集方式合法以及非法截获、篡改数据信息、数据信息鉴定等方面都作了一些宏观规定,但针对网络通讯监听侦查活动之最直接具体化规范仍比较匮乏。①

二、我国侦查中的网络通讯监听相关实践运作现状

与现今相关法规构建过于宏观简略甚至普遍趋向匮乏缺失现象形成鲜明反差的是,在当下国内侦查活动中的网络通讯监听具体实践运作环节,侦查机关在得到IT技术研发单位、电信部门等密切配合下充分发挥主观能动性,令网络通讯监听使用展示出一派欣欣向荣之势。具体来说,此类实践运作中的勃兴又主要体现于下列几方面:

第一,网络通讯监听对当下国内高危犯罪具体侦破起到了重要的直接推动作用。如前所述,随着人类社会步入信息时代,数据信息尤其是通讯数据信息往往是查明案情最关键的线索之一。早在2000年四川成都发生的持枪抢劫故意伤人恶性案件中,侦查机关就已经开始采用黑客工具来监听犯罪嫌疑人QQ通讯信息以确定其具体位置;②至于2003年两会期间震惊一时的清华、北大校园餐厅爆炸案,侦查机关更是灵活运用网络通讯监听将犯罪嫌疑人一举抓获;③在2011年"8·31"特大网络吸贩毒案中,全国公安机关网安、禁毒、刑侦等诸警种统一行动,对国内某大型互联网站交友平台视频网站中涉嫌存在的吸贩毒违法犯罪活动实施远程侦查取证,调取了大量贩卖毒品的网络通讯聊天记录。④时至今日,许多

---

① 另外值得一提的是,抛开法律制度单从行业协会制定的一些自治规章来看,在我国也存在不少相关行业协会自治规章。它们对我国未来法律制度建设均有着一定借鉴意义。譬如北京司法鉴定业协会2010年颁布的《电子数据司法鉴定操作规范(试行)》和《视听资料司法鉴定操作规范(试行)》对电子数据做了一系列鉴定条件、程序之规定;中华全国律师协会2013年公布的《律师办理电子数据证据业务操作指引》和江苏省律师协会2009年发布的《电子证据的固定采集与展示业务操作指引》则对律师使用包含网络通讯数据信息在内的各类电子证据做了细致规范。尽管我国奉行侦查单轨制,不像英美法系认为私人也具备侦查权限,但律师在刑事案件中获取的一些网络通讯数据信息经过转化也有可能成为侦查中获取的证据进行使用。
② 参见马忠红:《通讯信息的侦查价值及侦查方法》,载《贵州警官职业学院学报》2008年第5期,第50页。
③ 参见梁坤:《论网络监控的法律规制》,载《中国刑事法杂志》2009年第10期,第58页。
④ 参见刘建强、李恒:《网络吸贩毒案件的特点 侦查方略与防范对策——以"8·31"特大网络吸贩毒案为例》,载《云南警官学院学报》2014年第2期,第20—21页。

国内刑侦理论与实务人员都已经认识到网络通讯在大量犯罪分子作案过程中都起着重要作用,通过网络来寻找定案佐证材料和隐性被害人不可或缺,他们甚至总结了很多行之有效的相关侦查方式。① 而根据公安部《关于贯彻落实〈全国公安装备建设"十二五"规划〉指挥通信装备建设项目的工作意见》,早在2012年济南市公安局就开始打造"公安云计算中心"将"指挥、情报、刑侦、治安、户政、网监、技侦"作为应用重点,②充分发挥网络通讯监听的作用。目前,这种具备网络通讯监听功能的"公安云计算中心"已然遍地开花比比皆是。

第二,依靠网络通讯监听获取的相关数据信息被广泛用来分析高危犯罪规律,搜集各类高危犯罪信息。时至今日,在"向科技要警力"和"科技强警"等宏大叙事口号指引下,为与时俱进、有效打击信息社会的各种高危犯罪活动,借助网络通讯监听获取的数据信息在分析其主要犯罪规律、搜集主要犯罪信息方面实可谓应用得如鱼得水。以对国家、社会和普通民众权益危害最严重的恐怖主义犯罪为例,反恐侦查部门就通过信息社会中设置的各类数据中心全方位收集网络环境下有价值的通讯数据,然后从中过滤层层筛选反映涉恐思想动态、案件具体线索以及恐怖组织活动轨迹等的关键信息,最终就成功实现了对恐怖主义犯罪之有效监控。③ 在2014年昆明火车站恐怖犯罪案件侦破过程中,由火车站附近监控平台汇总而来的各类网络通讯数据信息就为侦查机关迅速破案创造了极大便利,确保警方快速确认并精准定位恐怖分子可能藏匿的地区。④ 另外除了恐怖主义犯罪之外的其他高危案件,利用网络通讯监听获取的数据信息分析犯罪规律也大有作为。譬如温州市公安局会同科研院所技术人员,就曾对1990—2009年这二十年

---

① 如有实务人员对计算机网络侦查技术、计算机网络攻击技术展开研究,有学者探索网上作战信息资源和技能,还有学者分析云计算平台下侦查情报平台的建构。具体可分别参见卢云生、刘海峰:《计算机网络侦查与对抗》,载《信息网络安全》2009年第12期,第61—63页;黄燕芳、王钢:《网络侦查及网上作战方法新探》,载《中国人民公安大学学报》(社会科学版)2011年第5期,第136—145页;吴绍忠、李靖:《基于云计算架构的公安情报信息平台建设研究》,载《中国人民公安大学学报》(自然科学版)2010年第3期,第39—41页。
② 参见佚名:《全国首个城市"公安云计算中心"启用》,载《通讯世界》2012年第11期,第53页。
③ 参见侯睿:《大数据时代的反恐情报收集与分析》,载《山东警察学院学报》2014年第4期,第94—95页。
④ 参见李本先、张薇、梅建明等:《大数据在反恐情报工作中的应用研究》,载《情报杂志》2014年第12期,第2页。

间温州全市的刑事案件相关网络通讯数据信息实施全面分析,发现温州市盗窃和两抢案件发案率较高,18—25 周岁和 36—60 周岁之间犯罪人数所占比例最大,为当地公安机关日后打击犯罪提供了有价值的参考意见。[①] 而具体来说,这种获取的网络通讯数据信息被广泛用来分析高危犯罪规律和搜集高危犯罪信息,又主要借助关联分析法予以完成。即先衡量算法标准,通过计算并结合用户设立的最小支持度阀值筛选频繁项集,接下来再根据最小置信度结合频繁大项集进行计算以求出关联规则。

第三,网络通讯监听获取的相关数据信息在设计电子取证模型上屡建功勋。由于信息社会出现的很多犯罪行为都带有虚拟化、电子化色彩,譬如网络传销、网络赌博、网络贩毒等,要对它们实施强力规制无疑将牵涉到电子取证问题。可此类电子证据往往混杂于互联网虚拟空间浩如烟海的正常通讯信息数据流内,那我们究竟如何方可高效地从数据庞杂的虚拟空间内提取自己需要之电子证据呢?对此,网络通讯监听功不可没。根据电子取证基本模式,为尽可能提高效率降低成本,技术人员往往会事先设置好一系列网络取证系统模型,而网络通讯监听获取的相关数据信息则构成了这些网络取证系统模型的骨干。因为该模型主要包括数据提取、预处理、电子证据挖掘、电子证据鉴定、电子证据保全和提交六大功能模块,[②]无论数据提取、预处理、证据挖掘直至最终提交,都必须要依靠事先设定的规则来自动获取各个数据包展开详尽分析。其中事先设定的规则含有案件资料维(案件 ID、案发时间、具体地点、案情性质等)、犯罪嫌疑人或被告人维(自然人 ID 和具体身份信息、法人或非法人单位 ID 和具体身份信息等)和犯罪行为维(具体针对财物、具体受害人、主观故意或过失等)。例如 2003 年国内某著名电子企业的服务器经常在召开重要视频会议或产品出厂的关键节点出现瘫痪现象,给公司造成了较大损失。经技术人员排查,认为系黑客攻击所致。侦查机关借助数据挖掘技术,启用以网络通讯监听获取的相关数据信息为主干的网络取证系统模型,很快便找到犯罪嫌疑人留下的蛛丝马迹破获了案件。[③]

[①] 参见胡思文、刘婷、白玉钢等:《基于数据挖掘技术的犯罪规律分析研究——以温州市近 20 年犯罪数据为例》,载《科技视界》2013 年第 8 期,第 21—22 页。

[②] 参见杜威、杨奕琦:《基于数据挖掘技术的网络取证系统模型研究》,载《中国人民公安大学学报》(自然科学版)2012 年第 4 期,第 43—44 页。

[③] 参见米佳、何平、汪晓峰:《基于广义数据挖掘的计算机取证技术》,载《中国人民公安大学学报》(自然科学版)2006 年第 3 期,第 60 页。

第二节　现今我国侦查中网络通讯监听存在的主要困惑

正如大师哈耶克所云:"根据理性,我们永远都无法以同样的方式重构整个规则系统,因为我们并不知道整个规则系统之型构过程中的所有经验。"①由于当前我国涉及侦查中网络通讯监听的法律制度大多较抽象宽泛甚至存在一定程度缺失,而侦查中的网络通讯监听活动具体实践运作层面却实施得如火如荼,在如此一种"纸面上的法"(即国内现有涉及侦查中网络通讯监听方面的法律制度)与复杂侦查实践互相交错形成现实操作中的"活法"(即相关法律制度在实际社会中的具体运行效果)时,林林总总各类失范、移位现象便难免应运而生,其有意无意间暴露出的病灶同样也是令人深思。

一、现今我国侦查中网络通讯监听存在的主要困惑体现

(一)大量侦查中的网络通讯监听活动缺乏法律明确引导

"如果法律不能充分解决由社会和经济的迅速变化所带来的新型的争端,人们就会不再把法律当作社会组织的一个工具加以依赖。"②就前述可知,不难发现当下在法律制度层面我国主要涉足侦查中网络通讯监听的法规基本上都较简单粗疏甚至出现了某种程度的缺位态势。首先,对宪法而言。宪法作为国家根本大法显然不可能就社会生活各方面的微观问题都面面俱到,因此我国现行宪法内并没有具体明确的网络通讯监听相关法条无可厚非。但是我们必须考虑到当前社会更多乃一个信息社会、网络社会,法律必须贴近时代与生活最新需求,宪法亦不例外。倘若现行宪法还一直维持着20世纪传统社会的语境一成不变,过于追求法律稳定性,缺乏对网络环境、信息社会基本性权利的相关法条描述,就不免让人觉得宪法之"落伍",难以切实发挥出总领全纲的根本大法作用。

---

① [英]弗里德利希·冯·哈耶克著:《法律、立法与自由》(第一卷),邓正来、张守东、李静冰译,中国大百科全书出版社2000年版,第7页。
② [美]罗纳德·德沃金著:《认真对待权利》,信春鹰、吴玉章译,中国大百科全书出版社1998年版,第2页。

其次，对法律而言。前文提及当前我国不少法律如《中华人民共和国刑事诉讼法》《中华人民共和国网络安全法》《中华人民共和国国家安全法》《中华人民共和国反间谍法》《中华人民共和国反恐怖主义法》《中华人民共和国电子签名法》等都有一些具体法条在广义上能引导、规范侦查中的网络通讯监听活动。但此类法条均显得较宏观抽象，实际操作价值并不凸显。以现行《中华人民共和国刑事诉讼法》为例，它虽在《侦查》这一章内专设了第八节（第148—152条）对技术侦查措施进行明确规范，从广义技术侦查的宏观范畴对网络通讯监听适用案件类型、启用程序、收集到的资料信息运用作了明文规范，但全节并未一字单独提及网络通讯监听和网络侦查；现行《中华人民共和国网络安全法》虽宏观上针对各类网络安全问题，但就网络通讯监听来说显得不够专门化；现行《中华人民共和国国家安全法》第42条、第53条在广义范畴对国家安全机关、公安机关搜集涉及国家安全的情报信息以及强调现代科技手段运用做了规划，同样未专门提及网络通讯监听；至于现行《中华人民共和国反间谍法》，其第12条的措词甚至是"侦察"而非"侦查"，可"侦察"毕竟更多带有军事领域意味，在通常语境中它多指"为了弄清敌情、地形及其他有关作战的情况而进行活动"，①这同一般法律概念所言的"侦查"显然相差甚远；现行《中华人民共和国反恐怖主义法》和《中华人民共和国警察法》同样语焉不详，《中华人民共和国刑法》内虽有一系列法条设置了侵犯公民个人信息罪等罪名对非法实施监听的刑事责任进行规定，可它无法直接规范、约束网络通讯监听的具体开展；《中华人民共和国电子签名法》则更多属民商事立法，与刑事案件关联不是特别紧密。

再者，对行政规章而言。它们也显得过于简略。譬如前面所言的《公安机关执法细则》虽就电子证据固定与封存、在线分析、远程勘验、电子证据检查等制定了一系列具体规定，可毕竟没有专门针对具体的网络通讯监听；《公安机关办理刑事案件程序规定》则只规定了公安机关采取包括网络通讯监听在内的技术侦查措施的具体案件类型；《公安机关刑事案件现场勘验检查规则》也仅简单提出"可以指派或聘请专业技术人员复制有关电子数据"；《公安机关电子数据鉴定规则》《司法鉴定机构资质认定评审准则》《检测和校准实验室能力认可准则》和《检测

---

① 中国社会科学院语言研究所词典编辑室编：《现代汉语词典》（第6版），商务印书馆2012年出版，第1652页。

和校准实验室能力认可准则在电子物证检验领域的应用说明》等行政规章虽从总则、鉴定机构、鉴定人、回避、鉴定委托等各方面详细就电子数据鉴定、检验做了明文规定,但这更多覆盖的是网络通讯监听获取的相关数据信息鉴定、检验等问题,同样没有专门针对网络通讯监听活动本身。

最后,对法律解释而言。现有的法律解释同样规定过于简单化。例如《全国人民代表大会常务委员会关于维护互联网安全的决定》仅仅指出非法截获、篡改、删除他人电子邮件等情形要追究刑事责任;最高人民法院《关于适用〈中华人民共和国刑事诉讼法〉的解释(1)》作为现行《中华人民共和国刑事诉讼法》具体释义,第93条虽就电子数据审查做了明确规定,但其他方面如具体收集程序等依旧缺失。最高人民法院、最高人民检察院、公安部、国家安全部、司法部联合发布的《关于办理死刑案件审查判断证据若干问题的规定》同样如此;最高人民检察院颁布的《人民检察院刑事诉讼规则(试行)》则只有宏观上对检察机关动用技术侦查措施的规定。至于最高人民法院、最高人民检察院、公安部发布的《关于办理刑事案件收集提取和审查判断电子数据若干问题的规定》和最高人民检察院颁布的《人民检察院电子证据鉴定程序规则(试行)》更多仅是对电子数据收集审核、电子证据鉴定的引导与约束,也未全面覆盖网络通讯监听侦查活动。

所以,这些当前国内的相关法规不过是仅仅针对侦查中的网络通讯监听应用由某些宏观或细小微观层面实施了部分约束,调整范围并不系统详尽,实践操作细则普遍缺失,这给我国侦查活动中的网络通讯监听现实运作带来的法律指引、规划、确认和保护作用均非常有限,无法完全同实际操作完成有效对接。具体来说,侦查中的网络通讯监听活动缺乏法律明确引导、约束,主要表现在以下几环节:

第一,网络通讯监听自身地位尚未获得我国法律明文认可。从技术侦查角度看,网络通讯监听无疑系具备极强高科技色彩的技术侦查措施,但根据计算机信息科学基本原理可知,无论是传统互联网环境抑或近几年浮现的云计算、大数据中的网络通讯监听最广义上又均属于一类对"赛博空间"局域网传输"0"和"1"计算机二进制通讯数据信息之获取行为。就信息截获与需要电信、网络服务商技术协助这两方面而言,它们同寻常网络信息获取、网络监管、网络舆情监控等差别并不明显。前文论及的各类法律规范都未着一字单独提及网络侦查与网络通讯监听。立法、司法和行政机关此番做法或许系出于法律着眼宏观规范和法条简约性的考量,但恰恰回避了一个关键事实——即网络侦查在信息社会实乃最主要的技术侦查方式,且网络侦查最主要形态网络通讯监听与一般网络信息获取、网络监管、网络舆情监控等很多情况难以甄别。此外网络环境下的高危犯罪尤其是恐怖主义犯罪大都具备着跨国性色彩,例如伊斯兰极端组织在利用网络社交媒体招募方面就变得愈来愈有经验,①打击网络犯罪和网络恐怖主义已成为中、美等大国合作之主要基石。② 网络通讯监听自身地位难获我国法律明文认可,对全面开展相关国际合作也是个巨大阻碍。所谓"整个法律应清晰、统一和精确",③久之,侦查机关实施的科技含金量极高的网络通讯监听就会因缺乏法律对其地位明确认可,仅依靠侦查机关内部一些秘密工作规则约束,要么便束缚了手脚无法有效打击犯罪,要么便造成公权力滥用令侦查机关大打擦边球用普通网络信息获取等名义来混淆网络通讯监听躲避应受的规制。

第二,网络通讯监听具体运用范围、启用方式欠缺国家法律明确指引。网络通讯监听系互联网技术快速发展产生的新兴技术侦查措施,在现阶段当它同云计算、大数据融合后,全新色彩就愈发浓郁。而既然属新事物,现有国家法律法规便很难未雨绸缪对它有效引导。如此一来,网络通讯监听具体运作范围和启用方式自会变得无所适从。对具体运用范围而言,传统通讯监听往往只针对高危犯罪,可网络通讯监听针对对象是哪些呢? 若同样仅针对高危犯罪,这里的高危犯罪是否直接比照传统监听适用的犯罪类型即可呢? 该问题如得不到妥善解决,势必极大制约案件侦破活动顺利进行;对具体启用方式来说,国外多认为网络通讯监听属强制侦查,不受被监听对象意志约束,带有一定强迫色彩易造成合法权益损伤,必须受法定机关令状严格制约,无令状除特殊情况一概不准动用。但我国现行法规中根本就没有令状制度的规定,那网络通讯监听又当如何在法律监管下启用呢?

第三,网络通讯监听具体程序缺乏国家法律明确规范。法治是"法的统治",它在于"法律至上"信念的彻底实现,任何人、任何事和任何机构都必须屈居于法

---

① 参见鲁传颖:《中美网络安全战略的互动与合作》,载《信息安全与通信保密》2015年第11期,第89页。
② 参见颜琳、陈侠:《美国网络安全逻辑与中国防御性网络安全战略的构建》,载《湖南师范大学社会科学学报》2014年第4期,第37—38页。
③ [爱尔兰]J. M. 凯利著:《西方法律思想简史》,王笑红译,法律出版社2002年版,第274页。

律之下,任何行为都必须约束于法律框架之内。但遗憾的是,当下我国侦查中网络通讯监听的具体程序根本没有任何明确法律规定,它应当于何时进行申请、何机关能对其申请予以审查签发令状、如何执行、监听期限究竟是多久以及对获取的通讯数据信息该如何保存处理、如何实施非法证据排除等都没有明文规定。更何况当信息技术发展到云计算和大数据阶段后,各种"云端"数据跨国跨区域流动性极大,"云"服务和大数据提供商难免会以商业秘密、知识产权、数据保密等借口对侦查机关的合法技术协助请求进行推诿。另外,网络通讯监听是否所有运作环节均只能由国家侦查机关实施?毕竟我国长期以来都是一个公权力极度膨胀的国度。若网络通讯监听各个环节都被侦查机关全部垄断把持,普通民众又是否会产生朝夕都可能被国家监视的强烈反感呢?故当网络通讯监听具体程序缺乏法律明确规范时,面对此等不利情形必将越发困惑重重。

第四,网络通讯监听的监督救济机制普遍缺失。网络通讯监听作为技术侦查措施,难免导致公民网络通讯自由权、网络隐私权等人权受到或多或少侵害。到了云计算和大数据环境下,海量"云"和大数据信息进一步加剧了侵害范围不确定性与弥散性,毕竟"互联网因其匿名性、开放性、平等性、交互性等特点,为公众营造了一个开放、自由的言论空间。"① 而有损害就必须有与之配套的监督救济机制。但目前国内大部分法律如《中华人民共和国刑事诉讼法》第148条只草草规定"……根据侦查犯罪的需要,经过严格的批准手续,可以采取技术侦查措施",这里对"严格的批准手续"根本就未作任何明文阐述,那随后具体的监督和救济又该如何一一展开呢?此外,因相关法律规定一片空白,而网络通讯监听又带有信息获取隐秘性与趋向海量化之特性,普通民众很难知晓自己信息是否被公权力机关不当获取,人民法院在法无明文规定时也很难就这种信息截取多大程度侵害民众正当权益作出精确裁断,且该危害又非常广泛。故而,监督救济机制普遍缺失带来的侦查困惑也不容小觑。

实质上,国内很多有识之士早已看到了侦查中的网络通讯监听相关法律制度简略甚至缺失带来的严重危害。许多刑事诉讼法、民法及经济法学者纷纷从

---

① 盛明科、杨玉兰:《微博时代公共舆论暴力的产生及其治理机制研究》,载《吉首大学学报》(社会科学版)2013年第5期,第73页。

自身学科分析视角、研究旨趣等方面出发,进行了不少颇具价值的理论探讨。①可以说,目前国内学界在侦查中的网络通讯监听立法方面共持有四种不同观点。

其一是认为网络通讯监听立法应以"同意说"为根本判断轴心。② 该观点指出,是否构成网络通讯监听必须以任何一方被监听当事人能否同意为根本判别标准,若可获得同意,则将其视作除外,不受强制侦查的令状所约束。这是因为监听法制化主要是基于限制政府机关滥权之目的,而非抹杀个人自主权,承认个人利益自治性符合了现代刑事诉讼理念。③ 况且"一个犯罪之人寄予他人信任,将犯罪事实向他人陈述是出于自愿,但法律并没有授予他有权利要求他人不揭露他"。④ 不过这种"同意说"由于更大程度乃对传统通讯监听中关于隐私权"当事人同意"规定的笼统照搬,就未必能完全适应网络环境下通讯条件发生巨大变化之需要。国内一些学者对此也颇有微词,如有学者便认为网络环境中的"同意"是否属真实意思表示很难判断,许多网络因素已令其面目全非。"……绝大多数的人虽然身处数字时代里,却可能从未真正理解网络科技在政治控制、经济利益等力量的驱策下,如何无声无息地点滴侵蚀我们的信息隐私。"⑤还有学者指出一方

---

① 当然,其中有部分学者观点并未明确指出针对网络通讯监听,但由于我们从他们著述内可推断完全涵盖了网络通讯监听,故笔者亦将其一并列入研究范围。

② 持"同意说"或近似观点作为根本判别标准者在国内理论界很多,可分别参见屈茂辉、凌立志著:《网络侵权行为法》,湖南大学出版社 2002 年版,第 113 页;或张新宝著:《互联网上的侵权问题研究》,中国人民大学出版社 2003 年版,第 320—321 页;杨坚争主编:《经济法与电子商务法》,高等教育出版社 2004 年版,第 459—460 页;陈光中主编:《中华人民共和国刑事证据法专家拟制稿(条文、释义与论证)》,中国法制出版社 2004 年版,第 393—394 页;刘士国主编:《侵权责任法若干问题研究》,山东人民出版社 2004 年版,第 162—164 页;宋英辉:《关于搜查、扣押电子资料的立法完善问题》,载孙长永主编:《现代侦查取证程序》,中国检察出版社 2005 年版,第 97—102 页;郭志远:《监听立法:比较视野的考察——兼论我国监听立法之完善》,载《科技与法律》2006 年第 3 期,第 106—112 页。

③ 参见李明:《监听手段的合理运用及其限制》,载孙长永主编:《现代侦查取证程序》,中国检察出版社 2005 年版,第 66 页。

④ 张春霞:《限制与保护:刑事诉讼中的隐私权》,四川大学 2004 年博士学位论文,第 107 页。

⑤ 胡元琼:《网络隐私权保护立法的能与不能——以美国〈儿童在线隐私保护法〉评介为中心》,载张平主编:《网络法律评论》(第 4 卷),法律出版社 2004 年版,第 156 页;或周汉华主编:《个人信息保护前沿问题研究》,法律出版社 2006 年版,第 94 页。

当事人同意并不意味着另一方权利可以不顾,这无疑是对另一方合法权益之侵害。① 它"尽管有利于打击犯罪但也容易侵犯另一方当事人的隐私,还可能会导致监听法被规避。"②更何况在获得同意以后进行监听,即便不告知嫌疑人,他一般也会产生警觉而导致交流成本增加。③

其二是主张网络通讯监听立法应以是否具有"合理隐私期待"为根本判断轴心。简而言之,即要求侦查人员进行相关侦查活动带来的影响程度不得造成损害公民合理预期的隐私权之结果,④若造成了则必须受法定机关令状约束。从本质上说,所谓是否具有"合理隐私期待"乃"同意说"在隐私权界定方面的具体扩充演化。毕竟"同意"也意味着公民对此有所了解,在隐私权方面多半存有了"合理期待"界限,故这一点它们二者实可谓殊途同归。不过此根本判别标准主要也是在传统通讯监听中采用,是否真能完全胜任网络通讯监听仍属未定之论。国内有学者指出,"合理隐私期待"至少在字面上就值得商榷,因为"合理预期"的隐私所涉权益大小不一,均等的法律保护从根本上背离了形式理性规则。⑤ 国内理论界还对"合理隐私期待"的具体判定进行了部分探讨。有学者认为,除非明知对方会将谈话泄露出去而仍与之开展交流等情况外,通讯双方对谈话都会存有合理隐私期待,侦查机关均需事先获取监听许可而不得以此为由规避法定审核程序。⑥ 另外还有一些民法学者曾详细研究过"合理隐私期待"在共同隐私⑦状态下的界定,指出若各方当事人一致同意公开共同隐私,则理所当然未妨碍"合理隐私期待";

---

① 参见李明:《监听手段的合理运用及其限制》,载孙长永主编:《现代侦查取证程序》,中国检察出版社2005年版,第68—69页;或邓立军:《非法监听所获材料之证据能力的比较法考察》,载《中国人民公安大学学报》(社会科学版)2008年第4期,第100—109页。
② 邓立军:《非法监听与证据排除》,载《武汉大学学报》(哲学社会科学版)2008年第3期,第332页。
③ 参见张春霞:《限制与保护:刑事诉讼中的隐私权》,四川大学2004年博士学位论文,第109页。
④ 参见田晏:《刑事侦查中的通讯监察:法律规制与制度建构——以美国法为对象的分析》,载《江西公安专科学校学报》2007年第1期,第37页。
⑤ 参见陈真、邓剑光著:《建构与价值——刑事司法的若干制度研究》,四川大学出版社2004年版,第49页。
⑥ 参见邓立军:《非法监听与证据排除》,载《武汉大学学报》(哲学社会科学版)2008年第3期,第333页。
⑦ 共同隐私,即两个或两个以上自然人的隐私权所共同指向的客体,它是自然人共同不可分割的私生活秘密及信息。具体可参见何志文:《共同隐私的法律保护》,载《前沿》2004年第7期,第142页。

若仅部分当事人同意,那便以是否存有公共利益为甄别依据。公共利益实际存在,则不被视作损害公民合理预期之隐私权。①

其三是认为网络通讯监听立法应以根据具体情况多方面考虑作为根本判断轴心。由于许多网络通讯软件工具如微信朋友圈、新闻组、电子邮件等都具有公开性,很难判断其是否存在或多大程度存在网络通讯自由权、网络隐私权等各种人权,譬如聊天室表面似乎对外完全开诚布公,可实质却属"私人集会性质",众多聊天者并不希望政府在一侧觊觎虎视;还有很多数据信息掌握在网络服务商手头,那它究竟属公共信息或私人秘密?② 故在这种情况下,很多学者都认为简单的"同意说"或者"合理隐私期待"判别标准无法适应复杂多变的网络交流环境,必须根据具体情况多方面考虑来确定侦查中网络通讯之监听除外。国内有学者就指出,在"一方当事人同意"之环境下进行监听可否不受秘密监听法约束,须依具体情况既判断此监听行为是否法律所规范的监听行为,亦判断另一方当事人是否因对方放弃隐私后就不再对内容抱有隐私期待。③

故而,尽管当前我国并没有专门设置针对侦查中网络通讯监听的法律规范,这或许主观上出自法律着眼宏观规范和法条简约性的考量,兼之客观上现阶段中国尚处经济社会转型期,法制难以适应时代发展需要且公民普遍人权意识不甚强烈所致。但此等仅存部分相关原则性规定,明显缺乏具体操作条款的做法,很明显将令侦查中的网络通讯监听甚至包括传统通讯监听都存有大量法律漏洞使人无所适从,慢慢就演变成了无法可依的灰色地带。"这似乎是一个超前的概念,因为它没有被作为一个公共问题提出。"④我们唯有尽早根据学界建议着手立法填补法律空白,方才不会使其继续疑窦重重。

---

① 参见何志文:《共同隐私的法律保护》,载《前沿》2004 年第 7 期,第 142—144 页;或王文军、陈敏:《论博客中共同隐私的法律保护》,载《南京理工大学学报》(社会科学版)2008年第 2 期,第 82—83 页。

② 参见陈永生:《电子数据搜查、扣押的法律规制》,载《现代法学》2014 年第 5 期,第 115—116 页。

③ 参见李波阳:《论秘密监听证据能力》,载《重庆大学学报》(社会科学版)2005 年第 2 期,第 108 页。

④ 转引自王惠生:《马来西亚:电子监视的普遍化和有关问题》,载《中国安防产品信息》2005年第 5 期,第 58 页。

(二)侦查中的网络通讯监听极易与其他相似行为发生混淆

除了法律制度层面上缺乏法规明确引导、约束外,在具体实践运作层面上,现今我国侦查中网络通讯监听存在主要困惑即它与其他相似行为极易交错重合产生混淆。而最易混淆的其他相似行为又包括三类——侦查机关网络监控、普通网络信息获取和政府网络舆情监测。而它们长期混为一谈的话,要么便束缚了侦查机关网络监控、普通网络信息获取和政府网络舆情监测的使用,要么便会诱使侦查机关以网络监控、普通网络信息获取和网络舆情监测为借口大肆实施网络通讯监听损伤公民人权。

1. 与侦查机关网络监控的混同

所谓侦查机关网络监控,易言之即最广义范畴的网络侦查取证或者就可以简单称其为网络侦查,它是以网络为载体或对象的取证活动。① 尽管从表面看网络监控乃是国家侦查机关为查明案情对相关网络数据信息之收集,这种网络数据信息的收集肯定范围要远远广于网络通讯监听,二者应该是泾渭分明。不过由于网络环境下难以想象之复杂程度以及我国相关法律规范呈现大量缺失,侦查中的网络通讯监听与网络监控又趋向了混同化。

首先,在当前网络复杂环境中,网络通讯监听往往构成了侦查机关网络监控的最主干部分。由于网络通讯监听是国家侦查机关利用特殊网络技术措施对相关人员互联网通讯数据信息进行截取的侦查手段之总称,网络环境中人与人的交往大多仰仗微信、微博、E-mail、BBS等网络通讯工具完成,此时侦查机关进行网络监控主要针对目标自然是相关人员的互联网通讯交流数据信息。甚至有学者认为,在狭义上网络监控就是"通过截获、复制、记录等方式而针对网络通讯中的数据、信息而进行的取证活动。"② 基于这样一种情形,虽然侦查机关网络监控的范畴要广于网络通讯监听,毕竟监控意味着不但要对当事人交流的信息予以截获,同时更要广泛地收集网络中各类同案情相关的信息。这其中有些的确属于侵犯网络通讯自由权、网络隐私权等人权的网络通讯监听,但还有很多为诱惑侦查

---

① 参见梁坤:《论网络监控取证的法律规制》,载《中国刑事法杂志》2009年第10期,第59页。
② 同上。

等其他强制侦查措施①甚至仅是对网上公开数据信息的一种采集。不过考虑到网络通讯监听使用之普遍性,再加上网络监控、网络通讯监听技术自身的高科技色彩和隐蔽化特征,网络通讯监听就有意无意成了侦查机关网络监控的代名词。

其次,我国相关法律规范普遍缺失尤其是国外网络通讯监听启用必须具备的令状制度匮乏,进一步推动了侦查机关对网络通讯监听的频繁使用,加剧了网络通讯监听与网络监控的混同,也给普通民众留下了"网络通讯监听"="网络监控"之错觉。譬如据相关媒体报道,早在2005年江苏省公安机关就已经有数百名网上警察连续24小时不间断在线巡逻,一旦发现"裸聊"等淫秽色情违法犯罪活动,警方将快速出击立马查处。②虽然对于网络淫秽色情违法犯罪活动必须给予严厉打击,但江苏省警方之所以能够如此轻松、迅速地进行"裸聊"监控,很明显和我国网络通讯监听缺乏令状制度制约,侦查机关网络通讯监听被过多地频繁使用甚至滥用难脱干系。久之,肆无忌惮使用的网络通讯监听就更容易被简单笼统视作了网络监控。但这样对公民网络通讯自由权、网络隐私权等权益侵害必将日益严重,导致一旦国内无论有何种类型的网络监控举措出来,都会质疑声遍地。③

2. 与普通网络信息获取的交错

普通网络信息获取,顾名思义即不采用对相关人员互联网私密通讯数据信息进行截取方式,而是动用搜索软件对互联网公开无任何私密性数据信息的收集。根据实施主体进行划分,广义上它又可分成寻常私个体实施的普通

---

① 以侦查机关用"蜜罐"技术在互联网中布置数据陷阱让黑客来侵入以便留下黑客侵入的罪证为例,这种设置陷阱诱使犯罪嫌疑人等上钩获取其相关信息的网络监控方式即属于诱惑侦查。具体可参见廖明、俞楠:《法治视野下的网络侦查陷阱研究》,载《山东警察学院学报》2009年第6期,第82—88页。

② 参见何春中:《网上"裸聊"者:警察正看着你》,载http://zqb.cyol.com/gb/zqb/2005-10/11/content_74317.htm,2016年8月11日访问。

③ 以2009年喧嚣一时的"绿坝——花季护航"事件为例。"绿坝——花季护航"本是一款保护未成年人健康上网的计算机终端过滤软件,工业与信息化部明确规定自2009年7月1日起在我国境内销售的国产和进口计算机均必须强制安装"绿坝——花季护航"的上网过滤软件,但因该软件具备一定网络监控功能涉嫌侵害使用者网络通讯自由和隐私权,引发了众多国内民众和舆论的质诘。具体可参见国际在线专稿:《绿坝——花季护航":一装就万事大吉?》,载http://gb.cri.cn/27824/2009/06/09/2165s2531511.htm,2016年8月11日访问。

网络信息获取和国家公权力机关（侦查机关）①实施的普通网络信息获取。在现阶段中国语境中，它们都和侦查中的网络通讯监听发生了不同程度之交错糅合。

首先，对寻常私个体②实施的普通网络信息获取而言。在互联网时代，网络已成为人们获取海量数据信息资源的重要场所。普通私个体时常会在 Internet 上借助"百度""谷歌"等搜索引擎收集信息或在某些 BBS、网站上获取有用资料信息，只要此等资料信息内容都是公开发布于互联网，私个体未采用非法手段获得（如盗取他人密码阅读他人加密的空间日记等），③不存有被收集对象能够合理预见的隐私，无疑均属于一种对被收集对象合法权益损害较小的普通网络信息获取。而网络中碎片化的数据信息看似没有任何价值和功效，但相关信息集纳汇总进行数据共性与个性研判，往往能发挥出极大的网络监督效用。故在此等情形下，不少基于朴素正义感、内心良知直觉或受其他因素影响（例如受国家侦查机关悬赏通缉令的巨额经济诱因刺激等）的普通公民等私个体都会自发站出来，凭借其私人力量实施各种普通网络信息获取活动以维护国家和社会整体利益。从表面看这种私个体实施的普通网络信息获取与侦查中的网络通讯监听差别明显，但无论普通网络信息获取和网络通讯监听都带有隐秘性难被他人轻易察觉，加上网络技术特殊性导致 BBS 等电子公告牌上的数据信息被收集究竟属于通讯信息截

---

① 从字面上来说，国家公权力机关普通网络信息获取又可以分成遵照职权进行的和未遵照职权进行的两大类。其中后者因未按照规定职权进行，也就意味着它们展开相关数据信息获取不属于代表国家公权力主体实施职务行为，自然不符合笔者要探讨的国家公权力机关实施的普通网络信息获取之范畴，便完全可以归入到寻常私个体实施的普通网络信息获取之列。至于遵照职权进行的普通网络信息获取，按职权分工又可分成侦查机关实施的和非侦查机关实施的两种。由于非侦查机关不具备法定侦查权限，它们实施的普通网络信息获取广义上即政府网络舆情监测，限于篇幅笔者将放入下文一并介绍。故这里探讨的就仅为侦查机关实施的普通网络信息获取。

② 此处的私个体系广义理解，它泛指一切不具备国家公权力的私人。既包括自然人，也涵盖法人与其他组织。

③ 这里有一个问题需要指出，即若寻常私个体系在互联网上用"人肉搜索"方式来获取他人资料信息，究竟为合法抑或非法手段？笔者认为，只要私人获取这种数据信息并无敲诈勒索等非法目的，在他尽到了保密义务前提下就没有明显侵犯他人权益主观故意（当然向他透露此类资料信息者是否构成侵犯网络隐私权则要视情形而定，不过这与全书主旨无关，恕不赘言）仍可看成合法手段。

第五章 我国侦查中的网络通讯监听现状及存在的主要困惑

获还是普通网络信息获取就极难区分,①这都使得二者界限变得不是那么清晰。更糟糕的是,当私个体活动获取的某些数据信息足以引起刑事案件立案进入侦查阶段后,私个体获取的相关数据信息就可能通过某种方式直接演变成侦查中获取的证据资料。② 譬如2008年江苏"天价烟局长"周久耕事件、③2012年陕西"表哥"杨达才事件④等,都是由草根民众先实施普通网络信息获取引起社会各界重视再被当作重要证据线索引入侦查中去的。凡此种种互相交织,就必然导致了侦查中的网络通讯监听与它造成交错糅合。

其次,对国家公权力机关(侦查机关)实施的普通网络信息获取而言。表面看,侦查机关普通网络信息获取不带强制力、强迫色彩,属于非强制措施。它们同不受当事人意志约束,带有一定强制力、强迫色彩,易造成较大权益损害,属于强制措施的网络通讯监听泾渭分明。可实质上,它们二者在当前的中国也模糊难辨。究其原因,主要有二。其一是现阶段我国并未对侦查机关进行网络通讯监听

---

① 因为根据常理分析,"通讯"带有持续的彼此互动行为,而普通网络"信息"只是互联网中发布的一些有价值的数据情报。但受话题兴趣、专业性等主客观因素制约,BBS等电子公告牌上的发帖者与其他人的通讯互动有时可能要长达数月才发生(甚至不排除无人问津),这时获取的此类数据信息究竟算通讯信息截抑或类似于网络新闻的普通网络信息获取便很难判断。

② 尽管在我国,普通私个体获取的资料大多无法直接作为刑事案件证据使用,但侦查机关对私人获取的网络资料可信度进行初步衡量认为其存在一定价值后,便会参照那些价值较高的资料按图索骥展开新的侦查活动。由于互联网是公开的,这些私人获取的资料自然而然侦查机关也可以同样搜索获取到。如此一来,它们就直接演变成侦查中获取的证据资料。

③ 周久耕原为南京市江宁区房产局局长,因2008年12月对媒体发表"将查处低于成本价卖房的开发商"的不当言论,引发网民愤怒。随后不少网民开始在互联网上搜索周久耕的照片,并从照片中发现周抽1500元一条的天价烟、戴名表、开名车,这与其科级干部工资收入严重不符,最终导致周被立案侦查。2009年,江苏省南京市中级人民法院以受贿罪判处周久耕有期徒刑11年并没收财产人民币120万元。具体可参见百度百科:《周久耕》,http://baike.baidu.com/link?url=GIGDYgw83TQwcKwndlL_1rf6Ke0F58HsRB0Y80sH4YIlqNgjoeW84ONJz6ONFM0l1ORcFgRasCO32ZdemL_ieK,2016年8月12日访问。

④ 杨达才系原陕西省安全监督管理局局长、党委书记,因在2012年延安一起交通事故处理现场面带微笑引发网民不满,随后网民开始在互联网中频繁搜索杨达才过去行迹,结果网民根据互联网中曝光的各种照片发现其共有11块名表,价值最高的达20万—40万。最终杨达才被立案侦查,2013年西安市中级人民法院以受贿罪和巨额财产来源不明罪判处杨达才有期徒刑14年。具体可参见百度百科:《杨达才》,载http://baike.baidu.com/link?url=HXFPokEH5UqHosmyvq3C4Pn3vEIbGlMuXrX9IwA18NhIf83rJ_cPNjdzrSY4VfM3_ofSj9xKQHX33v0bm-EJ5K,2016年8月12日访问。

设置令状制度予以引导、约束,《中华人民共和国刑事诉讼法》等法律规范内仅草草规定"经过严格的批准手续,可以采取技术侦查措施"。这种"严格的批准手续"究竟是什么,则语焉不详。如此这般缺乏必要的法律制度调整规划,它实施起来就显得缺乏章法,自然难以同侦查机关普通网络信息获取活动相区别;其二则为电子数据信息自身存在内容的难以直接感知性。毕竟电子数据信息不像现实社会中的物证、书证那般能被侦查人员直接简单感知,无论普通网络信息获取或者网络通讯监听,都必须借助特殊软件来完成。理论上最完美的普通网络信息获取应当是一种全自动化之大规模检索搜集,它能够瞬间快速浏览成千上万条数据信息,但只向侦查机关提供所需要查明的数据信息。但很明显,这种理论设想在实践操作中很难达到。因为广泛化的数据信息收集过程内势必会牵涉到部分相关当事人的网络通讯内容截获。更何况随着云计算和大数据等新一代信息技术的发展,很多普通网络信息获取还要动用到海量数据处理的人工智能技术并根据计算机行为痕迹、信息共享机制建立符合云计算数据解析规模大量扩展需要的新模型。而这些新技术的运用又比以前更容易收集到普通公民的网络通讯数据信息。在此等交错融合中,我们要对它们做一非此即彼的简单判断显然就实非易事。

3. 与政府网络舆情监测的重叠

政府网络舆情监测系政府机关借助特殊监控软件对网络民意的收集与分析,其重点是对"事关政治安全""事关社会稳定""事关本地发展""事关本职工作"的网络舆情,对敏感时期、重点地区、特殊人员和突发事件产生的舆情,以及对网上恶意炒作影响维护稳定的舆情实施监测导控。① 在信息社会,网络舆论应对能力高低无疑乃各级政府执政能力和管理能力的重大体现。尽管在理论层面看,侦查中的网络通讯监听和政府网络舆情监测差别极大。顾名思义,侦查中的网络通讯监听实施之主要目的乃迅速侦破信息社会的高危犯罪,扫荡罪恶。而近年我国积极打造的政府网络舆情监测则主要是为了针对网络这一"第四媒体"进行海量网络舆论信息的实时自动采集、分析、汇总与监视,并不断识别其中关键信息,及时快捷通知相关机构和人员,以便第一时间应急响应,为树立正确舆论导向和收集

---

① 参见欧阳旭、武建华、程洁:《论网络舆情监测导控面临的问题与应对措施》,载《河南警察学院学报》2012年第1期,第122页。

广大普通民众意见提供重要帮助。不过具体实践运用过程中,二者却非常容易发生重叠。

造成这种现象的原因是多方面的,具体言之,其一在于政府网络舆情监测是对普通公民在互联网中发布的各种相关言论(如发布在微博、微信、BBS论坛、主流新闻门户网站等中的言论)之收集分析。既然是言论,那其中很多就属于一类网络通讯数据信息。即便这些信息系普通公民自己愿意让政府职能部门知晓、不带有任何网络隐私权色彩的,但无论来自主流媒体等大型网络媒介或者"花边爆料"不断的小型信息流转平台,它们始终都是对网络通讯数据信息的收集获取。如此这般,政府网络舆情监测该特征与侦查中的网络通讯监听就会显得非常相似。

其二在于尽管大部分网络舆情问题刚开始并不具备刑事色彩,但当某些网络舆情反映的事件达到一定严重程度后它们就会慢慢朝着刑事案件转化。如果说政府网络舆情监测对普通公民网络通讯数据信息的收集获取与侦查中的网络通讯监听相似充其量还只能算作一种形似而神不似的话,网络舆情问题朝刑事案件转化则意味着政府网络舆情监测和侦查中的网络通讯监听实质融合。譬如当众多民众以网络舆情方式向政府职能部门反映的环境污染问题符合《最高人民检察院、公安部关于公安机关管辖的刑事案件立案追诉标准的规定(一)》时,相关人员或企业就将涉嫌构成污染环境罪进入到刑事案件立案和侦查阶段。这么一来,最开始时政府职能部门网络舆情监测获取的重要数据信息尤其是民众BBS留言形成的网络通讯数据信息就会通过某种方式转化成侦查中获取之证据资料,[①]进而导致政府网络舆情监测和侦查中的网络通讯监听产生交叉重合。

其三则在于作为我国最重要的侦查机关——公安机关同时也是具有极广泛其他行政职权的国家行政机关,且公安机关较之政府其他职能部门在网络监控方面的能力要强大许多。众所周知,公安机关要履行的公安职权范围非常广泛,它远远不止侦查权这一项。那么毫无疑问公安机关除了实施侦查活动外,它也有着自身其他范畴网络舆情监测工作要承担。可既然这些工作都是由公安机关实施的,在法律缺乏明文规定情况下,又如何能对它作出一个清晰的区分呢?更何况即便是其他政府职能部门,由于它们并不像公安机关拥有如此庞大的行政权力,

---

① 例如像前文所言的寻常私个体获取的网络数据信息那般转变成侦查中获得的证据资料。

开展网络舆情监测难免力有不逮。"从技术层面看,我国的网络技术实力比国外落后很多,还没有技术能力对有危害的行为和内容进行精准管制。"①"……相当一部分政府网管机构甚至连基本的网络安全知识和网络维护能力都远不及网络'黑客',"②此刻为能迅速掌握舆情,这些政府部门很可能就会请求公安机关予以技术协助。久之,势必又进一步加深了二者的重叠混杂。

(三)云计算、大数据的出现令侦查中的网络通讯监听日益趋向复杂化

所谓云计算,通常多指将计算任务分布在大量计算机构成的资源池上,令用户能按需获取计算力、存储空间及信息服务,它有着强大的数据计算、存储与处理能力。③ 而大数据,一般又称为巨量数据或者海量数据,它是一种所涉及的数据量规模庞大,达到无法借助当下主流软件工具于合理时间阶段内进行截取、存储、管理与分析的资讯,具备着典型的 Volume(信息大量)、Variety(数据多样)、Velocity(动作迅速)和 Veracity(判断准确)"4V"技术特质。④ 随着互联网和计算机技术的日新月异,云计算与大数据俨然已成为当前信息社会最主流和最具划时代革命性的概念与服务。各种"云"和大数据在网络中均得到了广泛运用,包括侦查机关在内的各种用户都能较以往更便捷地访问坐落于"云端"的数据及应用,最大限度共享着现有软件开发之经验、能力与资源。不过,在享受便捷的同时它们也带来了诸多问题,这一切无不促使着侦查中的网络通讯监听活动趋向复杂化。

1. 宏观层面的趋向复杂化

宏观层面的趋向复杂化,通常主要指在宏观整体上,云计算、大数据的出现,既给我们现在侦查中的网络通讯监听运用带来了诸多益处,同时又因技术之飞速发展造成了众多障碍。这一切必然导致宏观层面侦查中网络通讯监听运用日渐趋向复杂。

(1)正效应:云计算、大数据推动着侦查中的网络通讯监听宏观趋优化

a. 云计算、大数据进一步促成了网络通讯监听宏观侦查决策的有机一体化。在信息社会,侦查信息化乃侦查工作改革的重大战略思路。倘若忽视信息技术与

---

① 贺卫东:《网络治理:精确监控靠技术》,载《中国信息安全》2010 年第 2 期,第 49—50 页。
② 季绍斌:《网络舆情监测与引导机制研究——以温州地区为例》,载《中国报业》2015 年第 1 期,第 14 页。
③ 参见何晓行、王剑虹:《云计算环境下的取证问题研究》,载《计算机科学》2012 年第 9 期,第 105 页。
④ 参见刘铭:《大数据反恐应用中的法律问题分析》,载《河北法学》2015 年第 2 期,第 87 页。

信息重要性,侦查模式与其他周边工作模式大相径庭,则必将造成侦查工作日益低效和被动。① 伴随云计算、大数据盛行的大数据时代之到来,数据链和数据挖掘技术正逐渐成为信息整合主轴,特别是数据挖掘技术更在汇总研判网络通讯数据信息、深入剖析犯罪规律、搜集犯罪信息等方面大显身手。所谓知己知彼,百战不殆,一旦侦查机关借助大数据时代种种便利条件获得了侦查情报先机,它自然能够从容不迫作出全面决策,确保决策的有机一体。例如无锡等东南沿海发达城市就已经建成了公安、行政执法与司法、医保的实时查询系统,②根据获取的各类信息侦查机关完全可以较容易地分析出本地区或者其他地区贪污贿赂案件出现的主要领域和手段甚至遏制犯罪的方法,从而制定出科学合理的网络通讯监听宏观侦查决策。故此,云计算、大数据无疑进一步促成了网络通讯监听宏观侦查决策的有机一体化。

b. 云计算、大数据进一步凸显了网络通讯监听宏观侦查模式的技术化。所谓侦查模式,多指构成侦查程序的标准元素(程序主体)和它结构、组合样式,即侦查程序中各个程序主体彼此间的地位、组织与相互关系。③ 技术侦查是开展侦查活动的主要措施之一。借助日新月异的现代科学技术,侦查人员的认知能力和侦查方式得到了最大范围之拓展。譬如利用机械设备摸排、用无线电通讯装置传输相关人员各类活动信息、用测谎仪和DNA鉴定实施证据分析等,这些技术侦查措施无不高效快捷地帮助侦查机关获取到有力证据。网络通讯监听更是技术含金量极高之侦查措施,其宏观侦查模式当然非常注重技术化。而随着云计算、大数据盛行的大数据时代到来,网络通讯监听宏观侦查模式的技术化特质进一步被凸显。以大数据时代普遍出现的"云"网络平台为例,很多服务器日志信息仅保存一个月左右就会被自动覆盖。即便此等网络通讯数据信息不会被犯罪嫌疑人、被告人主动删除、破坏,侦查机关自己不在侦查模式上予以高度重视,积极采用高含金量技术措施予以迅速固定保全,仍将导致相关证据大量灭失。如此这般,网络通讯监听宏观侦查模式技术化自然被云计算、大数据推动得越发凸显。

---

① 参见范方荣:《反贪侦查信息化研究》,安徽大学2013年硕士学位论文,第2页。
② 参见李珊珊:《大数据时代的反贪侦查模式转型》,载《法制与社会》2015年第11期,第132页。
③ 参见赵丽翠:《论侦查模式的转型——"由供到证"到"由证到供"式的转变》,山东大学2009年硕士学位论文,第3页。

c. 云计算、大数据进一步加剧了网络通讯监听宏观侦查观念的法制化。哲学大师阿奎那早就指出,"权力服从法律的支配,乃是政治管理上最重要的事情。"① 侦查权作为一种具有强烈侵略性、进攻性的国家公权力,它无疑也须受到法律严格约束。而要就具体网络通讯监听侦查行为实施法律约束,宏观侦查观念法制化至关重要。毕竟我们只有具备了法制的观念,才会有条不紊地按照法律制度办事。云计算、大数据的广泛运用尤其是大数据时代的降临,则进一步加剧了这种宏观侦查观念的法制化。其主要原因有二:第一,信息社会涌现的案件很多往往集权力性、智能性、隐蔽性和专业性于一体,要与狡猾多疑甚至具备较强反侦查能力的犯罪嫌疑人、被告人斗智斗勇顺利收集到证据,大量带有诡诈性和灵活色彩游走于"合法"和"非法"边缘之特殊网络通讯监听手段理当得到启用。这必须要有较传统社会更强大完备的法律制度对其程序进行约束管控,否则就只会像美国"棱镜"计划那样无论达官显贵或草根小民隐私权等正当权益都受到国家侦查机关的大肆践踏;第二,技术并非万能。大数据时代涌现的各类新技术的确给我们侦查机关实施网络通讯监听提供了诸多便利条件,但决不能过分迷信这些技术而无所顾忌地使用。以网络通讯监听截获的大量通讯数据信息为例,有学者便指出其若完全剥离了数据所处的具体环境,数据就可能生涩且缺乏可理解性和适用性,很多重要问题根本不适合也无法借助数据挖掘技术进行定性定量分析。② 假如我们没有严密的法制宏观侦查观念对开展网络通讯监听予以引导约束,结果就只会得不偿失。

(2)负效应:云计算、大数据与当下侦查中网络通讯监听宏观运作难完全吻合

a. 云计算、大数据条件下涌现的数据信息海量化与现有网络通讯监听宏观侦查运作理念存在偏差。云计算、大数据最本质特点即涌现出来的各种数据信息真真切切达到了"海量",通过数据能源、数据结构和数据工具的汇聚结合成海量信息满足人类社会需要。尽管自 2012 年《中华人民共和国刑事诉讼法》大修以来,随着"非法证据排除""不得强迫自证其罪""律师介入侦查"等制度一一得到落实,惩罚犯罪和保障人权实现有机统一已经成为各类侦查活动模式运作基本理

---

① [意]托马斯·阿奎那著:《阿奎那政治著作选》,马清槐译,商务印书馆 1982 年版,第 123 页。
② 参见赵小楠:《大数据时代的危害性与局限性》,载 http://tech.163.com/15/0203/12/AHHE7DOE000915BD.html,2016 年 8 月 21 日访问。

念。可信息社会出现的案件不少都是具备权力性、智能性、隐蔽性和专业性于一体的案件,其侦查对象甚至不乏身居高位拥有强大的国家公权力且很多情形均乃事先全方位预谋之产物极难被发现,仅每年因黑客攻击和钓鱼软件造成的经济损失就达数以亿计。① 为尽快查明案件,网络通讯监听侦查活动便难免会更多同人权保障发生碰撞。易言之,即在现有网络通讯监听宏观侦查运作理念中,虽然也强调惩罚犯罪和保障人权二者实现统一,但侧重点会更多向惩罚犯罪倾斜。不过云计算、大数据的出现必然将与此等理念产生偏差,因为此时每个人的日常生活都被数据化了②,若这些数据一旦被不当获取和利用就将给人们工作生活带来大范围的负面影响。毕竟网络节点上汇集的海量通讯数据信息牵涉对象极其广泛,只要进入侦查机关视野,借助特殊软件工具它们都会被侦查机关一一获取进而造成普通公民人权(如网络通讯自由权、网络隐私权等)大面积受侵害。故云计算、大数据条件下必然比过去更加注重人权尤其是各类数据信息权益保障。由于现有网络通讯监听宏观侦查理念是更多朝惩罚犯罪倾斜的,这二者偏差自然愈发鲜明。

b. 云计算、大数据带来的信息的难甄别性与当下网络通讯监听宏观侦查结构存在背离。在云计算、大数据条件下,伴随着海量信息而来的必然是林林总总各类信息之难甄别性。因为自从电脑技术由互联网过渡到移动互联网再发展至物联网,通信系统由昔日2G、3G转向当前主流的4G甚至正在逐步酝酿中的最新5G平台,③每个人均无时无刻不在产生各类数据信息。例如去异地出差办事留下的高铁网络购票信息,去银行取钱留下的资金流动信息,电子邮箱登录留下的个人网页浏览信息等,这其中有很多对展开犯罪侦查至关重要,但也有很多根本无关紧要甚至自身就是虚假信息。如2012年就有普通民众在网络论坛发布"持钞票

---

① 参见贾云蔚:《美国网络安全战略对中国网络安全影响探究》,河北师范大学2015年硕士学位论文,第33页。
② 参见程宏:《大数据背景下反贪侦查模式的转型》,载《中国检察官》2015年2期,第54页。
③ 2G作为第二代手机通信技术规格,一般不具备直接传送电子邮件等功能;3G系第三代移动通信技术,已经可以进行高速数据信息传输;4G是第四代移动电话通信标准,它能快速传输数据、高质量音频、视频和图像;5G则是正在研制中的第五代移动电话通信标准,加拿大研究结果表明其速度可达现有4G网络6倍。参见百度百科:《5g》,载http://baike.baidu.com/link?url=X4nPPe2fuNkeMCZ984srXZfC8dzl69s-g35YU1S6iPgQ8S_rEtOwZjjDHyQKllkmPAZrQWLkeUMyRd_Cx0AmkK,2016年10月31日访问。

炫富女子"照片指证其为湖北省通山县女县长,后来湖北省相关部门经多方查证认定并不属实。① 长期下来,这便极大增加了信息社会侦查难度。而对现有网络通讯监听侦查来说,在宏观运作结构上,已经逐步从早期的"由供到证"转向"由证到供"。前者强调将犯罪嫌疑人等的口供作为侦查活动核心,用口供去收集其他证据;后者则更注重在讯问犯罪嫌疑人等之前全面获取证据,通过物证等其他证据来得到犯罪嫌疑人、被告人的口供。"由证到供"无疑比"由供到证"能更有利于减少刑讯逼供摆脱有罪推定和口供中心主义陈旧观念。但因云计算、大数据条件下产生的各类数据信息实在太多,难以进行一一准确甄别判定,刚好很多犯罪尤其是贪污贿赂类犯罪智能性和隐蔽性又比较强。若盲目强调"由证到供"忽视对犯罪嫌疑人必要口供等证据收集,彻底放弃"由供到证",显然也不利于尽快厘清头绪找到案件突破口。故云计算、大数据条件下信息的难甄别性便无法避免地和当下网络通讯监听宏观侦查结构存在背离,导致其难以完完全全满足我们规制犯罪之需要。

　　c. 云计算、大数据条件下信息的难整合性与当下网络通讯监听的宏观思维方式存在误差。所谓云计算、大数据条件下的信息,都是聚合着围绕个人各类个体信息的数据。每一类或每一个数据信息背后,无不或真或假地折射着一个个真实主体在大数据时代的活动。借助由网络各个分散节点汇聚成的元数据或者移动智能终端平台提供的新兴快捷服务等方式,我们无疑可以获取到诸多传统社会难以察觉的重要侦查情报信息。例如2008年江苏省"天价烟局长"周久耕和2012年陕西省"表哥"杨达才,他们都是被寻常草根民众(含部分当事人)利用高科技计算机信息设备大量进行相关普通网络信息获取活动,根据互联网中一两张看似不起眼的图片而寻找到了关键信息锒铛入狱的。不过,这些信息在浩如烟海的"云"服务和大数据中,又显得无比微小琐碎,要一一发现它们予以有效整合实非易事。而当下侦查中网络通讯监听宏观思维方式又大多仍沿袭传统模式,"两条腿、一支笔、一张纸",②往往像传统侦查那样仅简单穿梭于公安、电信和金融交易机构等之间,这既浪费了大量人力物力财力,又很可能忽略了真正重要的侦查情报信息。因此,云计算、大数据条件下信息的难整合性与当前网络通讯监听的宏

---

① 参见杨月辉:《大数据时代网络反腐新特点》,载《学习时报》2012年11月5日第005版。
② 程宏:《大数据背景下反贪侦查模式的转型》,载《中国检察官》2015年2期,第55页。

观思维方式自然会存在着不小的误差。

2. 微观层面的趋向复杂化

所谓微观层面的趋向复杂化,主要指的是在微观具体操作运用细节上,云计算、大数据的出现,既成功推动着侦查中网络通讯监听的具体实施,同时又阻碍着它的实施,推力和阻力并存。"……过度依赖和盲从科技手段……对发挥刑警主观能动性、提高侦查工作效能非常不利。"①久之,上述一切交织在一起自然便会导致微观层面侦查中的网络通讯监听运用日益趋向复杂。

(1)正效应:云计算、大数据推动着侦查中网络通讯监听的具体实施

a. 侦查中网络通讯监听的实施范围被迅速拓展。在云计算和大数据条件下,计算机的运算能力凭借数据规模的高扩展化得到了大幅度提升,而这种提升又促使着信息服务提供愈发便利。但是,它们运算能力的增加同以往存在显著差别。云计算是借助连接在互联网内不计其数的终端集群化运算,数据解析规模大量扩展来提高速度,大数据则是依靠对海量信息分析汇总减少不必要的烦琐工作量,而过去的运算能力提升仅是依靠单一计算机系统性能优化而实现。前者为"开放式"(整个互联网"云"和海量数据内)提升,后者属"封闭式"(单一计算机系统内)提升。这种计算机运算能力凭借数据规模的高扩展化得到飞速提升,很大程度令侦查中网络通讯监听的实施范围得到广泛拓展,其获取数据能力大为提高,可以更快的以"开放式"方式截获、解析各类犯罪相关网络通讯数据信息。

b. 侦查中网络通讯监听的实施效率得到一定程度提高。由于云计算和大数据条件下计算机运算能力的飞速提升主要系依靠整个网络终端集群完成,人们通过向互联网中的"云"服务发出各类指令凭借资源共享与动态分配技术分散数据存储实现以往单个平台的数据处理功能。② 如此一来,原先非常关注的单个计算机硬件配置、软件升级便显得没那么重要了。所以,个人平台因数据存储动态分散而在云计算和大数据条件下逐步趋向功能弱化。而这种个人平台因数据存储动态分散而趋向功能弱化,对侦查中网络通讯监听的实施显然是有利的。因为侦查机关不需要更多地关注某一单个计算机平台出现的犯罪相关数据信息,而只需要将侧重点放在网络终端集群直接以数据挖掘技术对获取

---

① 杨郁娟著:《侦查权的逻辑与经验》,中国人民公安大学出版社2010年版,第304页。
② 参见李小恺:《云计算环境下计算机侦查取证问题研究》,中国政法大学2011年硕士学位论文,第7页。

的各类通讯数据信息来实施汇总研判即可,故一定程度相对提高了网络通讯监听的效率。

c. 侦查中网络通讯监听具体实施较以前更容易。"网络传播速度之快,是传统媒体根本无法想象和比拟的。"[①]当计算机和互联网发展到云计算、大数据阶段后,能够获得较昔日网络环境更加丰富的数据信息服务,可这些数据大多却不像以前那般存储于用户自己的硬件终端内。它们主要保存在服务提供商的服务器内,换言之即数据的关键控制权牢牢掌握在服务提供商手中。尽管从整体上来说,经济、技术实力远超普通私个体的服务提供商理当比寻常用户更有能力保障数据安全,可反过来由于服务提供商控制着主要数据,若其恣意妄为随便处置数据信息,给数据安全造成之危害自然会比传统网络更甚。故数据自身安全性在云计算和大数据条件下变得愈发脆弱。而此特点又具备着双面性——一方面对个人隐私保护相当不利,但另一方面单纯对侦查机关开展网络通讯监听活动本身来说,却又是侦查的莫大机遇。毕竟在数据安全性大为降低后,依靠技术手段实施侦查获取需要的与犯罪相关之网络通讯数据信息也更为容易,它一定程度促进了网络通讯监听的具体开展。

(2)负效应:云计算、大数据同时阻碍着侦查中网络通讯监听的实施

a. 云计算、大数据条件下能够获取的相关侦查情报信息总量过于庞杂。在以云计算、大数据为基本表征的大数据时代,人类工作、学习、生活的任何一方面都有可能因交往的数字化而导致留下或多或少的通讯数据信息。故犯罪行为只要在云计算、大数据环境下尚未绝迹,就必然会留下诸多数字化的"蛛丝马迹"。但是,相关信息总量的剧增也给侦查部门进行网络通讯监听数据信息收集、剖析造成了极大阻碍。因为大数据自身价值密度较低,各类"云"服务终端的无限广袤化、瞬时化、碎片化和极度开放化等特点,产生的"云"数据信息充斥在一起实可谓浩如烟海,庞杂的数量群中难免有诸多不相干的无效数据存在。而且较之和犯罪行为最密切相关的数据信息,这些无关紧要的数据信息甚至占了大多数。如此一来,即便有计算机人工智能系统的有力辅助,能尽量涵盖全部搜索引擎、"云"服务的智能化查询系统,可延伸至整个云计算终端、网络管理系统、互联网和移动互联

[①] 陈七三、彭建军、蒋湘莲:《简论微博时代高校网络舆情应急机制建设》,载《南华大学学报》(社会科学版)2014年第1期,第73页。

<<< 第五章　我国侦查中的网络通讯监听现状及存在的主要困惑

网,也很难确保侦查机关高效、快捷地获取最需要的情报信息,自然很多不相关普通公民的正当权益会在各类漫无边际的网络通讯监听活动中广受侵害。①

b. 云计算、大数据条件下侦查中网络通讯监听获取的数据信息更加真伪难辨。与传统社会相比,随着云计算、大数据环境下计算机信息技术的飞速发展,打击犯罪问题日益受到民众关注,各类相关网络通讯数据信息也屡屡被官方或民间大量发掘出来。② 但此等数据信息真实性究竟有多高,这给侦查机关事后实施核心数据信息研判造成了不小困难。因为当信息社会发展到云计算、大数据风行一时的大数据时代,每一个普通私个体都可以借助各类随身携带的便利设备实施相关普通网络信息获取活动。这种活动受到侦查机关重视进入侦查阶段后,就可能导致网络通讯监听的实施。以近年普遍披露的职务犯罪案件为例,像 2013 年湖南省"火箭"提拔一系列官员事件等,③无不都是网友(含部分当事人)利用高科技计算机信息设备大量进行相关普通网络信息获取活动,待收集到有价值信息后又集中作为"重磅炸弹"再"爆料"到网络中去,从而最终导致其演变成刑事案件被立案引入到侦查程序,侦查机关再实施网络通讯监听进行相关网络通讯数据信息截获作为证据资料使用。这种侦查中的网络通讯监听实施路径具体如图1所示:

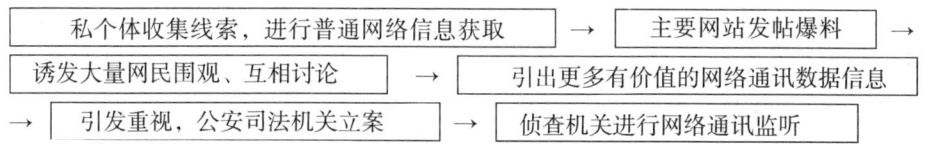

图1　云计算、大数据条件下职务犯罪案件的侦查机关网络通讯监听实施路径

---

① 更有甚者,将收集到的情报信息作为敲诈勒索的工具,此等行为给相关民众带来的损害就更加深远。如网络大V格祺伟就曾以即将在互联网上发帖为由向当事人大肆索要钱财,具有严重社会危害性甚至涉嫌构成敲诈勒索罪。具体可参见华声在线:《网络大V格祺伟团伙覆灭记》,载 http://news.youth.cn/gn/201501/t20150119_6419000.htm,2016 年 9 月 11 日访问。
② 当然,非国家法定侦查机关获取的相关网络通讯数据信息必须经过前文所言的某些特殊转化方式进行转化后方可作为侦查中获得的证据资料进行使用。
③ 在 2013 年前后,湖南省出现了多起"火箭"提拔"富二代"年轻官员的事件。由于这些年轻官员的身份、简历一直不敢对外公开,引发诸多网民质疑。他们在互联网上广泛讨论并展开普通网络信息获取活动,搜集相关线索将"富二代"年轻官员身份曝光,其中一些较严重的事件最终被立案进入到侦查程序。具体可参见《海峡都市报》电子版:《盘点湖南火箭提拔年轻官员　多为官二代背景》,载 http://www.mnw.cn/news/china/482399.html,2016 年 8 月 18 日访问。

借助这一模式,近年国内的的确确查处了一大批职务犯罪案件。但该实施路径的弊端也是显而易见的:首先,收集线索、进行普通网络信息获取的寻常私个体受个人主观倾向影响(如是利害关系人或者有仇富心理等)或技术手段限制,其获取的普通网络数据信息难免失真有片面性甚至完全扭曲;第二,在主要网站(如红网、天涯论坛)发具备煽动性的"帖子"引起其他民众注意,其他民众参与广泛讨论"围观"有可能会引出新线索,但也有可能在此类断章取义的网络通讯数据信息中产生盲目情绪,进而将事态引入极端;第三,由于受到社会各界广泛关注,传统媒体(电视台、纸质报刊等)也纷纷大量报道,可他们的报道很大程度依旧建立在事先存有一定失真甚至扭曲的信息基础上;第四,侦查机关虽然最终进入到职务犯罪案件的查处过程中来,他们根据前面线索实施网络通讯监听能够获取大量信息,但其中有很多都是前面一系列环节产生的铺天盖地真真假假之信息。他们必须耗费很大精力去甄别相关网络通讯数据的真伪,进而延误了对真正有价值信息的收集和对真正有意义案件之查处,对相关公民名誉权、隐私权等正当权益侵害也是巨大的。例如上文提到的2012年曾有民众根据微博论坛中发布的"持钞票炫富女子"照片指证其为湖北省通山县女县长,后来湖北省相关部门费九牛二虎之力经多方查证并不属实,①这便严重干扰了当地侦查机关对真正重要职务犯罪案件的查办,也损害了当事人名誉权。

c. 云计算、大数据条件下涌现的数据挖掘技术在网络通讯监听获取的数据信息汇总研判上容易造成信息个性化丧失。从表面看,在云计算、大数据条件下依靠数据挖掘技术能够汇总研判的各类网络通讯监听数据信息较传统社会无疑是呈几何级增长。但由于在信息海量前提下,对数据的收集、甄别、研判往往都带有一定大批量特征,这就将或多或少导致研判汇总结果趋向类型化。可世间的事物毕竟千差万别,侦查活动针对目标往往各异且并非每一具体犯罪行为都能做绝对的分类处理。久之,这极易造成侦查情报信息收集个性化丧失,进而带来规制盲区,不利于实现真正的人权保护。还是以职务犯罪案件为例,根据笔者对2010—2015年五年多国内涌现的和云计算、大数据条件下数据挖掘技术汇总研判有关典

---

① 参见杨月辉:《大数据时代网络反腐新特点》,载《学习时报》2012年11月5日第005版。

型案件之整理(见表1),①不难发现近年我国相关侦查情报信息收集个性化缺失不小。

表1 2010—2015年我国数据挖掘技术汇总研判典型职务犯罪案件统计表

事情起因②	省部级及以上	地厅级	县处级	科局级及以下③
包养情妇	1	15	24	35
收黑钱	1	22	77	123
公款消费	0	20	91	99
违规提拔	0	16	74	9
超标用车	0	11	29	17
多套房产	0	4	31	19
豪华办公场所	0	11	24	1
生活奢靡	0	12	55	40
其他④	1	5	31	14

从表1中可以看出,当下我国借助数据挖掘技术进行职务犯罪案件情报信息汇总研判主要集中于县处级和科局级及以下官员身上,对于高级别官员特别是省部级及以上国家公职人员情报信息收集,实可谓凤毛麟角。⑤ 这自然有高级别国家公职人员身份特殊和顾及公民隐私的考量,导致无论普通私个体抑或侦查机关都不大可能甚至不具备此能力对其随意展开相关网络通讯数据信息收集。但如

---

① 这里的数据整理主要来自百度、搜狗等主流搜索引擎和新浪网、法院公告网、正义网《反腐倡廉网络舆情》微博等主要网络媒体及各中央、省级报刊。因统计手段局限,笔者虽无法实现数据全部覆盖,但基本囊括了2010—2015年和数据挖掘技术汇总研判应用有关的典型职务犯罪案件。另外,本表涵盖的数据既包括事后查证属实的真实案件,也包括后来被查明与事实不符或正在查证中的信息。
② 事情起因即根据前文所述职务犯罪案件侦查机关网络通讯监听实施主要路径首先被披露的事由,而并非指事后被侦查机关查证的案件全部违法犯罪情形。
③ 本表内的"省部级及以上""地厅级""县处级"和"科局级及以下",既包括各级政府公务员,也包括等同于该行政级别的事业单位、国有企业管理人员。
④ 其他即除了本表上述各种情形外,其他凭借权力谋取私利的职务犯罪事由。
⑤ 2010—2015年间,牵涉省部级及以上国家公职人员的仅有原中央编译局局长衣俊卿(副部级)、原国家发改委副主任刘铁男(副部级)和原浙江省高级人民法院院长齐奇(副省级)三起个案,且齐奇相关事由真伪尚处查实之中。具体可参见李春平:《浙江高院回应宋城集团排"窦娥舞台剧"举报院长(1)》,载 http://news.china.com/domestic/945/20150812/20177793.html,2015年8月13日访问。

此下来，数据挖掘技术应用所针对之目标便难免有意无意限制在了较低级别官员身上，逐渐产生了侦查活动盲区。况且，职务犯罪的起因是多种多样的，随着时代发展更可能会不断衍生出全新形态。这其中有很多并非现在所指的"包养情妇""收黑钱""公款消费"等能完全予以概括。以表1为例，该表中纳入"其他"范畴的就有51起之多（如行政不作为、经济垄断、吃空饷等）。① 长期下去，难以分门别类的腐败行为就愈来愈多。在数据大规模合成分析条件下，则进一步抹杀了它们的个性化，促使法律规制盲区日益扩大，无法实现法律面前人人平等，有效实施侦查遏制犯罪，又何来切实保障人权之说？

故而，正由于云计算、大数据等新一代信息科学技术的不断投入应用，它们在宏观和微观上一方面既令网络通讯监听这种本就富含高科技之技术侦查措施变得更加完善、强大，但另一方面也因云计算、大数据自身尚不成熟且给我们现有相关侦查理念、结构、思维方式以及具体运作造成了不小冲击。在利弊共存之环境下，侦查中的网络通讯监听活动无疑显得愈发复杂化。

二、当前我国侦查中网络通讯监听应用主要困惑产生的根本原因

正如边沁所言，"……人们会看见那里陈列着一种不易见到的、光彩夺目的、十分动人的作品。走进它一看，这种幻觉就会消失，人们便会发现它是这样组成的……"②世界上任何问题、弊端的浮出水面都会有着其深刻缘由，当前我国侦查中的网络通讯监听具体应用涌出的各类困惑无疑也存在特殊原因。前文论述时亦或多或少提及了某些困惑出现的具体缘由（如侦查中的网络通讯监听与侦查中的网络监控发生一定程度混同之原因等）。但前文的分析更多是一种浅层意义探讨，若溯本追源，笔者认为这些主要困惑产生的根本原因则不外乎来自观念、技术和法律三层面。

（一）观念层面：侦查人员和普通私个体相关观念普遍缺失

观念，通常多指"客观事物在人脑里留下的概括的形象"。③ 作为指导人们具

---

① 当然我们可以通过一些宏观性的表述（如交易性腐败、占有性腐败、挥霍性腐败等）来进行广义上的抽象概括，但大量职务犯罪案件侦查情报信息汇总研判形成数据集群过于笼统，依旧会造成它们微观差异的丧失。
② ［英］吉米·边沁著：《政府片论》，沈叔平等译，商务印书馆1995年版，第147页。
③ 中国社会科学院语言研究所词典编辑室编：《现代汉语词典》（第6版），商务印书馆2012年版，第478页。

体行为的思维意识和精神状态,它是人们对社会存在的直接反映。由于侦查活动与各种社会观念彼此相互作用,二者形成了互动关系,①而刚好当前我国观念层面中侦查人员和普通私个体相关观念普遍缺失,这便在本源上导致了侦查中的网络通讯监听实践使用存在诸多困惑。具体言之,此等相关观念普遍缺失又包括侦查人员和普通私个体两部分。

首先对侦查人员来说,当下我国侦查人员还未能真正全面树立起信息社会侦查情报收集观念。他们的侦查活动大多依旧受传统侦查情报信息收集观念束缚。传统观念总是认为刑事犯罪尽管会留下各种痕迹,但这些痕迹大多是看得见摸得着的,譬如指纹、脚印、体液等,对它们取证并注重相关公民人权保护才是重头戏。随着互联网和计算机的普及,数字化信息如网页浏览、资金划拨、网络通讯聊天记录等虽也大量出现且具备着较重要价值,可它们终究不能与发案领域现实痕迹等量齐观。即便要收集,简单取证汇总就足够了,也不见得会侵害到具体人权。此类与旧有工业社会相匹配的传统信息情报收集观念显然无法适应信息社会形势需要,由于互联网和计算机、手机4G移动通讯平台的广泛运用,很多刑事犯罪例如一对一秘密开展的职务犯罪活动等往往更容易在被人们所忽略的网络空间寻觅到蛛丝马迹。"一些大要案的成功侦破,并非从现场勘察开始的,完全是从信息记载的犯罪分子可疑的行踪中打开缺口。有的甚至事先连犯罪行为都没有掌握,仅从嫌疑人的反常表现里找到犯罪事实。可以说,……缺乏信息的掌握和研判,很多案件根本无法侦破。"②并且即便那些充分重视互联网信息和网络通讯监听运用的侦查人员,同样常常会将其使用简单化,仅草率把高科技侦查措施视作破案收集侦查对象信息(含犯罪事实要素信息、犯罪事实评价信息和犯罪信息载体信息等)、侦查活动信息(含侦查主体信息、侦查行为信息、侦查工具信息等)之"神器",对相关公民人权保障则有意无意间进行了不同程度的忽略。

其次对普通私个体来说,当前我国寻常民众尽管对信息社会、IT 技术、云计算、大数据等较以往已经有了相对清晰认识,但与之遥相呼应的网络通讯监听侦查应用观念仍未确立。而根据现行《中华人民共和国刑事诉讼法》第50条的规

---

① 参见杨郁娟:《论社会观念及其对侦查的影响》,载《武汉公安干部学院学报》2010 年第2期,第 15 页。
② 佚名:《构建大数据时代的职务犯罪侦查模式》,载 http://miao11yong.fyfz.cn/b/813775,2016 年 8 月 28 日访问。

定,"必须保证一切与案件有关或者了解案情的公民,有客观地充分地提供证据的条件,除特殊情况外,可以吸收他们协助调查"。这些公民在向侦查机关提供证据或者协助调查期间就难免受到传统朴素正义观念左右,以个人好恶甚至出于好奇、泄愤或者向他人炫耀等心态进行评判。如前文所述微博论坛发布的"持钞票炫富女子"照片等信息,普通民众在不明真相之际往往凭个人好恶展开相关网络通讯数据信息收集甚至随意在网络中曝光,这既阻碍了案件侦破,同时也令相关人员网络隐私权等合法权益大受侵害。毕竟民众往往不具备必需的专业法律技艺,民意又很容易受各种盲目非理性因素误导形成"一哄而上、一哄而散"的广场政治。在这种情况下,普通私个体不恰当参与就不免令正常侦查活动遭遇形形色色的干扰,影响到侦查权合理运用。恰如有些学者指出的那样,必须避免重蹈历史上庸俗化群众运动的覆辙,必须将情绪化的、暂时的民意倾向与根本需求区分开,否则只会从一个误区走向另一个误区。① 此外,普通私个体的计算机信息技术知识终究不能和从事网络通讯监听的专业技术人员相提并论。他们广泛参与到和网络通讯监听、网络监控相关的打击犯罪活动中来,热情固然高涨,但进一步加剧了侦查中的网络通讯监听与其他相似行为(如网络监控、普通网络信息获取等)之混同。

因此,由于侦查人员和普通私个体相关观念普遍缺失,人们都不是特别重视,网络通讯监听被随意使用,自然而然对相应法律规范建设也不会经常强调。具体应用中同样容易将它和其他类似行为混淆,面对云计算、大数据带来的新问题,更是应接不暇导致局面越发复杂。

(二)技术层面:网络通讯监听相关技术需进一步升级

客观地说在当前信息社会,随着科技的进步,我国侦查机关技术含金量正日益提高。譬如我国各地侦查机关大多建立起了侦查实验室,配备了诸多侦查取证技术设备和专业人员,济南等地甚至已经打造了专门的大规模化"公安云计算中心"。② 不过,所谓"道高一尺,魔高一丈",这种技术含金量的提升与信息社会、信息技术之飞跃式发展相比,仍显得不相适应。对侦查中网络通讯监听而言,最明显的即相关技术亟须进一步升级。因为一方面我国侦查机关电子计算机等技术

---

① 吴卫军著:《刑事司法的理念与制度》,中国检察出版社2004年版,第287—288页。
② 参见佚名:《全国首个城市"公安云计算中心"启用》,载《通讯世界》2012年第11期,第53页。

装备运算能力较以往有了显著提升,特别是随着云计算、大数据的出现,借助连接在互联网内不计其数的终端集群化运算,数据解析规模趋向大量扩展,这很大程度上令侦查实施范围广泛拓展,可以更快地以"开放式"(如整个互联网"云"内)方式截取并解析高危犯罪相关网络通讯数据信息;但另一方面,面对收集到的浩如烟海之网络通讯数据信息,我国侦查机关始终缺乏专门性的大数据犯罪信息情报控制平台作为神经中枢统一管理。即便有一个犯罪情报收集中心,如现在的违法犯罪人员信息系统、在逃人员信息系统等,都显得不够专一。且他们据此使用的侦查取证技术大多仍是针对较早时期的本地计算机储存系统,例如被删除数据恢复、Windows 操作系统注册表信息提取等,网络监控、网络实时通讯数据截取之类的动态互联网信息收集技术虽得到了一定程度运用,却始终很难完全跟上全新的云计算、大数据步伐。毕竟云计算、大数据条件下的网络取证必须着眼于客户端(本地计算机)、"云端"(一级服务商)、"子云"("云端"下属的子服务提供商)、物理接入节点这一整套环节,并且目前至少有 1/3 "云"信息系通过专门虚拟网络 VPN 进行访问的,它们利用现有网侦技术几乎完全检测不到。[①] 何况因"云"内信息之开放性和大数据的彼此海量交互性,不同网络用户信息会大量交错混合于一体,这更大大增强了网络通讯数据信息筛选难度。加上网络通讯数据信息形成的电子证据是一种虚拟化证据,它与其他电子证据实施界分并非易事。[②] 如此这般,自然截获的网络通讯数据信息之有效性、真伪性、准确性极难判断。兼之新兴

[①] 参见何晓行、王剑虹:《云计算环境下的取证问题研究》,载《计算机科学》2012 年第 9 期,第 107 页。

[②] 毕竟所有电子证据都是"0"和"1"二进制数字虚拟构成的,并且它们的形成都需要一定计算机软硬件设备完成,有时要进行这些高科技电子证据准确区分就相当困难。譬如随着时代发展,目前在美国 CGA 证据(Computer Generate Animation),即通过计算机特定程序产生的模拟图像、场景来证明案件真实情况的材料应用日益广阔。广义上,CGA 证据同样属于以虚拟"0"和"1"二进制数字形成的电子证据。但它和普通电子证据又有较大差异,因为后者大多是在电子信息环境下自然出现的证明案件真实情况之电磁记录物,如买卖双方借助 E-mail 订立的电子合同、犯罪嫌疑人的 QQ、微信聊天记录等。而 CGA 证据并非电子信息环境下必然产生的跟案件相关电磁记录物,它系特定专业人员为确定和判明案件某些真相将数据输入计算机,再由计算机遵照专门程序输出的动画模拟演示结果,带有更大人工后发形成色彩。但实践运用中,由于网络通讯数据信息最终形成的电子证据也需要计算机专门生成具备一定人工操作后发色彩,它与 CGA 等新兴高科技证据彼此间实施有效甄别就非易事。对于 CGA 证据,具体可参见欧阳爱辉:《美国司法实践中的 CGA 证据应用介评》,载《犯罪研究》2013 年第 4 期,第 93—96 页。

的数据挖掘技术还促使网络通讯数据自身安全性变得愈发脆弱。侦查机关若恣意妄为随便处置获取的网络通讯数据信息,给数据安全相伴生的一系列公民人权造成之巨大危害自然会比传统环境更甚。实质上在这方面,美国相关技术手段完全可资我国借鉴。美国网络通讯监听技术极其发达,目前大体分成数据采集预处理环节和数据分析应用环节两部分。根据"棱镜门"事件披露的信息,美国借助传统卫星、国际光缆(Dancingosis 项目)、互联网被动监听数据(如 Fairview、Stormbrew、Blarney 项目等)、第二或第三方合作伙伴及定向特种攻击主动获取(如 ANT"蚂蚁"项目、"射杀巨人"项目等)一系列复杂技术手段,①便有效打造了一张严密的网络通讯监听大网。

因此,正由于当前我国侦查机关技术水准尚不能完全满足信息社会需求,网络通讯监听相关技术亟须进一步升级,这才很大程度导致其实践运用中非常难把握好精准尺度。既容易游走于法律边界造成公民人权遭受侵害令现有法规无所适从出现盲区,同时也加剧了网络通讯监听与网络监控、普通网络信息获取、网络舆情监测等其他相似行为发生混淆的可能性,更难全面迎合云计算、大数据等新一代高技术革命浪潮带来的强烈冲击。

(三)法律层面:相关立法障碍丛生

法律制度系指导我们侦查活动开展的核心主轴,较之观念和技术层面的原因,法律层面缘由更是重中之重。毕竟正是因为相关法律制度的缺失才主要造成了我国侦查中网络通讯监听实践运用无所适从涌现出诸多困惑。倘若法律制度健全完备,一切均有法可依、有迹可循,那断然不会暴露出如此之多的弊病。对此梁启超先生早就曾尖锐地指出,"国家者,人格也,凡人必有意志,然后有行为,无意志而有行为者,必疯疾之人也。"②但从根本上说,相关法律制度的缺失,又主要在于各类立法障碍丛生,从而导致我国未能及时就网络通讯监听等新兴技术侦查措施予以立法规范引导。具体言之,这些立法障碍多包括三个环节:

1. 立法政策上未能全面科学合理反映国家现阶段需要

所谓立法政策,即立法者在制定法律规范时奉行的治理方针、策略及措施,以便能够全面恰当地实现法律规范对社会之调控矫正机能。立法政策无疑乃我们制定

---

① 参见郭网安:《美国网络秘密监听技术手段揭秘》,载《中国信息安全》2014 年第 6 期,第 88 页。
② 梁启超著:《梁启超法学文集》,中国政法大学出版社 1997 年版,第 11 页。

相应法律规范的主导,它本应全面科学合理地反映国家现阶段需要。对侦查中的网络通讯监听来说,其立法政策折射的现阶段国家需要无疑应是既能做到有效查明案件打击犯罪,同时又尽量将公民人权侵害降至最小化。但可惜的是,当前我国由于存在一定程度的主客观因素掣肘,它并不能较好地体现出国家真正需求。

首先,侦查机关为了能够做到高效迅捷地查明案情,必然会有意或无意地希望网络通讯监听等新兴技术侦查措施具备更多保密特质,尽量减少适用中遇到各类干扰甚至包括法律制度约束。毕竟侦查机关主要职责即迅速侦破案件,遏制犯罪。破案率乃侦查机关内部极其重要的绩效考核依据,社会各界在他们的潜意识中也纷纷将做到"神速"查破案件作为对侦查机关之基本评价标尺。而要成功实现快速查明案情,在信息社会,无疑网络通讯监听等新兴技术侦查措施不可或缺。因为它们贴近时代需要,较之传统侦查方式,能够更加精密准确,更令被侦查对象神不知鬼不觉顺利确保侦查活动开展。可若法律法规对网络通讯监听等新兴技术侦查措施作出了非常详尽之规定,不但将导致侦查机关日后实施这些技术侦查措施受到诸多法律法规约束,更会因详尽具体的相关法条颁布使网络通讯监听等技术侦查措施逐渐被民众广泛了解,继而令普通人都具备了一定的反侦查能力。兼之对不少高危犯罪如恐怖主义犯罪的侦查本来就困难重重,"现代恐怖主义的组织化、网络化日趋发达和复杂,组织背后更是有着强大的资金和财力支持。"[①]很明显这一切交织在一起必将令侦查机关日后开展相应侦查活动不再那么顺风顺水,侦查机关自然会对此类立法不甚感冒甚至出现一定程度排斥。

第二,国内主要侦查机关存在着一定程度的彼此利益博弈,继而导致立法政策出现模糊偏移。在我国根据法律规定,具备法定侦查权的侦查机关包括公安机关、人民检察院、国家安全机关、军队保卫部门、监狱和海关走私犯罪侦查部门。[②]

---

① 倪春乐:《论反恐情报的证据转化》,载《中国人民公安大学学报》(社会科学版)2012年第4期,第131页。

② 值得一提的是,根据2016年11月中共中央办公厅印发的《关于在北京市、山西省、浙江省开展国家监察体制改革试点方案》相关规定,我国已开始试点设立监察委员会整合反腐败资源力量。不排除若日后试点效果明显,检察机关职务犯罪侦查权限会某程度向其或类似机构转移。具体可参见王姝:《试点国家监察体制改革 京晋浙将设监察委》,载http://www.jiaodong.net/zonghe/system/2016/11/08/013311432_02.shtml,2016年11月8日访问。

这其中最主要的侦查机关即公安机关,此外人民检察院在自身职责范围内也具备较大侦查权限。① 可公安机关和人民检察院,它们彼此间又长期存在一定程度的利益博弈,这同样影响到了相关立法政策。有学者甚至一针见血地指出,在技术侦查立法过程内,争议最大的问题并非如何保障基本权利落实法治原则,而是公安机关与人民检察院彼此间如何配置技术侦查权实现利益平衡之问题。② 例如《公安机关办理刑事案件程序规定》第 255 和第 256 条指出,"技术侦查措施是指由设区的市一级以上公安机关负责技术侦查的部门实施的记录监控、行踪监控、通信监控、场所监控等措施……","需要采取技术侦查措施的,应当制作呈请采取技术侦查措施报告书,报设区的市一级以上公安机关负责人批准,制作采取技术侦查措施决定书。人民检察院等部门决定采取技术侦查措施,交公安机关执行的,由设区的市一级以上公安机关按照规定办理相关手续后,交负责技术侦查的部门执行,并将执行情况通知人民检察院等部门"。由此不难发现,我国公安机关认为包括网络通讯监听在内的技术侦查措施的批准和执行都必须由它决定。但该规定并未得到人民检察院完全认同,最高人民检察院颁布的《人民检察院诉讼规则(试行)》第 263 条主张,"人民检察院在立案后,对于涉案数额在十万元以上、采取其他方法难以收集证据的重大贪污、贿赂犯罪案件以及利用职权实施的严重侵犯公民人身权利的重大犯罪案件,经过严格的批准手续,可以采取技术侦查措施,交有关机关执行。""可以采取技术侦查措施"的省略性表述即意味着人民检察院并不认为含网络通讯监听在内的技术侦查措施的批准一定要经过公安机关。"交有关机关执行"的含糊描述更暗示着人民检察院自身甚至其他部门都有可能成为"有关机关"。在国内主要侦查机关利益博弈下,立法政策自然只能摇摆不定出现模糊偏移。如此一来,现行《中华人民共和国刑事诉讼法》作为我国最高级别

---

① 根据现行《中华人民共和国刑事诉讼法》第 18 条的规定,"刑事案件的侦查由公安机关进行,法律另有规定的除外。贪污贿赂犯罪,国家工作人员的渎职犯罪,国家机关工作人员利用职权实施的非法拘禁、刑讯逼供、报复陷害、非法搜查的侵犯公民人身权利的犯罪以及侵犯公民民主权利的犯罪,由人民检察院立案侦查。对于国家机关工作人员利用职权实施的其他重大的犯罪案件,需要由人民检察院直接受理的时候,经省级以上人民检察院决定,可以由人民检察院立案侦查。"由于贪污贿赂犯罪、国家工作人员、国家机关工作人员相关犯罪在实践中出现较多,人民检察院的侦查权适用范围自然也比较广。而国家安全案件、军队和监狱内部犯罪、走私案件相对较少,国家安全机关、军队保卫部门、监狱和海关走私犯罪侦查部门侦查权动用频率无疑就要小很多。

② 参见程雷:《论检察机关的技术侦查权》,载《政法论丛》2011 年第 5 期,第 95 页。

刑事程序法在第148条中作出"公安机关在立案后，……根据侦查犯罪的需要，经过严格的批准手续，可以采取技术侦查措施。人民检察院在立案后，……根据侦查犯罪的需要，经过严格的批准手续，可以采取技术侦查措施，按照规定交有关机关执行"之含糊粗略规定也就见怪不怪了。

第三，普通民众难以广泛有效影响到相关立法政策。权力和权利之间的合作、竞争、对抗乃至博弈一直是国家与个人彼此永恒的话题。尽管常识告诉我们，普通民众对诸多社会事务阐述的情绪、意见及愿望，难免带有过分朴素道德性（受传统伦理道德观左右）、非理性（往往系短期行为未经过长远思考）、难衡量性（民众自身范畴难以于具体界定）和草根娱乐化（如仅单纯在网络社区等公共场合进行嘲讽调侃）等负面特征，但它毕竟是广大公民尤其是非特权范畴的中下层民众真实诉愿之鲜活体现。"中下层大众是社会主体，他们在数量上的力量是惊人的，他们的立场直接决定了任何一种的合法性。"[①] 只有真正保证大众话语、精英话语和法言法语三分天下均受到平等重视，相关立法才能更加趋向人性化引起大众共鸣。新中国成立后，我国众多法律起草、修改和具体个案司法运作实质上都明确考虑到了民众充分表述自身意愿之重要性。譬如较早的1954年宪法出台、1982年宪法修订、1989年行政诉讼法制定等事先无不广泛征求各界社会民众意见。到了2008年以后，原则上更是所有法律草案都被要求公开听取意见。[②] 但可惜的是，侦查活动开展终究不同于其他法律实践运作。侦查活动本身的隐秘不公开特征就已经客观要求着它不能被普通民众过多了解，加上网络通讯监听等新兴技术侦查措施还具备着极强的高科技特性，非专业人士也很难对其有充分了解。[③] 如此下来，普通民众显然便无从真正广泛有效影响到网络通讯监听等新兴技术侦查措施之立法政策。

---

① 王玉玮：《民粹主义：中国当代电视文化的一种话语实践》，载《戏剧——中央戏剧学院学报》2009年第4期，第118页。
② 参见王周户：《法律体系形成背后的民意博弈》，载《人民论坛》2011年第9期，第62—63页。
③ 有时甚至连一些国内著名刑事诉讼法学家对高度隐秘的技术侦查措施也了解极少。譬如2007年著名刑事诉讼法学者陈卫东教授在观看了技术侦查演示后也表示"非常震惊"。具体可参见王震：《探析现阶段立法细化技术侦查规则的瓶颈》，载《东南法学》2015年第1期，第94页。

2. 立法技术上未能全面跟紧信息社会步伐

立法技术,狭义上一般多指在立法活动中对法律法规的起草与制定有最直接意义的法律法规文本结构安排技术、文字表述技术和立改废释形式之总称。① 立法技术发达成熟与否往往和立法科学化程度息息相关,大凡立法技术愈发达愈成熟,立法也越具备科学性。目前我国涉及侦查中网络通讯监听的法律规范语焉不详甚至大量缺失现象之频繁出现,一个很重要的立法障碍即我国立法技术未能全面跟紧信息社会步伐。

首先,对法律法规文本结构安排技术而言,我国涉及侦查中网络通讯监听的法律规范尚处于从"原子"向"比特"过渡之中间阶段。在传统社会和信息社会未发展到云计算、大数据阶段时,国家围绕物理载体与相关设施展开对数据信息之法律规制无疑有着合理性。因为此刻人们大多生活于传统社会,即便有了计算机、互联网构成的早期信息社会,数据信息主要依旧是凭借电话、电视、光盘等方式传输。物理世界的原子化结构意味着数据信息不太可能出现超越公权力控制范围的大规模扩散。故一国根本大法——现行《中华人民共和国宪法》第40条仅简单规定"中华人民共和国公民的通信自由和通信秘密受法律的保护。除因国家安全或者追查刑事犯罪的需要,……任何组织或者个人不得以任何理由侵犯公民的通信自由和通信秘密。"该条文非常简略,在宪法典整个结构设置中也并不特别醒目。这便是用上世纪80年代传统社会物理世界"原子"治理模式来规范当前社会的例证。但这种治理无法适应爆炸式增长的数据信息流"比特"发展需要,所以到了现行《中华人民共和国反恐怖主义法》中,第19条便明确规定"电信业务经营者、互联网服务提供者应当依照法律、行政法规规定,落实网络安全、信息内容监督制度和安全技术防范措施,……发现含有恐怖主义、极端主义内容的信息的,应当立即停止传输……"不过可惜的是,此类法条在涉及网络通讯监听侦查活动的法律规范中并不多见,而且大部分仍显得相当简略,占据的位置在法典整个结构上也不显著。故我国相关法律法规文本结构安排技术现今还处于由"原子"向"比特"过渡之中间阶段。若不能全面迎合当前信息社会需要,在法律制度文本结构上更加凸显信息化语境要求,即便制定了有关法规也只会四处碰壁。

第二,对文字表述技术而言,缺乏根据当前信息社会需要的精确立法语言。

---

① 参见李高协:《浅议地方立法技术及其规范》,载《人大研究》2015年第3期,第40页。

从前述可知,现今我国涉及侦查中网络通讯监听的法律规范很多都非常粗糙,在文字表述上显得主语缺失、语义模糊,造成了较严重的法律适用不确定性。譬如现行《公安机关执法细则》第七章《计算机犯罪现场勘验与电子证据检查》认为"在线分析是指在现场不关闭电子设备的情况下直接分析和提取电子系统中的数据",这里便欠缺明确的主语,令人觉得用语很不规范;现行《中华人民共和国反间谍法》第12条规定"国家安全机关因侦察间谍行为的需要,根据国家有关规定,经过严格的批准手续,可以采取技术侦察措施",这里的"严格的批准手续"究竟是指国家安全机关自己审批抑或交由专门机关审批,"严格"又具体指代什么,都十分含糊,不由让人觉得无所适从。因此,若不能遵照现今信息社会实际需要阐述出精确的立法语言,该法律规范效果必将大打折扣。

第三,对立改废释形式而言,普遍缺乏对移动互联网之重视。现今我国涉及侦查中网络通讯监听的法律规范之创立、修改、废止和解释,主要仍停留于"个人电脑时代"。如现行《公安机关执法细则》第七章《计算机犯罪现场勘验与电子证据检查》认为"在线分析是指在现场不关闭电子设备的情况下直接分析和提取电子系统中的数据""远程勘验的目的是通过网络对远程目标系统实施勘验,以提取、固定远程目标系统的状态和存留的电子数据"等,主要都是针对早期信息社会的个人电脑运用来制定的。不过发展到移动互联网时代,互联网一方面较过去更加开放,另一方面它又更容易被极少数IT业巨头把持。使用者的网络通讯数据信息大多储存于"云"端,无论个人隐私抑或财产都慢慢演化成了一种"云"服务。假设我们创立、修改、废止和解释依旧主要着眼个人电脑终端停滞不前,那就只能是本末倒置偏离时代的发展。对此法学大师波斯纳早就指出,"法律是一种活动,而不是一个概念或一组概念。"①

3. 立法效益上对侦查中网络通讯监听运用存在片面估计

所谓立法效益,即立法总收益与立法总成本相减产生之净收益。② 对拟定或已经发布的法律规范相关效益进行科学评估,乃判断是否有必要制定或出台某项法案、是否需调整、废止某法案的重要标尺。苏力先生也早就告诫我们应该"遵循

---

① [美]理查德·A.波斯纳著:《法理学问题》,苏力译,中国政法大学出版社2001年版,第573页。
② 参见汪全胜:《立法效益论证问题的探讨》,载《社会科学研究》2006年第3期,第87页。

效用最大化的标准,要用最少的钱办最大的事"。① 但可惜的是,在立法效益上,当前我国对侦查中网络通讯监听运用存有片面估计,这同样阻碍到了相关法律规范的出台。

第一,就立法具体方案选择而言,片面认为对侦查中的网络通讯监听活动专门设置法律规范可能导致其效益低下。因为是否要针对某类特殊现象进行立法,必须先实施预评估,然后方可决定如何选择特定的立法方案。但选择具体立法方案,又势必应先解决两个关键前提,即是否需要法律规制以及究竟选择何种法律规制方案进行规制。由于网络通讯监听实施起来方便快捷隐蔽且成本低,能够较传统侦查方式更迅速精准打击犯罪,若就其加以法律规范严格束缚,不但会增加许多不必要的成本开支(如立法本身耗费成本和司法审查约束等),更会限制到它的高效开展贻误战机。况且公安机关作为最主要之侦查机关,掌握着除侦查权以外极其庞大的国家公权力,它完全可以通过其他方式实施更快捷简便的技术侦查控制(如动用行政权力)。因此予以法律规制并无太多必要,"法逾密而天下之乱即生于法之中,所谓'非法之法'也",②法网恢恢,只会讼累不堪。即便真的要采取法律规制方案,法律规范设置也宜粗不宜细,因为太过于绵密细致的法律制度设计很难完全跟紧飞速发展之时代步伐。不过很明显,此番做法难免有失偏颇。毕竟从长远看,设置法律规范虽有可能增加一定成本并导致侦查活动效率较以往有所降低,但对社会整体人权保障来说,则会完备周密得多。因为若不加以法律制度约束控制,而转以其他方式实施技术侦查规制尤其是动用侦查机关自身行政权予以管控,效果并不乐观。有学者就曾忧心忡忡地反问道,"在整体化的管理体制和凝聚力较强的职业文化中,侦查权力机构有多少查处自身违法行为的意愿、动力和客观性?"③另外,假设我们仅设置非常粗疏的法律规范予以约束,同样会造成效益低下。因为网络通讯监听是一种高技术互联网通讯监听方式,法条过于简略带来的无所适从难以操作,依旧会令其实施起来举步维艰。至于法律制度设计很难完全跟上快速发展的时代脚步,这更多是一个法条具体如何表述以及立法技术该如何巧妙运用的问题,不应成为回避相应立法之借口。

第二,就具体立法程序正当性而言,片面夸大了外部因素对立法程序正当性

---

① 苏力著:《法治及其本土资源》,中国政法大学出版社1996年版,第97—98页。
② 《明夷待访录·原法》。
③ 杨郁娟著:《侦查权的逻辑与经验》,中国人民公安大学出版社2010年版,第164页。

阻碍进而造成的效益低下。正当的立法程序对立法效益来说,无疑非常重要。终究程序本身就蕴含着公平正义之崇高价值,通过此种程序又能促进我们实现实体上的公平正义。而效益本身便包含着经济效益和社会效益两大块,立法程序正当性不但确保着相关立法经济效益的实现(如保障顺利开展侦查活动查明案件真相追回赃款赃物、对犯罪行为人课以罚金、维持正常市场经济秩序等带来的最优化经济效益),也促使着相关立法社会效益的实现(如保障侦查活动有效开展做到迅速惩罚犯罪、预防犯罪、补偿安抚被害人和其他社会公众的最优化)。但在立法具体程序中,不排除某些强势集团拥有垄断地位话语权,造成立法程序上不能真正做到让不同主体充分表达自己意见。譬如国内有学者就认为,出于侦查活动保密、迅速打击犯罪和保持权力垄断的需要,侦查机关难免会尽量排斥相关法律制度之约束。"至于技术侦查制度涉及的其他利益,诸如人权保障等因不属于甚至不符合本部门利益,侦查部门自然不会关注甚至因与本部门利益冲突而极力排斥。"①诚然,在网络通讯监听等技术侦查措施立法方面,侦查机关肯定会相对更加力量强势些并且具备着自己的部门利益,但我们不能过分夸大此等外部因素之阻碍。"……它使人倾向于夸大当前面临的网络安全威胁,易于相信政治家、媒体和企业的威胁渲染,并为相关利益团体借此谋利提供了可能。"②对于这些问题,完全可以通过对立法具体程序进行科学合理设计来消解。如为保障实现社会各界利益平衡,通过发布详尽指南或咨询准则,让社会公众和相关利益者都能广泛参与并发表评估意见,同时对相关法规草案及说明、它将解决的问题、可替代措施、与其他法律规范之比较等都非常详细地广泛告知普通民众,从而尽量减少外部因素阻碍令立法具体程序更具备正当性,防止效益低下。

第三,就具体立法实施而言,片面认为对侦查中的网络通讯监听专门设置法律规范所取得之收益与实施成本相比得不偿失进而将造成效益低下。根据法理学基本原理可知,法律实施成本一般包括执法成本、守法成本和违法成本三部分。执法成本和守法成本越高,而违法成本越低,则法律实施成本就高。当收益保持不变时,实施成本水涨船高,自然立法实施效益就会愈发低下。在执法成本上,由

---

① 王震:《探析现阶段立法细化技术侦查规则的瓶颈》,载《东南法学》2015 年第 1 期,第 93 页。
② 刘建伟:《恐惧、权力与全球网络安全议题的兴起》,载《世界经济与政治》2013 年第 12 期,第 45 页。

于我国迄今从未对侦查中的网络通讯监听专门设置法律规范,它又具备浓郁的高科技特征,若日后制定了相应立法,很可能就必须配备专门的执法机构、相关硬件设施,并对这类新法律法规进行广泛宣传①以及实施众多执法监督。此类成本开支不容小视;在守法成本上,习惯了网络通讯监听带来诸多侦查便利的侦查机关,难免会借助侦查活动隐秘性和自身的强势地位在实践操作中对法律规范"灵活变通"。以反恐侦查为例,有学者就辩称,"……减少情报披露的限制,促进部门间的信息交流,对于提高反恐效率是非常重要的。"②而普通民众对网络通讯监听等新兴技术侦查措施所知甚少,绝大多数民众均普遍缺乏网络安全意识。这么一来,为确保相应立法得到广泛遵守,守法成本投放也非常高昂;在违法成本上,因网络通讯监听高技术色彩浓厚,即便计算机信息科学专业人士有时候也难将侦查机关的非法网络通讯监听和合法网络监管行为予以精确区分,加上当前我国程序正义理念尚未完全确立且侦查机关自身非常强势,要对相关人员着手非法网络通讯监听侦查活动的责任有效追究并不容易。故违法成本又会变得非常之低。毕竟若立法者设定的侦查权功能无法适应社会现实,就将导致侦查权设计功能在本源上就不具备充分实现之条件,令侦查权实际功能与设计功能差距巨大。③ 不过,这种对具体立法实施之判断仅仅看到了在当前中国社会专门设置网络通讯监听侦查活动的法律规范后短期内可能出现之种种困难,却忽略了社会是不断朝前进步的。一开始或许执法成本、守法成本都会显得相对较高,违法成本则相对较低,但随着法律规范日渐深入人心和法律信念、法律意识的成功塑造,执法成本、守法成本自然将慢慢降低,违法成本则会越发高昂。法学大师昂格尔早就指出,"人们遵守法律的主要原因在于,集体的成员在信念上接受了这些法律,并且能够在行为上体现这些法律所表达的价值观。"④所以若从长远来看,立法实施成本将呈现下降趋势,具体立法实施效益必会不断提高实现最优化。

---

① 基于技术侦查的保密性,毕竟以前绝大多数普通民众都并不了解网络通讯监听等技术侦查措施。
② 康海军:《反恐侦查权与反恐侦查措施研究》,载《犯罪研究》2008年第3期,第76页。
③ 参见杨郁娟著:《侦查权的逻辑与经验》,中国人民公安大学出版社2010年版,第78—79页。
④ [美]R. M. 昂格尔著:《现代社会中的法律》,吴玉章、周汉华译,译林出版社2001年版,第29页。

第六章

我国侦查中的网络通讯监听法制化具体建构设计

美国法理学大师德沃金曾言,"如果法律不能充分解决由社会和经济的迅速变化所带来的新型的争端,人们就会不再把法律当作社会组织的一个工具加以依赖。"①既然侦查中的网络通讯监听实现法制化在现代信息社会具备着极其雄厚的现实和理论基础,国外尤其是西方发达国家还有不少实践经验可供我们借鉴,而刚巧当下我国侦查中的网络通讯监听活动无论就相关法律制度或具体运作层面以及在云计算条件和大数据语境下之新变化来说都暴露出了诸多困惑,且这些困惑大多又是跟现今中国社会语境联系在一起方才产生的自我症结,因此,我们无疑须针对当前中国社会语境内侦查中网络通讯监听所暴露出的众多问题展开量体裁衣、对症下药式的法制化方略建构。秉持"理论演绎"—"实证分析"—"对策建构"之脉络主轴,本章作为全书法制化方略设计最终解决问题的收尾部分,将对我国侦查中网络通讯监听法制化的具体建构对策予以全方位探讨,从而力求能够最终为司法改革、实现法治中国起到抛砖引玉之效。

---

① [美]罗纳德·德沃金著:《认真对待权利》,信春鹰、吴玉章译,中国大百科全书出版社1998年版,第2页。

第一节　我国侦查中网络通讯监听法制化的实现目标与基本框架

从前文可知,法制化乃国家实现法制的动态过程,它主要强调依靠法律制度的确认、规范、调整和保护(纳入法制轨道)令国家与社会基本关系、主要活动能够按合理高效的现代原则运行并不断朝着法治国家迈进。① 由于当前在我国法律体系上,涉及侦查中网络通讯监听运用的法律规范大多较简陋粗疏甚至缺位,真正直截了当能详尽具体对侦查中网络通讯监听活动作出明确规划引导的极其罕见,继而给实际运作造成了极大困惑,因此笔者认为,现今我国侦查中的网络通讯监听远未达到法制化之基本要求,当前诸多相关法律制度根本无法促使相应社会关系、主要活动遵照合理高效的现代原则运作与法治国家要义吻合。这样,展开全方位法制建构,保障侦查中的网络通讯监听法制化充分获得实现便势必异常关键。

所谓实现目标,即行为最终想要达到之目的。在法制化具体建构上,法律制度设置抑或说立法自始至终均乃最关键一环。终究立法系特定主体(如议会、国家杜马、人大等)根据职权和程序凭借一定技术制定、变动和认可法这种特定社会规范之实践活动,假设事先根本未制定出科学合理完整的法律制度并予以颁布施行,那法制化自然无从谈起。不过,光有法律制度的笼统出台仍是远远不够的。因为法律的具体贯彻实施还需要仰仗林林总总各方面(如司法、守法方面等)强力措施之有效支撑,否则它依旧是无本之木、无源之水。故我国侦查中的网络通讯监听法制化具体实现目标即力图通过国家立法程序将那些与当前信息社会发展需要相吻合,较少损害公民人权、国家及社会整体利益②的网络通讯监听侦查活动予以国家确认、保护,并对那些背离当前信息社会发展需求易给公民人权、国家

---

① 参见宋蕾、陈涛:《侦查学视野下的我国侦查法制化探讨》,载《犯罪研究》2010 年第 3 期,第 18 页。
② 当网络通讯监听得不到法律引导制约造成侦查权被滥用和严重司法伦理困惑时,国家、社会整体利益无疑都将受到损害。

和社会整体利益造成较大损害的网络通讯监听侦查活动实施严格规制,依法规范、调整侦查机关实施网络通讯监听形成的各种法律关系,确保其真正做到兴利去弊。

围绕这一法制化实现目标,笔者设定了法制化建构的基本框架:首先,在立法上,从宏观宪法环节和微观专门化法律环节展开相应立法设计。既在最高法律位阶上从广义角度对侦查中的网络通讯监听活动予以确认、规范、调整、保护,又通过具体法律文本设置来全面细致引导、约束侦查中之网络通讯监听活动;其次,在司法上,设立专门性司法审查机关并明确非法网络通讯监听之具体法律责任;再次,在守法上,必须树立起正确的信息社会侦查情报观、推进健康的侦查文化建设并不断提高普通受众的法律认同度;最后,在其他相关层面保障举措上,应于技术创新层面重点突出高新技术在网络通讯监听中的科学运用、多维监督层面创设全社会范畴的多维监督约束体系、国际合作层面促成各国互联网相关合作,继而全面保障侦查中的网络通讯监听兴利除弊。在下文,笔者将围绕该基本框架对侦查中的网络通讯监听在我国如何进行具体法制化建构展开详尽探讨。

第二节 立法层面的法制化具体建构设计

一、宏观宪法环节:信息社会新兴权益保护条款入宪

宪法作为主权国家根本法度,它乃公民基本权利义务、国家总体运作模式的纲领性设计,体现着道统、政统和法统彼此间之基本理性关系。一国范围内的任何人、任何事、任何机构及其他任何法律制度都必须居于宪法之下受其全面约束。如此一来,假设某些事物、行为、活动能够于国家宪法层面获得最普遍意义之调整、规范,那符合宪法要求的合法性与正当性自然将得到最大化彰显。至于不符合宪法要求的,则在根本大法层面就将被彻底否认,进而受到法律的严格规制。由于侦查中的网络通讯监听在打击犯罪同时,最容易侵犯的便是普通公民在信息社会比比皆是的网络通讯自由权、网络隐私权、网络言论自由权、网络私有住宅不受侵犯权和网络私有财产不受侵犯权等人权,而这些与信息社会相对应的新兴权益在我国现行宪法中又缺乏明确具体之规定,加上宪法作为国家根本大法也不可能直接对网络通讯监听等技术侦查的微观问题作出详细规范。故笔者认为,若想网络通讯监听此等侦查微观层面的活动彻底实现法制化受法律引导规范,在宏观宪法环节最适宜的法制化建构设计即让网络通讯自由权、网络隐私权、网络言论自由权、网络私有住宅不受侵犯权和网络私有财产不受侵犯权等信息社会新兴权益顺利入宪。只要这些信息社会新兴权益明确载入宪法条文中去了,它们就获得了国家根本大法的明文保护,开展网络通讯监听侦查便会有着宪法的约束令,侦查机关不敢轻易逾越法律界限,从而使侦查中的网络通讯监听法制化具备充足之宪法底蕴。

那么,网络通讯自由权、网络隐私权等信息社会新兴权益入宪又是否具备相应合理性呢?毕竟宪法作为国家根本大法不可能事无巨细地将社会生活各类大大小小事务均收入囊中,宪法能予以明文规范的往往只局限于法律规则最低限度的原则性范畴事项。① 笔者认为,对网络通讯自由权、网络隐私权等信息社会新兴权益来说,答案必然是肯定的。

首先,网络通讯自由权、网络隐私权等信息社会新兴权益成功实现入宪能够令宪法与当前社会结合得更加紧密,达到宪法权利保障体系营建的全面性。"一个时代企图为下一个时代设计制定不可更改的永恒规范,会导致法律机制自身走向消亡的格局。"②我国现行宪法是上世纪80年代初制定的,它更主要是为了适应20世纪80年代乃至以后较长一段时间中国社会需要而颁行之根本大法。众所周知,20世纪80年代以及初步迈向市场经济的90年代中国都只能算作传统工业社会。那个时代连现今已面临淘汰的家用固定电话、有线模拟信号电视都尚未普及,"自行车王国"、蒸汽机车头、寄信件发电报的邮电局等实可谓当时之典型社会特征。就算到了90年代中期,个人电脑开始走向校园和部分小康之家,互联网和信息社会依旧是普通大众几乎闻所未闻的新鲜事物。这么一来,《中华人民共和国宪法》自然更多针对的是这样一种传统工业社会秩序。宪法典第40条规定

---

① 参见高景芳:《论职业自由入宪》,载《青岛科技大学学报》(社会科学版)2011年第1期,第82页。
② [美]罗斯科·庞德著:《普通法的精神》,唐前宏、廖湘文、高雪原译,法律出版社2001年版,第74页。

"中华人民共和国公民的通信自由和通信秘密受法律的保护……"中的"通信"当时显然就主要指80年代、90年代公民固定电话通讯、通过邮局邮寄各种信件(普通平信、挂号信甚至汇款单上的通信信息)、拍电报以及公民彼此以言语方式实施之交流。这种"通信"无疑和当前信息社会语境下的"通信"大相径庭。因为在当前信息社会语境下,人们"通信"主要是通过移动电话、互联网通讯工具(如QQ、E-mail、飞信、微信等)完成。尽管宪法作为国家法律根本基石,稳定性至关重要,而且若我们做广义扩张性理解,《中华人民共和国宪法》第40条依旧可以正常适用,但不免显得它不能够完全紧密契合网络环境、信息社会,时代气息相对有所欠缺。"宪法是一个无穷尽的、一个国家(nation)的世代人都参与对话的流动的话语。"[1]假设将网络通讯自由权、网络隐私权等信息社会新兴权益以某种方式成功载入现行宪法,自然会令人觉得时代气息扑面而来。另外,这对全面实现宪法权利保障体系营建也大有裨益。因为法律系人权保障之法,作为一国各大法律法规基石的宪法就更是如此。不过可惜的是,目前我国宪法内对公民各项权益的阐述多仅限传统领域,对信息社会新兴权益几乎未曾提及。例如现行《中华人民共和国宪法》第33—48条对公民选举权、被选举权、言论、出版等各项权益的保护,均没有专门针对信息社会涌现之各类新兴权益。若笼统将传统权益做广义理解来覆盖信息社会新兴权益,难免产生法律漏洞。久之,宪法权利保障体系也会出现纰漏——因为网络通讯自由权、网络隐私权等信息社会新兴权益无法获得宪法直接确认,当侦查机关以维护国家安全、社会整体利益等名义展开网络技术侦查时,要么普通公民便很难有效依靠宪法维护其各项正当权益,要么侦查机关就由于法律规定模糊而畏首畏尾不敢大胆使用相关侦查措施放纵了犯罪。

第二,网络通讯自由权、网络隐私权等信息社会新兴权益成功实现入宪能够对侦查中的网络通讯监听完成法制化起到总领全纲之奇效。毫无疑问,侦查中的网络通讯监听作为信息社会产生的一类高科技侦查方式,它若要实现法制化在法律引导、约束下合理妥善运作,首先必须获得国家最高位阶法律之认可。但能明确载入宪法的均为一国范畴最基本的事项,侦查中的网络通讯监听仅属于刑事诉

---

[1] 转引自苏力著:《法治及其本土资源》,中国政法大学出版社1996年版,第264—265页。

讼领域一微观细节问题，想直接将它纳入宪法文本在技术层面困难重重。① 并且假设人们真的这样做了，也不免令宪法日渐工具主义，趋于臃肿化实行起来难度不小。② 另外，虽然我国现行宪法部分条文也对一些广义上侦查中的网络通讯监听活动实施了规范，如现行《中华人民共和国宪法》第35条规定"中华人民共和国公民有言论、出版、集会、结社、游行、示威的自由"，第40条指出"中华人民共和国公民的通信自由和通信秘密受法律的保护。除因国家安全或者追查刑事犯罪的需要，由公安机关或者检察机关依照法律规定的程序对通信进行检查外，任何组织或者个人不得以任何理由侵犯公民的通信自由和通信秘密"，但它们终究过于抽象模糊，只是广义上从言论自由、通信自由与通信秘密展开保护，在根本法层面起到的引导、规范侦查中的网络通讯监听活动之效应必然大打折扣。故若明确将网络通讯自由权、网络隐私权等信息社会新兴权益写进宪法文本，对正当的信息社会新兴权益进行清晰界定，那无疑既可以在技术层面避免因侦查中的网络通讯监听法制化问题过于琐碎难以入宪之尴尬，还最大限度减少了现行条款不够具体明确导致的宪法文本缺陷，进而在国家根本大法对信息社会新兴权益进行明文设定前提下就侦查中的网络通讯监听活动起到总领全纲的合法统率作用。日后若

---

① 以近年理论界和司法实务界呼吁较多的一些入宪事项为例，它们大多系人性尊严、法治、生命权、和平权、环境权、知识产权等最根本性权益问题，鲜有涉足微观细小事项的，毕竟同宪法条文修订相关联的更多是一种全国范畴的宏大叙事。故要将侦查中的网络通讯监听此类刑事诉讼领域微观权益要求和国家宏大叙事平行并列写入宪法文本，这在立法技术上便显得格格不入。对近年理论界和司法实务界呼吁较多的一些入宪事项，具体可分别参见庞锋：《论人性尊严入宪的意义与实现之路》，载《武陵学刊》2016年第1期，第61—65页；程燎原：《现代世界各国的"法治入宪"：一个全球性的法治浪潮》，载《现代法学》2016年第4期，第3—13页；赵玉红：《对生命权入宪的法律思考》，载《内蒙古农业大学学报》(社会科学版)2009年第4期，第33—35页；杨海坤、杜学文：《和平权入宪刍议》，载《河南省政法管理干部学院学报》2010年第6期，第19—29页；刘白瑞：《我国环境权入宪的路径研究》，载《河南工业大学学报》(社会科学版)2016年第2期，第39—46页；刘建辉：《论知识产权入宪与财产权入宪的关系》，载《江汉大学学报》(社会科学版)2011年第1期，第89—93页。

② 由于我国和美国等能直接援用宪法条文进行司法判决的国家不同，在我国，近十多年来除了山东齐玉苓案等个别案件外，宪法条文鲜有受到法院审判直接使用的。既然宪法如何真正具体实现司法化（无论是利用宪法进行司法判决或者根据宪法实施违宪审查）在我国迄今尚无定论，那即便未来真将侦查中的网络通讯监听写入国家宪法，此等琐碎条款要得到具体贯彻执行亦绝非易事。对山东齐玉苓案，具体可参见强世功：《宪法司法化的"误区"？——从"宪法司法化"的话语悖论看国家转型的宪政悖论》，载梁治平主编：《法治在中国：制度、话语与实践》，中国政法大学出版社2002年版，第185—235页。

凭借此条款为基本依据,制定具体的侦查中网络通讯监听乃至整个技术侦查相关法律制度都会显得越发底气十足。

不过具体言之,因考虑到信息社会始终仍处于不断向前发展演变的状态,信息社会内究竟会诞生出多少新兴权益迄今还是未知数,故为尽量减少成文法的僵化性防止出现国家根本大法层面之权益保护漏洞,这种网络通讯自由权、网络隐私权等信息社会新兴权益入宪的法条设计就不宜过于具体化而应更多赋予其高度概括性并彰显宪法之时代感。所以笔者主张,相关宪法法条便可设置为:"随着人类迈入信息社会,各种信息社会新兴权益普遍涌现。中华人民共和国公民有网络言论、网络集会、网络结社、网络游行、网络示威的自由。中华人民共和国公民的网络通讯自由权、网络隐私权、网络私有住宅不受侵犯权和网络私有财产不受侵犯权等信息社会新兴权益受法律的保护。①除因国家安全或者追查刑事犯罪的需要,由公安机关或者检察机关等侦查机关依照法律规定的程序对相关数据信息进行检查外,任何组织或者个人不得以任何理由侵犯公民的各种信息社会新兴权益。"这么一来,当网络通讯自由权、网络隐私权等信息社会新兴权益成功载入宪法文本令合理正当的信息社会新兴权益被国家根本大法认可后,有了宪法这一最强有力之后盾,我们就可从容不迫地遵照宪法相应条款规定实施具体信息社会新兴权益法律保障行为——侦查中网络通讯监听活动的法制化微观制度详尽建构,从而确保彻底实现侦查中网络通讯监听的法制化。

二、微观专门化法律环节:积极设置涉及侦查中网络通讯监听的相关法规

在微观专门化法律环节积极着手设置相关具体法律规范对真正全面实现侦查中的网络通讯监听法制化来说乃关键一步,因为进行信息社会新兴权益入宪只能算作在国家根本法律纲领上替引导、约束侦查机关的网络通讯监听等技术侦查措施划出宏观框架奠定基础,但它终究不可能详尽透彻地勾勒出侦查中的网络通

---

① "网络言论、网络集会、网络结社、网络游行、网络示威"的立法表述主要系为了同现行《中华人民共和国宪法》第35条中的"中华人民共和国公民有言论、出版、集会、结社、游行、示威的自由"相对应。"网络通讯自由权、网络隐私权、网络私有住宅不受侵犯权和网络私有财产不受侵犯权等信息社会新兴权益"的立法表述主要是考虑到要全面完整具体界定信息社会新兴权益很难实现,因此只能用"等"字的表述进行替代并以此彰显出宪法典紧贴信息社会的时代感。另外,本法条的设置还有待现行宪法其他法律条文的完善作为辅助补充,例如现行宪法对隐私权保护之明文规定等。

讯监听活动各项具体法制化要求。故若要从立法层面真正令众多侦查中的网络通讯监听活动纳入法制轨道,就必须积极设置与之对应的相关法规。哲人亚里士多德早就说过,"真想解决一国的内忧,应该依靠良好的立法,不能依靠偶然的机会。"①

（一）立法体例选择

立法体例,即立法者遵照某部立法文件的立法理念、立法内容的特点,根据某种理论逻辑形成的立法文本结构。② 具体来说,它又包括内在立法体系与外在立法结构。前者多指法律体系安排、条文之间关系及布局问题;后者系法律外部表现形态,主要表现为一般法与特别法、基本法与单行法关系等。③

首先,对内在立法体系而言。在法律体系安排、条文之间关系、布局上,笔者认为至少应当依次涵盖基本原则、适用范畴(含实施主体和适用范围、方式)、具体运作程序、监督救济程序、信息社会刑事诉讼证据规则(如网络非法证据排除规则)、特殊除外规定和信息社会无害错误规则七大方面。毕竟基本原则对相关法律起着宏观引导作用;适用范畴则明确指出了究竟谁有权在哪一类侦查活动中实施网络通讯监听以及网络通讯监听具体实施方式有哪些;具体运作程序则一一指明了侦查中网络通讯监听开展必须遵循的法律步骤;监督救济程序为尽量减少侦查中网络通讯监听开展造成的负面效应提供着必要弥补;信息社会刑事诉讼证据规则从全新信息社会而非传统社会视域出发对原有刑事诉讼领域证据规则尤其是对非法证据排除规则等根据时代需要进行了适当修正,这无疑较原先证据规则更能满足侦查中的网络通讯监听活动需要;而特殊除外规定,则是考虑到监听的具体情形多种多样,网络通讯监听又是一类新兴技术侦查措施,对于某些特殊情况理当采用特殊方式予以规范;至于信息社会的无害错误规则,主要是基于互联网环境明显不同于传统现实环境,出现了很多新情况,事实问题和法律问题相对更加复杂多变。在二审、死刑复核和审判监督程序中,后续法院若发现原审法院或死刑报请复核法院案件审理存在错误,应对这类错误进行合理判断以决定是否需维持原判决继而灵活把握程序正义和实体正义间的利益平衡。

---

① ［古希腊］亚里士多德著:《政治学》,吴寿彭译,商务印书馆1965年版,第102页。
② 参见周刚志:《公共文化服务之立法体例刍议》,载《云南大学学报法学版》2013年第5期,第3页。
③ 参见陈明涛:《著作权立法体例修改之探讨》,载《北京社会科学》2015年第6期,第44页。

其次，对外在立法结构而言。根据现今各国制定法律的通常立法体例，在监听微观环节法律制度具体构建上大多存在两种不同立法模式：一是将其抽出单独制定法律法规，如美国1978年制定的《外国情报监察法》、日本1999年颁布的《关于犯罪侦查中监听通讯的法律》等；二是与其他已有法律明确规范的类似行为一起放置在共同的法律法规中，如英国2000年制定的《侦查权限法》、俄罗斯1995年颁布的《联邦信息、信息化和信息网络保护法》等。笔者认为，对侦查中的网络通讯监听而言，若单独予以立法，显然能够较全面、完整地对网络通讯监听侦查活动予以规范，既较科学系统化，又以单独立法方式凸显了立法机关对侦查中的网络通讯监听之重视程度。但它不足之处则在于网络通讯监听更多只是传统监听在网络环境下的演变，假设我们将网络通讯监听硬生生单独抽出来与传统监听、其他技术侦查措施分离，此等事无巨细单独立法的方式无疑成本较高且将导致刑事诉讼法整个体系发生分割，难免造成它与传统监听、其他技术侦查措施的不协调感。而若要将侦查中的网络通讯监听同其他已有法律明确规范之类似行为放置于共同法律内进行混合统一立法，成本虽然相对较低且能够将网络通讯监听制度较自然地融入到其他法律如《刑事诉讼法》《信息安全法》等法规中去，有效保障了法律协调完整性。但其缺陷同样明显，因为一来各种类似行为混同一体难免令侦查中的网络通讯监听自身重要性被无形降低；二来载入其他法律，如将网络通讯监听侦查活动涉及的各阶段法律问题一揽子全部列入《刑事诉讼法》中，又显得过于琐碎，造成《刑事诉讼法》内在立法体系日渐复杂。故考虑到这两类立法模式各有千秋，笔者特主张以一种折中的方式来处理其外在立法结构问题。即一方面鉴于《中华人民共和国刑事诉讼法》是我国刑事诉讼程序上最重要的法律，在现行刑事诉讼法典中对网络通讯监听相关内容实施原则化和有重点的规定；另一方面则由最高人民法院、最高人民检察院、公安部、国家安全部、司法部等相关部门联合颁布一部《关于办理刑事案件适用网络通讯监听若干问题的规定》对侦查中的网络通讯监听具体法律制度进行详尽规范。如此一来，相关法规便显得既较科学系统，体现了国家对侦查中网络通讯监听的重视，又避免了单独立法成本高昂[①]和置于共同法律下显得太庞杂琐碎。日后若时机成熟具有普遍化社会需要，我们还可伺机根据前期立法效果再专门由全国人大制定具备较高权威性之《通讯

[①] 毕竟出台司法解释、行政规章较之全国人大专门立法，相关成本还是要小许多。

监听法》或者《网络通讯监听法》。

(二)确立侦查中网络通讯监听的基本指导原则

所谓法律的指导原则,参照布莱克法律辞典的解释即"法律的基础性真理或原理,为其他规则提供基础性或本源的综合性规则或原理,是法律行为、法律程序、法律决定的决定性规则"。① 它映射着法律自身之理念和目标,对法律的具体运作起着高屋建瓴、通观全局的指引作用。故我国要进行微观专门化法律环节上的侦查中网络通讯监听立法,就务必应当先确立其基本指导原则,否则便极易导致法律实践操作的紊乱。②

那么,科学合理的侦查中网络通讯监听基本指导原则又应该是什么呢?笔者认为,顾名思义,基本指导原则无疑乃法律体系内普遍存在,体现立法的核心与灵魂且适用于各相关环节、领域和范围的基础性游戏规则。它既不等同于根本原则(或曰核心准则),亦不趋同于某些细微环节的具体原则(或曰具体操作方法),但它能起到根本原则与具体原则中间阶段的承上启下效用,很好地凝聚与统率整个法律体系。有鉴于此,侦查中网络通讯监听的基本指导原则根据其具体活动特点就宜主要囊括下列三方面。

一是程序法定原则。在信息社会的侦查活动中,实施网络通讯监听主要目的系为了更行之有效地打击那些高科技时代具有严重社会危害性的犯罪行为。但它若被拥有强大国家公权力的侦查机关恣意使用,不但公民的网络通讯自由权、网络隐私权、网络言论自由权、网络私有住宅不受侵犯、网络私有财产不受侵犯权等将受到严重侵害,侦查权也会被滥用且带来严重司法伦理困惑;反过来,若侦查机关基于各种顾虑不情愿或者畏首畏尾地启用网络通讯监听,又将放纵了犯罪。另外,前文所述我国侦查中的网络通讯监听极易与其他相似行为发生混淆,云计算、大数据的出现令侦查中的网络通讯监听日益趋向复杂化,很大程度也是源于网络通讯监听运用缺乏明确法律程序规范所致。"权力总是不断地争夺和蚕食法律的实质。"③故而,侦查中网络通讯监听的第一项基本指导原则便应当为程序法

---

① 转引自张文显主编:《法理学》,高等教育出版社、北京大学出版社1999年版,第74页。
② 当然因笔者主张相关外在立法结构采取折中方式,这些基本指导原则除了要在刑事诉讼法中有所体现得到国家刑事程序基本法认可外,为形成体系化,在司法解释等单独立法内也必须予以明确阐述。
③ [美]E.博登海默著:《法理学、法律哲学与法律方法》,邓正来译,中国政法大学出版社1999年版,第361页。

定,要求侦查机关实施网络通讯监听必须在法律有明文规定时进行。当法律无明确规定时,不得开展网络通讯监听活动。当法律有明确规定可以开展网络通讯监听活动时,则理应严格遵照法律设置的具体程序进行,绝不得越雷池半步。若侦查机关违背了相应法律规定,公民有权获得救济,违法实施的网络通讯监听侦查活动亦需承担法律责任。

二是相对适当性原则。侦查活动中动用网络通讯监听无疑是为了遏制犯罪,但犯罪的社会危害程度有高有低,假设任何刑事案件中都可以使用网络通讯监听,一则耗费了大量不必要的人力、物力、财力和时间,令侦查活动经济成本剧增;二则网络通讯监听范围必将变得越来越广泛,牵涉的相关人员亦愈来愈多,随之而来的各类合法权益被侵害概率自然也水涨船高,甚至慢慢演变成一张包罗全国民众的网络秘密监控大网。"国家权力对公民个人自由的限制或剥夺以仅达目的为己足,不能过度损害公民的个人自由,国家强制权对公民个人自由造成的损害应当控制在必要的最低限度之内。"[1]所以在侦查中的网络通讯监听运用上,必须强调相对适当性原则作为基本指针。只有存在特定原因,即围绕某些较严重的刑事案件方能使用网络通讯监听,情节轻微、简单明了的案件则不得启用网络通讯监听。并且网络通讯监听使用的具体强度(如具体监听适用方式、持续时间、涉及对象等)都必须根据要保护的公共利益和将侵害的公民人权大小进行合乎比例之取舍,尤其不能借助它来谋取个人私利甚至作为权力斗争之工具。

三是利益平衡原则。利益平衡原则在指导侦查中的网络通讯监听活动开展上也起着巨大聚合与统领价值。毕竟网络通讯监听作为一种技术侦查措施具备着浓郁强制色彩,其具体运作过程或多或少难免将伤及公民人权或国家、社会整体利益。如此一来,网络通讯监听侦查活动获取的数据信息在何种情况下方可充分具备证据能力呢?应当说这对于网络通讯监听侦查取证乃是一个最关键的问题,所谓"皮之不存,毛将焉附?"假设根本没有任何证据能力不能视作证据使用,那实施此次网络通讯监听侦查活动就毫无意义。而在证据能力分析评断上,利益平衡原则必然会发挥重要作用。因为倘若侦查机关启用网络通讯监听侵害公民人权和国家、社会整体利益微乎其微,其利益损害就几乎可以忽略不计,根据利益平衡原则它自然具备相应证据能力;倘若侦查机关启用网络通讯监听侵害公民人

---

[1] 武培:《强制侦查的司法化研究》,中国政法大学2006年硕士学位论文,第3页。

权和国家、社会整体利益较大,则需比照其造成的损害和据此查明案件真相所获取的利益大小进行分析评价。假如此等损害小于查明案情抓获真正犯罪嫌疑人从中获取的利益,两害相权取其轻,它便可具备证据能力,反之损害大则否认其效力。譬如在抢劫案件中犯罪嫌疑人借助 E-mail 将拍摄的抢劫之财物高清晰照片发给买家,侦查机关未经法定审查机关准许就直接利用拦截软件将电子邮件予以成功截获,并故意模仿买家口吻发电子邮件给犯罪嫌疑人继续获取案件有价值信息。尽管此时侵害到了犯罪嫌疑人和赃物买家的网络通讯自由权和网络隐私权,但这种权益侵犯相对较低不会大于或等于据此查明抢劫罪案情抓获真正犯罪嫌疑人获取之利益,司法机关自然应承认其证据能力。但假若侦查机关不仅拦截犯罪嫌疑人和赃物买家的电子邮件,还将其他众多与案件无关人员的电子邮件一并截获更予以大肆传播,此时此刻便侵犯了较广泛的诸多不特定公民网络通讯自由权和网络隐私权,损害程度无疑远远大于查处案件所获利益,按照利益平衡原则司法机关理当否认其证据能力。法学大师哈耶克早就指出,自由等权益"预设了他的生活环境中存有一系列情势是他人所不能干涉的。"[①]侦查中的网络通讯监听开展的确要以惩罚犯罪作为导向,但同时必须确保其和保障公民人权或国家、社会整体利益实现有效制衡。倘若只一味关注尽快获取案件证据而大肆在互联网中截取各类通讯数据信息罔顾招致的巨大风险,既不否认此类行为获取证据之可采性,又不给予权益受损方充分救济,给社会造成的灾难无疑将是毁灭性的。

(三)划定侦查中网络通讯监听的适用范畴[②]

在确立基本指导原则之后,对侦查中网络通讯监听的适用范畴进行准确划定无疑乃微观专门化环节立法紧接着至关重要的一大步骤。这具体涉及实施主体、适用范围、适用方式三方面。因为究竟谁有权限可以开展网络通讯监听侦查,哪些案件能够动用网络通讯监听,在启用网络通讯监听时具体该用何种方式都不能做到准确界定,那侦查中的网络通讯监听活动就根本谈不上受法律引导纳入法制化轨迹。而且,通过专门立法对侦查中网络通讯监听适用范畴予以规范再配合

---

① [英]弗里德里希·冯·哈耶克著:《自由秩序原理》(上册),邓正来译,三联书店 1997 年版,第 6 页。
② 由于网络通讯监听的适用范畴属较细节的具体侦查问题,除须在刑事诉讼法中进行原则性宏观阐述外,其主要内容宜更多放置于司法解释等单独立法内进行明确。

下文将要探讨的具体运作程序,还会令这些网络通讯监听活动与其他相似行为如侦查机关网络监控、普通网络信息获取、政府网络舆情监测变得日渐清晰起来。

首先,就侦查中的网络通讯监听实施主体来说。尽管互联网环境下要拦截、获取对方电子邮件等通讯数据信息仅需安置相关特殊破译软件程序即可,因网络的匿名虚拟性和软件程序的非实体性,具备一定计算机信息科学专业知识者均能够较容易地在网站中下载并安装相关软件程序展开网络通讯数据信息截取活动,即监听主体带有明显普遍性意味。不过由于我国恪守的是大陆法系单轨制狭义侦查模式传统,仅认可国家法定机关才有权实施侦查活动,其他机关与个人都不具备侦查权限。① 而根据现行《中华人民共和国刑事诉讼法》第18条之规定,在我国只有公安机关、人民检察院、国家安全机关、军队保卫部门、监狱和海关走私犯罪侦查部门能够开展侦查活动。故以此类推,既然仅上述国家法定机关可以从事侦查活动,那侦查中的网络通讯监听实施主体也只能为这几家法定机关。其他任何国家公权力机关或普通私个体即便自己进行了网络通讯数据信息截取,也不得被视作严格意义上之网络通讯监听侦查活动实施主体。假如侦查机关因自身技术或其他因素制约委托某些私个体(如技术高超的计算机黑客、IT企业、网络服务商等)代为协助实施网络通讯监听,根据行政法基本原理,行政委托是指行政机关在职权、职责范围内依法将行政职权或行政事项委托给其他行政机关、社会组织或个人,受委托者必须以委托机关名义实施管理行为和行使职权,并由委托机关承担法律责任。换言之,即此类委托不会发生职权、职责、法律后果以及行政主体资格的转移。② 不过,对于普通私个体从私力救济③角度出发展开的网络通讯数据信息截取(即私人网络通讯监听,如私家侦探、律师以非律师身份、被害人、犯

---

① 当然若是在遵循双轨制广义侦查模式传统的英美法系国家,这又另当别论。因为英美法系国家认为国家法定机关和普通私个体均具备相应侦查权限。具体可参见欧阳爱辉:《私人刑事调查与侦查之比较》,载《石家庄铁道大学学报》(社会科学版)2010年第4期,第61页。
② 参见王连昌、马怀德主编:《行政法学》(第四版),中国政法大学出版社2007年版,第57页。
③ 私力救济,多指相关当事人在认为自身权益蒙受损伤时,因各类条件限制绕开国家正式法律程序,转向借助自发私个体力量来维护自己权益。参见徐昕著:《论私力救济》,中国政法大学出版社2005年版,第102—103页。

罪嫌疑人等借用特殊软件程序拦截电子邮件来获取自己所需之资料信息），考虑到它们能对国家公权力机关的侦查活动起到一定程度辅助补充作用，虽然不能将这些普通私个体视为侦查中的网络通讯监听实施主体，但通过前文所述的某些证据转化方式或日后待我国条件成熟出台相关私人刑事调查法规仍可令此类截获的网络通讯数据信息具备证据能力。①

其次，就侦查中的网络通讯监听适用范围来说。从前述可知，实施网络通讯监听主要目的是更行之有效地打击那些高科技时代具有严重社会危害性的犯罪行为。若各类案件都可以启用网络通讯监听，不但耗费大量成本开支，更使得人人自危，类似于美国"棱镜门"那般的监控幽灵将可能永远萦绕于普通公民头顶。故根据相对适当性原则，侦查中的网络通讯监听适用范围必须予以严格限定。具体言之，其适用范围应符合下列四大要素：(1)网络通讯监听必须只适用于存在严重社会危害性的犯罪，即涉嫌危害国家安全罪、恐怖犯罪、黑社会犯罪、毒品犯罪及其他一切可能被处以3年以上有期徒刑的故意犯罪。毕竟危害国家安全罪、恐怖犯罪等类型犯罪社会危害性极大，3年又是我国现行刑法界分重罪和轻罪的一条主要分水岭，②过失犯罪的危害大多要小于故意犯罪且国外监听也有类似程度的立法安排，故设置这样一个标准应该是较适中的；③(2)网络通讯监听具体对象必须仅限犯罪嫌疑人、被告人或和涉嫌犯罪有关的第三人（如发送、传输和接收相关犯罪网络通讯数据信息者），绝不得波及其他无关人身上。假设监听具体对象涉及犯罪嫌疑人、被告人的律师（如律师和犯罪嫌疑人、被告人正进行网络通讯交流等），还必须确保此时系犯罪嫌疑人、被告人准备或正在实施危害国家安全、公

---

① 对于普通私个体实施私人刑事调查进行网络通讯数据信息截取的法律问题，具体可参见欧阳爱辉著：《私人刑事调查法制化研究》，中国文史出版社2013年版，第143—156页。
② 参见李明著：《监听制度研究——在犯罪控制与人权保障之间》，法律出版社2008年版，第305页。
③ 例如《美国法典》第42编就规定监听可以适用判处死刑、无期徒刑或1年以上监禁刑的犯罪，法国相关法规认为预审法官可以对可能判处2年或2年以上监禁刑的犯罪适用监听。尽管传统监听和网络通讯监听有着一定程度差异，但借鉴价值不容忽视。具体可分别参见李昕：《美国通讯监听立法的演进与发展》，载《江南社会学院学报》2009年第2期，第78页；或解芳：《世界主要法治国家监听法综述》，载《山东警察学院学报》2006年第1期，第84页。

共安全以及严重危害他人人身安全的犯罪情况下;①(3)网络通讯监听要获取的通讯数据信息必须仅限于和案件事实相关联之信息。即便监听对象的确是犯罪嫌疑人、被告人或和涉嫌犯罪有关的第三人,②若他们彼此利用电子邮件、微信等方式实施网络通讯涉及内容和案件风马牛不相及,侦查机关理当迅速中止此类网络通讯监听;(4)网络通讯监听具体实施只能是其他侦查措施无效、难以发挥作用或者出现了特别紧急的情况下。假设侦查机关采取传统或一般意义侦查措施如讯问犯罪嫌疑人、询问证人和被害人等就足够查明案情,动用网络通讯监听显然毫无实际意义。另外,若其他侦查措施可以发挥作用,但情况非常紧急(比如是即将发生的严重恐怖犯罪或者事发突然、证据极可能灭失等),所谓"非常时期,非常手段",启用网络通讯监听无疑亦是合理的。

最后,就侦查中的网络通讯监听适用方式来说。尽管计算机 IT 信息技术发展瞬息万变,但万变不离其宗,根据前文笔者按照具体网络通讯形态对网络通讯监听的划分,侦查中的网络通讯监听适用方式广义上无疑可涵盖即时单独网络通讯监听、即时多人网络通讯监听和非即时网络通讯监听三类。为确保网络通讯监听侦查活动能受到法律全面引导约束,③我们不妨在微观专门化法律环节上明确

---

① 尽管迄今我国学界对国内律师是否已明确享有律师拒证权尚存争议,但根据现行《中华人民共和国刑事诉讼法》第 46 条"辩护律师对在执业活动中知悉的委托人的有关情况和信息,有权予以保密。但是,辩护律师在执业活动中知悉委托人或者其他人,准备或者正在实施危害国家安全、公共安全以及严重危害他人人身安全的犯罪的,应当及时告知司法机关"进行推断,律师无疑对一般性信息有权保密。不过"委托人或者其他人,准备或者正在实施危害国家安全、公共安全以及严重危害他人人身安全的犯罪"应当告知司法机关时他不具备保密权。在有权保密情形中,若律师不愿被人实施网络通讯监听,显然即意味着他正在保密。此刻出于对律师职业健康发展之维护,侦查机关断不得展开网络通讯监听;但在现行刑事诉讼法规定的不具备保密权情形下,出于国家、社会公共利益及其他重大权益保护需要,侦查机关展开网络通讯监听则是合理的。对国内学界关于律师拒证权的探讨,具体可分别参见胡洋奕:《律师保密权与拒证权的区别及制度完善》,载《重庆科技学院学报》2015 年第 6 期,第 33—46 页;或孔德播:《试论律师的"拒绝作证权"》,载《理论月刊》2004 年第 10 期,第 91—93 页。

② 当然,此刻在网络通讯监听实施之前,侦查机关也很难判断监听的具体内容是否会和案件有关。这时就宜做灵活处理,只要事先侦查机关有充分合理之缘由相信通讯内容和案件事实相关联即可。

③ 实质上,目前国内侦查机关也制定了一些较详尽的内部规定对监听等技术侦查措施予以规范。诸如公安部制定的《关于技术侦查工作的规定》就对监听等技术侦查措施对象范围、审批权限、法律责任进行了规范。但基于侦查工作隐秘性需要,这些内部规定大多未对外公开且也谈不上法律范畴。

指出网络通讯监听适用方式包括此三种。① 另外,每实施一次网络通讯监听时间最长不得超过三个月。假如监听时间不够,根据案件需要,可以由侦查机关申请适当延长本次监听时间。② 但出于普通公民人权保障需要,决不能无休止地反复延长。反之假设监听时间未到,可进行网络通讯监听的目的已经达到,侦查机关也必须立即停止继续监听。终究网络通讯监听覆盖面着实太广,若不能对其具体监听时间在监听方式中予以严格限定,破坏力着实太大。

(四)规范侦查中网络通讯监听的具体运作程序③

从前文可知,网络通讯监听大多系未征得被监听者同意或允诺而强行违背其意愿展开的侦查活动,由于背离了被监听者意愿,自然属强制侦查措施,会给被监听者带来较大程度的人权侵害。正所谓"对个人自由领域的合法的干预只能是根据法律进行的干预",④在这样一种情况下,就理应以法律形态对侦查中网络通讯监听的具体运作明确规范。笔者主张,该运作程序设置宜囊括下列几步骤:

1. 规定侦查中网络通讯监听使用的申请者。毫无疑问,既然是侦查中实施的网络通讯监听,那么有权申请的主体就必须为侦查机关。根据现行《中华人民共和国刑事诉讼法》第18条的规定,即公安机关、人民检察院、国家安全机关、军队

---

① 不过随着日后时代发展,这些网络通讯监听具体适用方式或许也会悄然发生变化。如近年备受关注的量子通信技术,由于它是以量子纠缠效应来进行信息传递,故被认为系迄今最安全最不可被窃听和复制的通信技术。因为窃听者若想拦截量子信号就势必要对其进行测量,而这将破坏携带密钥信息的量子态导致其被通讯者发现。所以假设未来真的出现了对量子通信实施监听的全新技术手段,那就很难纳入到目前笔者所做的网络通讯监听适用方式归类中去。对量子通信技术的介绍,具体可参见倪浩:《中国量子通信被批不靠谱:一旦遭干扰就成摆设》,载 http://military.china.com/important/11132797/20160818/23317817.html,2016年10月5日访问。

② 最多一次三个月的监听时间和特殊情形下可申请适当延长,应该说完全能够满足案件侦查工作需要。毕竟侦查机关还可以视情况申请多次监听,即便案情再复杂,时间也足够截获到所需的网络通讯数据信息。并且三个月的时间设计也同国内学者对传统监听最长一次时间不超过三个月之理论探讨保持一致性,即便连在美国饱受质疑的《爱国者法》对外国恐怖分子电子数据监听时间一般亦仅120天。具体可参见李明著:《监听制度研究——在犯罪控制与人权保障之间》,法律出版社2008年版,第271—303页。

③ 由于侦查中的网络通讯监听具体运作程序主要是对其实际操作的规范,为避免刑事诉讼法典过于臃肿杂乱,根据笔者前文就立法体例的设想,放置于司法解释如拟设的最高人民法院、最高人民检察院、公安部、国家安全部、司法部等相关部门联合颁布的《关于办理刑事案件适用网络通讯监听若干问题的规定》中更妥当。

④ [美]埃尔斯特、[挪]斯莱格斯塔德编:《宪政与民主——理性与社会变迁研究》,潘勤、谢鹏程译,三联书店1997年版,第122页。

保卫部门、监狱和海关走私犯罪侦查部门。不过通常情况下,监狱申请使用网络通讯监听概率相对较低。因为监狱内是一个封闭化环境,受到严格管制,犯罪嫌疑人等与其他人员进行网络通讯交流可能性不高。另外,这里的申请者除开事先的网络通讯监听外,也包括事后以核准确认方式申请网络通讯监听的相应侦查机关。毕竟某些特殊情况事发突然、形势严峻或证据极可能灭失,此刻若还要墨守成规先进行申请无疑将贻误战机。

2. 规定侦查中网络通讯监听的具体申请方式。纵观当前各国对监听申请方式的设置,大体可分书面和非书面两种。其中尤以书面方式居多,非书面方式仅被加拿大所采用。① 为确保法律运作的公平公正性、严肃性并遵循国际惯例,我国网络通讯监听正常情况同样必须要求侦查机关采用书面形式进行申请。不过倘若遇上了某些特别紧急情况来不及事先递交书面材料,侦查机关也可暂口头申请,待日后再补交附详细说明的书面申请书。当然为防止此等紧急状态下的事后申请核准蜕变成侦查机关故意拖延甚至躲避审查机关审核之工具,法律还须对具体申请时间予以限定。例如明确指出一般情况应在实施网络通讯监听 48 小时内申请核准,超过法定时间除非系不可抗力等特殊原因所致(如路途遥远、联络不畅实难在 48 小时内提出书面申请等),都不能对其进行核准确认。

3. 规定侦查中网络通讯监听使用的审查机关。要对侦查中的网络通讯监听实施有效约束引导,确定究竟何为其使用的审核批准即审查机关非常关键。因为假设该机关存有倾向性不能作出正确决定,就很难对侦查中的网络通讯监听实施高效控制,一着不慎要么就损害到了相关公民人权,要么就束缚了侦查机关贻误战机。汉密尔顿早就指出,"任何人均不能作为其本人或与其本人有任何干系或其本人有所偏私一类案件的裁判者。"② 由于当前国内主要侦查机关彼此间存在利益博弈,公安部颁布的《公安机关办理刑事案件程序规定》和最高人民检察院颁布的《人民检察院诉讼规则(试行)》对含网络通讯监听在内的各类技术侦查措施审查机关规定有出入,现行《中华人民共和国刑事诉讼法》第 148 条则仅含含糊糊认为"公安机关在立案后,……根据侦查犯罪的需要,经过严格的批准手续,可以

---

① 参见李明著:《监听制度研究——在犯罪控制与人权保障之间》,法律出版社 2008 年版,第 306 页。
② [美]汉密尔顿、杰伊、麦迪逊著:《联邦党人文集》,程逢如、在汉、舒逊译,商务印书馆 1980 年版,第 401 页。

采取技术侦查措施。人民检察院在立案后,……根据侦查犯罪的需要,经过严格的批准手续,可以采取技术侦查措施,按照规定交有关机关执行",故为减少法律适用过程中之困惑,我们未来必须对侦查中网络通讯监听使用的审查机关作一权威性明确规定。① 笔者认为,该审查机关不能是公安机关,毕竟公安机关在我国乃最主要之侦查机关,由它自己负责审核批准,难免背离了审查机关的中立性要求。同样的,该审查机关也不能是人民检察院。因为人民检察院在我国也拥有一定侦查权限,尽管人民检察院系法律监督机关,将审查决定权一并授予它可部分程度提高办案效率,但其中立性依旧经不起推敲。所以,我们若将此审查决定及相关事宜②交给司法审查机关——法院来处理,因法院并无任何侦查权限,自然会显得更加客观中立。③ 只要法院相关机关通过司法审查认为申请(或核准)启用网络通讯监听的方式理由完全正当合法,则可向侦查机关签发书面令状(或事后核准)由其遵照令状要求开展相应网络通讯监听侦查活动。应该说,这种司法审查机关的设置模式也更多与国际主流社会保持着一致性,像前文所探讨的西方发达国家几乎毫无例外都强调实施网络通讯监听要得到法院令状核准。

4. 规定侦查中网络通讯监听的具体执行。(1)在具体执行者上,正常条件下网络通讯监听执行者应当是提出申请的侦查机关,即公安机关、人民检察院、国家安全机关、军队保卫部门、监狱和海关走私犯罪侦查部门。若出现特殊情况如侦查机关自身不具备相应技术水准,它有权要求网络服务商、计算机专家等提供协助。为保证监听客观公正和科学合理性,侦查机关派出负责具体网络通讯监听工作的执行人员应保证两人以上;(2)在网络通讯监听内容记录上,鉴于网络通讯数据的虚拟化性质,应当将其尽可能不间断地记录在电子媒体中或者必要时实施电子数据信息冻结。④ 与此同时,侦查机关具体执行人员还须对网络通讯监听过程

---

① 为了精简机构提高效率,该机关若能同时具备包括网络通讯监听在内等各种技术侦查措施的审核批准权限会更加科学合理。
② 这里的"相关事宜"主要指侦查中的网络通讯监听具体执行监管、非法证据排除等事项,毕竟它们与令状签发、事后核准存在着密切关联性。
③ 出于更方便地实施令状司法审查考虑,该法院正常情况下宜为基层人民法院。
④ 根据最高人民法院、最高人民检察院、公安部发布的《关于办理刑事案件收集提取和审查判断电子数据若干问题的规定》,这里的"必要"主要应指数据量大无法或不便提取的、提取时间长,可能造成电子数据信息被篡改或灭失的、通过网络应用可以更直观展示电子数据信息等之情形。

做好记录,详细记录下案由、对象、内容、网络通讯监听的时间、地点、方法、过程,并附截获的通讯数据信息清单,注明类别、文件格式、完整性校验值等,由执行人员签名盖章。条件允许情况下,侦查机关最好对整个活动摄像予以保存。另外,执行人员包括网络服务商等协助人员均必须依法监听并尽到保密义务,除法定程序外绝不得泄露任何网络通讯监听事实与具体内容。在不影响侦查前提下,既应最大化减少通讯数据信息被采集(无论是自愿或不自愿)的范围,又要竭力降低直接接触此等信息的相关人员比重。有可能的话,宜最大限度采用电子设备自动研判,避免人工直接接触,多用代码符号对关键敏感信息实施暂时性屏蔽,待最后确定为犯罪嫌疑人相关事实时才予以精确匹配。若实施违法监听或发生了泄密,在司法审查过程中将视情节严重与否根据信息社会刑事诉讼证据规则(如网络非法证据排除规则)决定是否否定通讯数据信息证据能力、销毁通讯数据信息①甚至另行追究相关人员具体法律责任;(3)在网络通讯监听所获通讯数据信息封存上,为确保截获之通讯数据信息可信度并防止泄露,所有信息资料均必须在监听结束后由司法审查机关相应人员监督下进行封存。具体封存方式则应根据电子证据链保管制度要求进行,封存后全体执行人员都需签名盖章予以确认,无司法审查机关许可断不得开启。② 当然为避免给侦查活动造成阻碍,侦查机关获得司法审查机关准允后可以于封存前对相应的网络通讯数据信息进行复制。此外,为保障被监听者人权,网络通讯监听结束三个月内,侦查机关应当告知被监听者或其法定代理人、诉讼代理人、辩护人他被监听的情况。

(五)设置侦查中网络通讯监听的监督救济程序

所谓哪里发生损害,哪里就必须加以积极补救,平等保护不仅是指"权利遭到侵犯可以得到救济,它还意味着这种救济不能被限制性地否决或违反非歧视性原则被反复无常地运用。"③在整套法律体系范畴内,监督和救济不可或缺之一环。

---

① 因为在违法实施网络通讯监听获取了不该截获的通讯数据信息尤其是其中涉及个人重要信息(如类似欧洲联盟《一般数据保护条例》规定的个人基因识别数据、性取向数据等)时,难免造成不相干普通公民网络通讯自由权、网络隐私权等人权被严重侵害。为尽量减少损害,有时自然需立即销毁相关数据信息。

② 这种电子证据链保管制度笔者将在下文司法层面进行专门探讨。受篇幅限制,此处恕不赘言。

③ [美]路易斯·亨金、阿尔伯特·J. 罗森塔尔编:《宪政与权利:美国宪法的域外影响》,郑戈、赵晓力、强世功译,三联书店1996年版,第189页。

因为按照社会学原理,法律作为一类社会控制(Social Control)手段,其本质便是要建立一系列社会安全阀(Social Safe Valve Mechanism)机制。唯有得到了严格监督制约,该社会安全阀机制方能真正确保损害更少出现抑或损害出现了我们也可尽快察觉。至于救济则是各项合法权益遭受侵害实施弥补的关键表现形式,终究许多情况内侵害者并不会自觉自愿对被侵害人损害给予补偿。故在侦查中的网络通讯监听微观专门化立法上,还需有条不紊地确立起相关监督救济程序。①

1. 设置系统化的监督程序。尽管技术侦查带有浓郁的高科技色彩,侦查活动自身也存在着强烈隐秘性,要像其他国家公权力运作那般受到全社会各方面彻底的严密监督并不现实。但在保证不妨碍技术侦查正常高效进行前提下,仍应通过法律条文明确指出网络通讯监听必须受到全社会各阶层的多维监督。② 具体言之,它大体需包括内部自我监督(即公安机关、人民检察院、国家安全机关、军队保卫部门等国家法定侦查机关的内部监管)、检察机关外部监督、全国人大外部监督和社会外部监督(即凭借政党、社会组织、公民个人力量、社会舆论等对各种网络通讯监听侦查活动进行肯定或否定性评价来加以约束③)四方面。并且为确保监督体系切实发挥作用,还应针对网络通讯监听特殊性在监督程序中设置网络通讯数据信息保管制度和具体监听实施报告制度。前者强调获取的网络通讯数据信息在封存后应由司法审查机关指定存放地点,保存期限可设定为 5 年,到期后于司法审查机关和被监听者(或法定代理人)在场时进行销毁。假如截获的网络通讯数据信息在封存期间不慎泄露,封存者必须在 72 小时内向司法审查机关及时报告。若泄露的数据信息包含某些人员重要信息可能令其人身、财产正当权益遭受严重侵害,司法审查机关还需迅速告知相关人员以便采取措施减少损害;后者要求仿照日本的监听向国会汇报制度,强调侦查机关、司法审查机关每年于固定

---

① 考虑到对侦查权实施监督以及权益被侵害予以补救的重要性,这种监督救济程序除主要在司法解释中进行具体明确外,在现行刑事诉讼法中也应作一宏观性原则化阐述以示强调。
② 当然,具体的全社会多维监督设计笔者将在下文其他相关层面网络通讯监听法制化保障举措中详尽阐述,故此处不复赘述。此外从广义法理视角来说,本节探讨的立法构建实质也属于一类外部监督。
③ 尽管在侦查活动极其隐秘之情况下,社会监督效果并不十分明显,但有其存在多少依旧会发挥出相应作用。譬如正是有着广大普通民众和新闻媒体时刻督促,近年美国侦查机关的网络通讯监听活动方才不得不做出适当调整和收敛。

时间(如"两会"召开时)必须就网络通讯监听具体实施情况向全国人民代表大会报告。侦查机关主要应汇报申请网络通讯监听、被核准、监听效果、根据监听所获证据起诉、网络通讯监听开支等内容,司法审查机关则主要应从自身审核批准视角对网络通讯监听的核准、执行监管等进行汇报,从而作为全国人大外部监督重要模式体现出网络通讯监听最高位阶的慎重性。

2. 设置周密的救济程序。相对监督而言,救济显得更重要。因为若缺乏最终侵害补救,监督根本无任何实质意义。在拟设的司法解释等单独立法内,当公民人权或国家、社会整体利益受侵害时,其救济可含四部分:(1)申请复议。即当被监听者①对侦查机关根据令状或事后核准确认实施的网络通讯监听不服认为损伤自己人权或国家、社会整体利益,可向上一级司法审查机关申请复议要求撤销签发的令状或事后核准确认。若上一级司法审查机关复议后认为事先签发令状或事后核准确认明显不当,就应立即撤销令状或确认。本次网络通讯监听完全无效,侦查机关截获的网络通讯数据信息原件和副本须立即销毁;(2)否认侦查机关违法实施网络通讯监听截获的通讯数据信息证据能力。否定违法获取的通讯数据信息证据能力在救济程序上也有重要意义,因为若侦查机关费尽心机耗费成本实施网络通讯监听截获的通讯数据信息根本不被当作证据使用进入刑事诉讼程序中去,侦查机关自不敢再违法进行类似监听,公民人权或国家、社会整体利益被侵犯现象便会大幅减少;(3)行政处罚。即网络通讯监听造成较大网络安全危害时,由相应主管机关追究其行政责任。如网络通讯监听协助执行人员非法侵入网络窃取数据信息不构成犯罪、情节较轻时,公安机关可依照现行《中华人民共和国网络安全法》第63条处没收罚款、拘留等行政制裁;(4)提起诉讼。即当被监听者认为自己在侦查机关网络通讯监听中受不法侵害,可通过提起民事和刑事诉讼(含公诉和自诉)方式追究有关人员法律责任。如网络通讯监听执行人员给被监听者网络隐私权造成一定侵害但未上升到刑事责任严重程度,被监听者可提起民事诉讼要求其赔礼道歉和赔偿损失。若网络通讯监听执行人员将监听中获得的被监听者个人信息非法出售给他人,情节非常严重,就可通过刑事诉讼依现行《中华人民共和国刑法》第253条规定的侵犯公民个人信息罪追究刑事责任。网络通

---

① 若被监听者系无民事行为能力人或限制民事行为能力人,申请救济者就应是其法定代理人,以下同。

讯监听执行人员不能以侦查行为不可诉作为抗辩事由。并且那些执行侦查机关职务行为造成的违法监听还须纳入国家赔偿范围,被监听者可对此提出国家赔偿请求。此外,为确保以上救济方式能更全面完备保护普通公民人权,还应仿效欧洲联盟《一般数据保护条例》之规定赋予相关人员(含被监听者和截获的网络通讯数据信息涉及的其他人)被遗忘权和可携带权。换言之,即当截获的网络通讯数据信息已过5年保存期或与案件无任何实质关系、甚至网络通讯监听本身存在极严重违法情形,①相关人员可随时随地无条件要求数据信息持有者立即全部删除或有权向持有者索要该数据信息以及要求他将此类数据信息移交给自己信任者。②

(六)构建信息社会全新刑事诉讼证据规则③

证据规则乃刑事诉讼过程中规范各类证据收集、审查以及评价等诉讼证明活动之基本准则。④ 正是有着一系列科学合理的证据规则存在,方才给查明案件真相、实现实体与程序公正提供了必要保障。不过以互联网和计算机IT技术为基本载体的信息社会毕竟与传统社会有着显著差别,在"逝水悠悠"的信息社会,依旧想凭借原有证据规则进行诉讼证明活动就未必能够得心应手了。故而,为真正实现侦查中网络通讯监听法制化令其受到法律有效引导约束,构建符合信息社会需要的全新刑事诉讼证据规则也是呼之欲出。围绕网络通讯监听侦查活动的基本特性,笔者认为,这里亟须构建的全新刑事诉讼证据规则主要应包括网络关联性证据规则、网络非法证据排除规则、网络传闻证据规则、网络最佳证据规则、网络意见证据规则和网络补强证据规则。⑤

---

① 当然,这种网络通讯监听严重违法情形的具体判断,司法实践中还需由法官综合多方因素(如是否明显违背国家现行法律、主观上带有浓厚故意色彩、造成严重损害等)进行全面衡量。
② 这种被遗忘权和可携带权之设定与前文所言销毁网络通讯数据信息并不重复。因为被遗忘权和可携带权是从被侵害者救济角度进行权益保护,销毁网络通讯数据信息则是由侦查机关、司法审查机关角度实施权益保障。
③ 鉴于证据规则在整个诉讼活动内的重要价值以及当前之信息社会语境,除需在司法解释等单独立法中进行详细规定外,现行刑事诉讼法中也宜对这些信息社会的全新证据规则作一简单阐述。
④ 参见陈光中主编:《刑事诉讼法》(第五版),北京大学出版社、高等教育出版社2013年版,第185页。
⑤ 从司法实践需要上看,对信息社会的民事诉讼、行政诉讼来说也应设置相关的全新证据规则。但限于本书研究主旨,笔者下文探讨的各种证据规则都仅围绕刑事诉讼展开。

1. 网络关联性证据规则

网络关联性证据规则,即指刑事诉讼中,在网络环境下获取的证据只有与待证案件事实相关,具备能够证明案件待证事实的属性方才拥有相应证据能力。在英美法系中,关联性证据规则或者说相关性证据规则一直占据着证据规则的基础地位。"证据的相关性,是融汇于证据规则中带有根本性和一贯性的原则。……所有具备可采性的证据必须先要与要证事实具有相关性,至少当对方举证就证据的相关性质疑时,必须首先证实其具有相关性。"①现行美国《联邦证据规则》、澳大利亚《联邦1995证据法》等众多英美法系国家重要证据法律规范内都确立着本项基本规则。② 我国作为大陆法系国家,长期以来刑事诉讼法典并未就关联性证据规则作出直接明确之规范,但一些类似表述始终存在。如现行《中华人民共和国刑事诉讼法》第48条指出的"可以用于证明案件事实的材料,都是证据"就强调着证据必须具备关联性,第118条也规定"……犯罪嫌疑人对侦查人员的提问,应当如实回答。但是对与本案无关的问题,有拒绝回答的权利"。不过,虚拟的信息社会终究同传统社会千差万别,加上我国现有关联性证据规则又显得零散难成体系,这都促使着新的网络关联性证据规则呼之欲出。

(1) 网络关联性证据规则设置的必要性

与传统意义的关联性证据规则相比,网络关联性证据规则着眼点主要在于对网络环境下各类虚拟化的电子数据信息与案件待证事实相关性之考量。故缘何要设置这样一种证据规则,其初衷自然是同信息社会、网络环境的迫切需求休戚相关的。

首先,信息社会的网络证据运用范围越发普遍。随着Internet的问世、浏览器的广泛应用、各类搜索引擎和手机、平板电脑等移动平台频频出现,虚拟化电子数据信息已成为人们工作生活不可或缺的一部分。根据中国互联网协会、国家互联网应急中心联合发布的《中国互联网站发展状况及其安全报告(2016)》,截至2015年底,中国网站总量达到了426.7万余个。在全球新通用顶级域注册量中,

---

① 转引自张星、张玲、王会:《论关联性证据规则的构建》,载《武汉公安干部学院学报》2013年第4期,第54页。
② 参见王秋荣:《证据关联性规则研究》,复旦大学2012年博士学位论文,第31—32页。

中国稳居榜首,比排名第二的美国3倍还多。① 面对此情此景,网络证据在包括刑事诉讼在内之各类纠纷解决中,地位无疑越来越高。

其次,构建系统的网络关联性证据规则能有效保证信息社会刑事诉讼公正并提高诉讼效率。证据相关性探寻的是证据和案件待证事实本质上的联系,若其存在联系、联系越紧密,自然就越能查清案件真相保证刑事诉讼活动的公平正义。并且也只有证据和案件存在相关性,收集和使用这些证据才会有效率,否则只能是南辕北辙。但针对新兴的网络证据,由于其看不见摸不着的虚拟化色彩,传统关联性证据规则收效甚微。毕竟从理论上分析,传统证据实可谓"人→行为"的证明过程,而电子数据信息却属于"人→机→数据→行为"的证明过程。这也即意味着,由司法证明来论,侦查机关必须从"人→机→数据→行为"各个环节紧密围绕虚拟化的网络证据建立起复杂的关联性证明链。我国有学者经研究后便指出,"电子数据的司法运用最为疑难复杂的其实是关联性问题。"②最高人民法院、最高人民检察院、公安部发布的《关于办理刑事案件收集提取和审查判断电子数据若干问题的规定》第2条也明文要求"……人民检察院、人民法院应当围绕真实性、合法性、关联性审查判断电子数据"。

(2)网络关联性证据规则的具体建构设计

a. 在现行刑事诉讼法中明确证据相关性的含义

美国、英国、澳大利亚等诸多英美法系国家为了能够让关联性证据规则更好地发挥出效用,往往均在现行法典中就证据相关性进行明确界定。例如美国《联邦证据规则》第401条便指出,"相关证据"系证据具备某种倾向,使决定某项在诉讼中待确认的争议事实之存在比无该证据时更有可能或者更无可能。③ 而我国目前却仅是对证据相关性在现行刑事诉讼法中作了一些间接性表述,缺乏直截了当的含义界定,这样自会给司法实践操作造成不便。故此,为促使网络相关性证据规则能真正具体明朗化,首先我们就应在现行《中华人民共和国刑事诉讼法》第五章《证据》中对证据相关性作总体上的明确认定。例如斟酌参照美国《联邦证据

---

① 参见新华网:《〈中国互联网发展状况及其安全报告(2016)〉在京发布》,载 http://news.xinhuanet.com/info/2016-03/18/c_135200752_2.htm,2016年10月9日访问。
② 谢君泽:《〈收集提取和审查判断电子数据规定〉之逐条评析》,载 http://infolaw.fyfz.cn/b/900990,2016年10月9日访问。
③ 参见陈光中主编:《刑事诉讼法》(第五版),北京大学出版社、高等教育出版社2013年版,第186页。

规则》第401条之规定,我国刑事诉讼法典直接指出"证据相关性即证据必须与待证案件事实相关,具备能够证明案件待证事实的属性才有证据能力。若无相关性,该证据不得采纳。"有了这样类似法条的约束,网络关联性证据规则才能以此类推顺利在司法解释等单独立法中确立。

b. 对网络环境下的品格证据、类似行为证据进行特殊化限制

在英美法系,尽管一般情况很少对究竟何种证据具备关联性或者不具备关联性作出明确设定,因为它大多属于事实和逻辑分析问题,应凭借司法实践操作展开具体问题具体剖析。但考虑到品格证据和类似行为证据难免存在较严重的误导性,法律还是对它们做了特殊化限定。由于我国目前此方面法律较匮乏,对网络环境内的关联性证据有直接具体规定的仅最高人民法院、最高人民检察院、公安部发布的《关于办理刑事案件收集提取和审查判断电子数据若干问题的规定》第25条"……认定犯罪嫌疑人、被告人与存储介质的关联性,可以通过核查相关证人证言以及犯罪嫌疑人、被告人供述和辩解等进行综合判断。"很明显,这里的法条表述过于简略化。故笔者主张,我们必须对网络环境下的品格证据、类似行为证据进行较具体的特殊化限制。

首先,在品格证据上。品格证据即有关一个人品格优劣以及他是否具有特定品格的证据。它强调一个人的品格或品格特征的证据在证明其于特定环境下实施了与本品格相一致的行为上不具备关联性。故在考察被告人与电子数据信息关联性问题上,必须于庭审阶段禁止公诉方首先提出表明被告人不良品格的名声和意见证据,因为此刻难免存有偏见。除非是辩护方率先提出被告人品格高尚或被害人自身品格低劣情况下公诉方才可据此反驳。[1]

其次,在类似行为证据上。类似行为证据即指被告人曾经实施的某一类似行为与他目前实施的行为正常情况都不具备相关性。因为刑事诉讼过程中不能先入为主地带着偏见固执地认为被告人以前实施过类似犯罪行为就断定本次犯罪也是他在实施。故在对被告人与电子数据信息关联性进行考察时,也不能简单认为被告人以前有过类似犯罪即断言他与本案相关电子数据信息存在密切关联。不过,若此等类似行为有充分理由判断构成了公诉方指控的犯罪本身或其重要组

---

[1] 参见朱吉龙、马秀娟:《我国证据关联性规则的立法现状及其完善》,载《北京人民警察学院学报》2009年第2期,第13页。

成部分,则可认定相关性成立。例如被告人盗窃他人虚拟财产数额巨大,这一盗窃虚拟财产的相关电子数据信息已经被侦查机关取得,且侦查机关也已证实被告人多次于其他场合有类似行为用以表明他的犯罪意图,他盗窃巨额虚拟财产只是其系列类似犯罪行为中的一部分。若被告人或辩护方此刻主张其犯罪行为纯属偶发意外,则公诉机关完全可用本类似行为证据予以反驳。

2. 网络非法证据排除规则

网络非法证据排除规则,即指刑事诉讼中,在网络环境下非法手段取得之证据不得采纳为认定被告人有罪的根据。① 对刑事诉讼而言,非法证据排除规则一直乃最重要和最复杂之证据法规则,因为它能有效防止国家公权力滥用并妥善保护被追诉人正当权益,并且其进行排除需考虑的因素庞杂。但当人类社会全面迈入信息时代以后,网络和各类数字化虚拟信息逐渐替换传统工具成为人们工作、生活、学习的最主要媒介。而通常意义的非法证据排除规则着重点往往更多系看得见摸得着之传统证据,它未必能充分适应数字虚拟化的网络环境。故在这种情况下,与时俱进建构一种同信息时代相吻合的网络非法证据排除规则显然迫切需要被摆到议事日程上来。

(1) 对网络非法证据排除规则理论基础的思辨

a. 主要传统非法证据排除规则理论简述

作为一项基本的证据法规则,非法证据排除规则现今已在全球大多数法治国家得到了广泛运用。与实践应用相伴生的,便是学界和司法实务界在学理层面对其理论基础展开之深入探讨。经过多年的研究积累,目前世界上主要存在虚伪排除、抑制违法、保障人权和程序正义四种传统非法证据排除规则理论。实事求是地说,这四类主要传统观点从自身不同分析视角出发,虽多少也有些许缺憾,但在寻常现实社会的非法证据排除上均可圈可点,都较好地为现实社会相关司法实践提供了重要理论支撑。

第一种主要传统理论是虚伪排除理论。持这种理论的学者指出,刑事诉讼以查明案件真相为重要目标,当犯罪嫌疑人或被告人等在遭受威逼利诱的情况下,个人意志自由或多或少将受到影响,为了能暂时摆脱或缓解眼前的身体与心理痛

---

① 当然也有不少学者主张非法证据排除规则理当涵盖民事诉讼领域,但笔者这里仍持通说将其限定于刑事诉讼范畴。对国内学界相关理论观点争论,具体可参见张立平:《中国民事诉讼不宜实行非法证据排除规则》,载《中国法学》2014年第1期,第227—229页。

苦,他们难免会做出违心的虚假陈述,这便背离了刑事诉讼初衷。所以非法证据排除的价值即排斥虚伪陈述,最大化确保查明案情。"被不当的长期关押或拘禁之后的自白或者不自愿的自白,由于具有很大的虚伪性,应予排除。"① 虚伪排除理论充分考虑到了刑讯逼供恶劣情形下人们自我保护的本能,任何行为都是受到一定刺激而产生的,②故其在心理学视角较好地揭示了非法证据排除价值之所在。但是,虚伪排除理论的缺陷也显而易见。首先,它认为非法证据排除是为了尽量减少刑讯逼供造成的虚假陈述追求真实,可除了刑讯逼供外相关人员的自由任意陈述也会出现虚假不实内容,甚至不比刑讯逼供时造成的虚假陈述少;其次,证据收集除了言词证据外,还包括实物证据。实物大多是没有生命力的物品,断不会受到威逼利诱之干扰,该理论便无法说明以非法手段收集的实物证据也需排除。

　　第二种主要传统理论是抑制违法理论。持此理论观点的学者主张,非法证据排除规则建构的主要原因并不是排除犯罪嫌疑人或被告人的虚伪陈述,其基本目的系有效规制侦查机关之不法取证,确保刑事诉讼公正性。所以,非法证据排除规则只排除公权力主体非法取证,对私权利主体并不适用。美联邦最高法院大法官布莱德利就曾明确指出,排除规则主要作用即依靠消除违法动力(公权力机关非法搜集证据)促成警察对宪法性权利保障之尊重。③ 这种传统理论一针见血地看到了公权力滥用的严重危害,希望凭借非法证据排除规则来有效规制公权力,无疑非常正确。不过,该理论也有着与生俱来的缺陷。首先,它要规制的仅仅只是国家公权力主体非法取证,可实质上私权利主体违反法律规定搜集证据的负面影响也不容小觑。为有效保证私人开展刑事调查取证活动不背离法律公平正义之初衷带来过多私力救济负面效应,设立非法私人刑事调查证据排除规则理应被纳入议事日程;④其次,此理论过分夸大了公权力非法取证的危害,在事态紧急的特殊情况下,为了更大利益(如国家、社会整体利益)适度牺牲极少数人利益理应获得法律宽容。

---

① 杜学毅:《中国非法证据排除规则构建研究》,吉林大学 2013 年博士学位论文,第 32 页。
② 参见湖南省教育厅组编:《高等教育心理学》,湖南大学出版社 2005 年版,第 41 页。
③ 参见杜学毅:《中国非法证据排除规则构建研究》,吉林大学 2013 年博士学位论文,第 34 页。
④ 参见欧阳爱辉:《论非法私人刑事调查证据排除规则》,载《江西警察学院学报》2012 年第 4 期,第 112—115 页。

第三种主要传统理论是保障人权理论。持该理论的学者指出，国家必须对各类具有严重社会危害性的犯罪行为进行打击，但相关活动决不能侵犯任何公民（包括犯罪嫌疑人和被告人）的正当权益。倘若取证行为侵害了公民正当权益，从人权保障视角出发，此刻获取之证据理当排除可采性。这正如米尔恩所言，"由于人权是普遍的并且在道德上永远不可剥夺的，所以，否认某些人类成员享有人权就必然是错误的。"[①]强调人权保护，以非法证据排除规则来捍卫人权，自然具备着合理性。但保障人权理论不足之处同样存在。首先，因该理论非常高调地要求保护犯罪嫌疑人和被告权益，便难免走向极端——令人们产生错觉误以为只需要保护犯罪嫌疑人和被告人权益，以其他相关人员权益受侵害为代价获取之证据是否合法问题将或多或少被视而不见；其次，与抑制违法理论相似，抑制违法理论夸大了公权力非法取证危害，它则过分夸大了人权保障的价值。毕竟人权保障并不是不分场合与条件的，必要的时候，也应当允许例外情形出现。

最后一种主要传统理论系程序正义理论，持该理论的学者主张，程序正义的核心与实质在于程序主体的平等参与和自主选择。程序正义的一般原则包括裁判者的公正性、获得听审机会、判决理由和形式正义。[②] 非法证据排除规则的产生同样在于此——人们依靠对刑讯逼供等各类非法手段获取之证据进行排除，就可以确保裁判者不偏不倚地审理案件，并且令相关人员获得了对非法证据的陈述机会，判决理由也变得更充分有力，整个案件审理形式更加合乎正义要求。这种理论注重程序正义的维护，这显然是正确的。但它的缺陷也不可避免。首先，非法证据排除是否仅仅就是基于程序正义的要求而没有人权保障等其他需要？简单化侧重程序正义便没法圆满解释人权保障之存在；其次，过分注重程序工具价值或者说程序的完美性，还会阻碍到实体正义的实现，进一步加剧程序与实体彼此的矛盾张力。

b. 祛魅：主要传统非法证据排除规则理论在网络环境下的不足

所谓"祛魅"（Disenchantment），通常多指对于科学和知识的神秘性、神圣性、魅惑力的消解。从前述可知，虚伪排除、抑制违法、保障人权和程序正义这四种当前主要的传统非法证据排除规则理论都具有一定可取性，同时也有着自

[①] [英]A. J. M. 米尔恩著：《人的权利与人的多样性——人权哲学》，夏勇、张志铭译，中国大百科全书出版社1995年版，第179页。

[②] 参见樊崇义主编：《诉讼原理》，法律出版社2003年版，第235页。

身缺陷,但总的来说其权威性毋庸置疑,能够有效适应普通现实社会需要。不过,当人类社会大踏步进入到信息时代后,这四种主流权威理论是否仍能就网络非法证据排除作出较圆满解释呢?笔者认为,科学技术给法学理论和法律制度造成之冲击是非常震撼的。倘若说在普通现实社会中四类理论观点还仅仅是白璧微瑕,放置于网络下环境它们的不足就相对较严重甚至和信息社会语境有极大出入了。

首先,虚伪排除理论所强调的对"虚假不实内容"进行排除在网络环境下缺乏充分立论依据。毕竟虚伪排除理论提出之初衷系考虑到当犯罪嫌疑人或被告人等在遭受威逼利诱等情况下,无法完全独立阐述个人意志自由,为尽快摆脱不利局面他们便难免做出虚假陈述以换得一时之快,但网络环境下的虚假陈述很难实施精确认定。因为虚拟空间的信息传递大多依靠无法直接感知的"0"和"1"二进制数字转换展开,非实体化的电子数据信息流显然跟传统现实社会中的物证、书证相差甚远,在相关的网络传闻证据规则、网络最佳证据规则等未完成有效建构时,要与真实情况对应进行虚假陈述判断就决非易事。况且,由于各类监控软件、云计算、大数据的出现,林林总总诸多数据信息获取并不要通过犯罪嫌疑人或被告人等作出直接陈述,甚至当事人还在不知不觉中国家公权力机关就获得了一大堆私密数据信息。以 2012 年震惊全球的美国"棱镜门"为例,美英情报机构甚至在国家元首云集的 G20 峰会上对戒备森严的各国首脑电子邮件展开神不知鬼不觉的截获。① 国家政要都不能幸免,普通公民就更是如此。那么,是否相关人员没有遇到威逼利诱被收集的数据信息就一概可采呢?很明显虚伪排除理论根本无法回答这些问题,故其在网络环境下只能走进死胡同。

第二,抑制违法理论所注重的"规制公权力机关不法取证"在网络环境下不能满足司法实践需要。对现实社会里的侦查机关不法取证展开判断或许并非难事,因为很多情形都是彼此看得见摸得着的,譬如是否有刑讯逼供、威逼利诱等? 但虚拟的网络空间就不大容易了,毕竟其具备很高的技术含金量。而既然有浓厚的技术成分,一个非计算机专业的法官、律师以及普通公民又如何知晓侦查机关是

---

① 参见李娜:《"棱镜门"暴露出大数据时代隐私危机》,载《科技导报》2013 年第 31 期,第 9 页。

否合法取证了呢？无论普通网页浏览监控、流量监视，或者FTP命令监视、TELNET命令监视、端口映射和PPPOE拨号支持等，都可以被国家公权力主体凭借高新技术手段极其巧妙地予以严密掌控。如此这般，司法实践中要顺利完成侦查机关非法取证判定很难，那规制其不法取证就不免沦为了一句空话。此外，从前述可知，抑制违法理论对私权利主体违反法律规定搜集证据是忽略的。或许传统环境中普通私个体非法取证并不大容易（譬如要展开私刑逼供或购买专业技术设备实施监控等），但互联网状态内就相对较简单了。只要普通私个体拥有相应计算机知识，凭借在网上下载的某些特殊监控软件或"黑客"程序，便可在对方神不知鬼不觉时顺利窃取到自己需要的秘密数据信息。这类情形若不进行针对性遏制，久之危害也不容小觑。

第三，保障人权理论所主张的人权保护观点在网络环境下显得过于笼统。人权是人之所以成为人的基本权利，网络空间和现实社会一样会存在人权。例如网络通讯自由权、网络隐私权、网络虚拟财产所有权等，比比皆是。而刑事诉讼法制定根本目的即在于惩罚犯罪和保障人权，[1]故强调人权保护于最宏观层面自然毋庸置疑。但究竟人权具体范畴包括哪些，人权在网络环境内又发生了哪些异化与演变？这些迄今均是理论界和实务界存有大量争议的问题。[2] 倘若我们简单抛开具体内涵仅仅以人权保护之名笼统概之，这只会背离保障人权理论初衷，令它说服力无形中大大降低。毕竟概念有种概念和属概念之分，假如不能对网络环境内非法证据排除规则具体保护的人权（如网络通讯自由权、网络隐私权等下位种概念）作出详尽界定，仅用人权这一宏大叙事话语的上位属概念一言以蔽之，显然在理论层面没能真正将其阐述清晰，达不到理论指导实践之基本要求。对此哲学家胡塞尔也曾指出，只有（具体化的）内感知通常才能被人们认为具备明见性。[3]

第四，程序正义理论所着眼的程序正义维护在网络环境下欠缺明确的运作基础，无法说明现实社会与网络环境非法证据排除的程序正义差异性。毫无疑问，

---

[1] 参见陈光中主编：《刑事诉讼法》（第五版），北京大学出版社、高等教育出版社2013年版，第17—18页。
[2] 参见胡肖华、徐靖：《论公民基本权利限制的正当性与限制性原则》，载《法学评论》2005年第6期，第3—5页。
[3] 参见庄威著：《散漫的严格——一种私人现象学的形成》，中央编译出版社2014年版，第67—68页。

确保程序正义促使裁判者能不偏不倚地审理案件乃刑事诉讼本有之义。但网络环境中的程序正义究竟当如何实现,它同一般意义的程序正义是否会存有差别?这是该理论必须回答的问题,也恰恰是它回避或者说忽略了的问题。因为正义宛如一张普洛透斯的脸,位于不同视角往往会得出不同的结论。要判断程序正义能否得到维护,必须要以法理和国家颁行的法律法规为参照物。可互联网毕竟是近十多年兴起的新事物,存在着大量法理和法律空白。譬如2012年最新修订的《中华人民共和国刑事诉讼法》在《侦查》这一章内虽专门设置了第八节对技术侦查措施进行明确规范,但全节并未一字单独提及网络环境侦查。随后最高人民法院颁行的《关于适用〈中华人民共和国刑事诉讼法〉的解释(1)》和最高人民法院、最高人民检察院、公安部发布的《关于办理刑事案件收集提取和审查判断电子数据若干问题的规定》也仅就电子数据信息提取、审查、认定等作了规范。网络侦查取证的范围、方式、具体程序均缺乏国家法律法规进行明确指引。既然法理和法律制度都无定论,那在"无法可依"情况下程序正义究竟有无实现便无法判断,丧失了该理论的明确运作基础。并且,由于电子数据信息和传统证据有较大差别,若不能建立起自己特有之非法证据排除规则,这样的程序正义也是笼统的,无法阐释它与一般非法证据排除规则的异同。

c. 建构:网络空间自由权保护——新的网络环境非法证据排除规则理论

从前文探讨不难发现,当前主要的传统非法证据排除规则理论虽在普通现实社会中权威性不容否定,但在网络环境下,随着计算机IT时代的深入发展,特别是互联网逐步升级到"云计算"和"大数据"的超发达网络环境,其基础大受动摇。法律的最高理念需要我们永远将目光穿梭于文字规范和奔涌不息的社会之间,如此一来方可真正实现法的正义性、安定性及合目的性。有鉴于此,笔者吸收现有四种主要传统非法证据排除规则理论之优点,并根据网络空间自身特性,提出一种专门适用于网络环境非法证据排除规则的新理论——网络空间自由权保护理论。具体言之,即在特殊虚拟网络环境中进行非法证据排除系出自国家对网络空间自由权的保护。

长期以来,对于网络空间的立法一直存在网络自由和网络管制两种观点。前者认为网络空间是一个自由的空间,它以共享文化为基石,鼓励草根大众积极参与,互联网展现出的迅速、便捷、完美之性能令各种思想都可在其中获得勇敢表达。网络空间甚至正逐渐形成一个新的全球性市民社会,它有自己的组织形态、价值标准和行为规则;①后者则指出计算机王国不是也从来没有成为过一个绝对不受约束的独立王国,法律乃保护人民权利之最后屏障,故网络管制有其正当性。② 笔者认为,互联网作为一个开放共享、快捷便利的交流空间,它最大的正面价值便是彰显了个性自由,但若完全放任自由,又会像打开了的潘多拉魔盒那般一发不可收拾。所以网络空间立法就如市场经济要求以自由经济为基础,国家必要干预为辅助一样,必须以维护网络自由为主体,国家进行必要管制为保障。放置到网络环境非法证据排除上,也即强调排除以非法手段收集的证据可采性是出于对网络空间自由权的保护,以确保网络交往自由。

确立网络空间自由权保护理论,其最大优势便在于充分结合了网络环境自身特点。由上可知网络空间立法要以捍卫网络自由为主干,那么非法证据排除规则在网络环境运用同样应不得损害网络空间自由。毕竟归根到底,无论互联网中的"虚假不实内容"排除"规制公权力机关不法取证"、人权保护或维护程序正义,都同保护网络空间自由权同源同宗,而网络空间自由权保护又进一步克服了它们的缺陷。

其一,和虚伪排除理论相比。既然非法证据排除规则在网络环境下使用是为了保护网络空间自由权,若网络空间自由得到有效维护,公民自然会在这里畅所欲言,而畅所欲言情形下就不可能出现虚假陈述。至于国家侦查机关依靠各类高科技手段趁公民尚未察觉就截获大量私密信息,虽不属于遭遇威逼利诱作的虚假陈述,但秘密截获无疑会构成对公民网络空间自由权(如网络通讯自由权)的侵害。所以,网络空间自由权保护理论就相对较虚伪排除理论更符合网络环境实际。

其二,和抑制违法理论相比。对网络空间自由权的保护很明显包含了"规制公权力机关不法取证",因为假如国家公权力机关依靠技术手段进行非法取证,这对以自由为承载主体的互联网来说,断然会阻碍到自由。以侦查机关借助"食肉者"等截获软件非法侵入公民加密电子邮箱为例,不论我们将这类侵入视为是对私人住宅的侵犯或者对通讯自由、言论自由的侵害,总之它们均系一类网络空间

---

① 参见尹衍波主编:《电子商务法规》,清华大学出版社、北京交通大学出版社2007年版,第283—284页。
② 参见李明著:《监听制度研究——在犯罪控制与人权保障之间》,法律出版社2008年版,第233页。

自由权破坏。至于那些技术色彩浓厚的秘密窃取或者普通私个体非法取证,在维护网络空间自由权的目的下,即便我们很难对其取证手段是否合法展开定性,但要界定它们是否侵犯空间自由则相对较容易。

其三,和保障人权理论相比。更具体的网络空间自由权保护比笼统言之的人权保护要详尽确切得多。在最广义层面,网络空间自由权当然也属于人权范畴,即信息社会人权的种概念,但它比人权更加贴切,更符合语境需要,能够鲜明地体现出传统意义人权在互联网内的变化。这样一来,司法实践指导意义也更加浓厚。譬如侦查机关针对客户端(本地计算机)、"云端"(一级服务商)、"子云"("云端"下属的子服务提供商)、物理接入节点一整套环节进行技术取证,简单要求取证不得侵害人权就没有强调保护网络空间自由权具体有实质意义。

最后,和程序正义理论相比。以网络空间自由权保护为主旨,既符合程序正义要求,还能够将程序正义在信息时代的运用具体化,有效阐明普通现实社会与网络环境非法证据排除的程序正义差异性。因为互联网状态下的非法证据排除,以保护网络空间自由权为初衷。这种自由权无论是通讯自由、言论自由,还是私有住宅不受侵犯、私有财产不受侵犯等,只要得到妥善保护,那么非法取证就将杜绝,裁判者便可客观公正地审理案件进而实现程序正义。并且它将程序正义在信息时代具体展现为保护网络空间自由权,不像简单论述程序正义那般笼统。兼之"网络空间自由权"的定性又直截了当地指出了此非法证据排除规则和传统非法证据排除规则必然会在基本原则、排除范围、排除的提出主体、具体程序、证明责任与证明标准、除外规定等各方面存有较大差异,将有助于二者进行明显区分。

(2)网络非法证据排除规则的具体建构

a. 网络非法证据排除规则建构的必要性

较之通常意义的传统非法证据排除规则而言,网络非法证据排除规则顾名思义主要关注于对网络环境中的非法证据进行否定。因此其建构之所以成为一种必要,无疑是同信息社会、网络环境普遍出现息息相关的。具体来说,这主要包括下列几方面:

第一,信息社会的网络证据运用日益广泛。在以计算机和有线、无线互联网络为主要表征的高科技信息社会,人体感觉器官无法直接与之发生接触的虚拟电子数据信息俨然已经成了社会交往的最根本性媒介。譬如网络购物会出现大量电子购物信息,网络通讯会留下众多电子通讯信息,即便仅仅是最简单的浏览网络页面,也会产生难以计量的虚拟网页浏览信息……各种网络虚拟化电子数据信息门类繁多,令人举不胜举。而证据作为能证明某事物真实情况之事实或者材料,①由于信息社会交往用来佐证真实性的事实、材料很大程度均是网络虚拟化电子数据信息构成,这无疑将导致各类案件内的证据有很多都是由网络证据构成,其运用越发广泛。有鉴于此,现行《中华人民共和国刑事诉讼法》等一系列相关法律法规更是顺应时代要求将电子数据列为法定证据种类之一,网络证据作用便愈发重要和关键。

第二,网络证据很难根据传统非法证据排除规则实施可采性评断。传统非法证据排除规则若从其雏形"非任意性自白排除规则"追根溯源,距今已有200多年的历史。② 它要排斥的非法证据主要包括两种——非法实物证据和非法言词证据。但一项200多年前就已确立的证据法规则要用来尽善尽美地适应21世纪信息社会司法,显然不是件容易的事情。毕竟200多年前的"实物"和"言词"与今天信息社会中某些比比皆是的电子数据信息难以画等号。譬如传统意义的"实物"往往指实体有形可以被人感觉器官触摸的物品,那这样一来虚拟财产就断不能被视作"实物";传统意义的"言词"往往指人们口头直接交谈或者借助纸质媒体、电话、传真等方式展现的信息,可此类界定模式便难免令虚拟的网络交流(微信、QQ等)无法纳入"言词"范畴。而这些虚拟化的电子数据既然不能被分门别类归纳到"实物"和"言词"中去,那就势必意味着它们无法被传统非法证据排除规则包容,令网络证据可采性评断彻头彻尾沦为了一句空话。

b. 网络非法证据排除规则的具体建构设计

从前述可知,在信息社会网络证据运用日渐广泛,并且网络证据还很难借助传统非法证据排除规则展开其可采性评断。"法发展的重心不在立法、不在法学,也不在司法判决,而在社会本身。"③既然社会自身已经发生了巨大变迁,为了能有效查明刑事案件规制犯罪同时切实保障公民合法权益,适应新时代需要打造与信息社会相对应的网络非法证据排除规则自然非常重要。具体而言,笔者认为这

---

① 参见陈光中主编:《刑事诉讼法》(第五版),北京大学出版社、高等教育出版社2013年版,第160页。
② 参见杨缨:《论刑事非法证据排除规则》,载《犯罪研究》2005年第1期,第66页。
③ 解兴权著:《通向正义之路——法律推理的方法论研究》,中国政法大学出版社2000年版,第65页。

种网络非法证据排除规则建构可从以下几环节着手:

第一,确立基本指导原则。基本指导原则是贯穿某特定活动始终需遵照的基本性依据,对建构网络非法证据排除规则来说,其基本指导原则理当为保护网络空间自由权。Internet作为一个开放共享、快捷便利的人际交往虚拟空间,它最大正面价值便是充分彰显个体自由,但若完全放任自由,又会如开闸洪水那般一发不可收拾。所以网络空间立法就如同市场经济要求以自由经济为基础,国家必要干预为辅助一样,必须以维护网络自由为主体,国家进行必要管制为保障。放置到网络环境非法证据排除上,也即强调排除以非法手段收集的证据可采性系出于对网络空间自由权的保护,以确保网络交往自由。换言之,在网络非法证据排除上,应时刻强调网络空间自由权的保护。倘若某些非法取证行为严重损害网络空间自由权,就要受到排斥;若某些非法取证行为对网络空间自由权(如网络通讯自由权、网络隐私权等)损伤并非特别严重,它的存在是以牺牲个别网络空间自由权(如网络通讯自由权、网络隐私权等)来维护更大层面的国家、社会整体利益,则可适度容忍不必排斥。

第二,设定排除范围。遵循当前各国设立传统非法证据排除规则的主流模式,其证据排除范围大多包括言词证据和实物证据两大类。考虑到网络非法证据排除规则虽有别于传统非法证据排除规则,但最大区别仅是数字虚拟环境与传统现实环境的差异,故要建构网络非法证据排除规则仍可大体照搬传统模式——即将证据排除范围设定为网络言词证据和网络实物证据两大块。其中,网络言词证据主要指借助BBS、微信、微博、QQ、陌陌、电子邮箱等各类互联网平台或通讯工具彼此进行虚拟交往所产生的虚拟化表述数据信息;网络实物证据则主要指在网络空间交往中彼此间涉及的虚拟财产(游戏道具、装备、虚拟货币等)、各类同虚拟财产相关的重要数据信息(如银行账号、密码、网上注册身份信息、网上登记出入境信息等)以及与网络交往直接相关,但系现实社会中存在的实体物品(如彼此在网上达成交易,而在现实中交付的豪车等)。假设获取这些证据的方式违法,造成了较大网络空间自由权损害,它们就可列为非法网络言词证据或非法网络实物证据。

第三,明确网络非法证据排除的提出主体。究竟谁有资格提出非法证据排除,这对网络非法证据排除规则建构同样意义重大。毕竟若无人提出需进行排除或提出的主体太狭窄,都将不利于网络空间自由权保护,破坏司法公正。但反过来提出的主体过于宽泛,也会阻碍刑事诉讼高效进行。笔者认为,因以违法方式获取的网络证据被法官采信难免将给刑事诉讼相关当事人造成不利影响,故在提起主体上,自身利益受到影响方(无论公诉机关、被告追诉人、被害人或自诉案件原告)都应享有提起权。① 法官作为审理案件的第三方,倘若其发现了网络证据合法性问题,也可据职权提起。此番做法,还同最高人民法院《关于适用〈中华人民共和国刑事诉讼法〉的解释(1)》第四章《证据》第八节《非法证据排除》内容保持了一致性,无疑具备着相关实践操作价值。

第四,规划网络非法证据排除的具体程序。在网络非法证据排除之具体流程上,鉴于最高人民法院、最高人民检察院、公安部发布的《关于办理刑事案件收集提取和审查判断电子数据若干问题的规定》第24、27条对电子数据收集提取过程中的合法与否进行了较明确规范,现行《中华人民共和国刑事诉讼法》第56—58条以及最高人民法院《关于适用〈中华人民共和国刑事诉讼法〉的解释(1)》第四章《证据》第八节《非法证据排除》也已经就传统非法证据排除具体操作程序作了较详尽的规定,而网络非法证据广义亦属电子数据,它与传统非法证据更多系证据表现形态之不同。所以在网络非法证据排除具体程序方面,我们完全可一一借鉴现有法规经验,直接适用电子数据和传统非法证据排除具体操作程序。

第五,设置证明责任与证明标准。对网络非法证据排除具体程序,考虑到与传统非法证据排除的共性,可以照搬传统规则。但在证明责任与证明标准上,因网络证据系虚拟电子化数据信息形态,比传统证据要复杂,故其要求与传统非法证据排除规则应有所不同。首先对证明责任来说,尽管现行《中华人民共和国刑事诉讼法》第57条已经指出"在对证据收集的合法性进行法庭调查的过程中,人民检察院应当对证据收集的合法性加以证明",且公诉机关力量要远远强于被追诉方等人,不过鉴于网络证据不像传统证据那般真实存在一目了然,特殊情况下亦要将部分证明责任转移给被追诉方等人。例如当网络电子数据信息很多,以元数据或操作系统伪影等非直观形态出现时,检察机关根本没有这么多精力去完全注意到,②那么证明责任就应适当转移给被追诉方等人。此外,若是刑事自诉案

---

① 不过对侦查中网络通讯监听造成的非法取证而言,自身利益受影响方只可能是被告追诉人。
② 参见陈永生:《电子数据搜查、扣押的法律规制》,载《现代法学》2014年第3期,第113—114页。

件,考虑到双方都处在平等对抗中,就宜根据"谁主张谁举证"的基本要求各自承担相应证明责任。①

其次对证明标准来说,作为举证责任应达到的证明程度,它必须强调可行性和经济性。在美国刑事诉讼过程内,即要求所谓"排除合理怀疑"(Beyond Reasonable Doubt)。② 根据最高人民法院《关于适用〈中华人民共和国刑事诉讼法〉的解释(1)》第99条规定,"当事人及其辩护人、诉讼代理人申请排除非法证据,人民法院经审查,对证据收集的合法性有疑问的,应当依照刑事诉讼法第一百八十二条第二款的规定召开庭前会议……"不难推断我国要求排除非法证据也系对证据收集合法性存有疑虑。故在证明标准上,若被追诉人等提出的证据达到了有理由怀疑非法取证存在的程度(如电子数据信息未封存等),即可认定符合证明标准;而被有理由怀疑实施了非法取证方(不论国家公权力主体或普通私个体),必须提出的证据达到了确实充分证明收集完全合法的程度,才可认定符合证明标准。毕竟被有理由怀疑实施非法取证方对自己取证手段更容易举证,且在中国语境内他们大多为国家公权力主体,对其给予较高证明标准也是合适的。③

第六,明确除外规定。世间所有事物都须依照具体情形实施个案微观特殊分析,网络非法证据排除规则建构也不例外。当设定基本指导原则、排除范围、提出主体和具体程序等重要制度后,法律还应对某些特殊情形下可适度容忍、不采用网络非法证据排除规则进行排除的除外范畴展开规范。毕竟这也是与其基本指导原则相吻合的,因为要保护网络空间自由权便绝不能仅瞄准非法取证本身,它更需从宏观层面实施全方位平衡考量。从网络交往特殊性出发并参照西方发达国家传统非法证据排除规则成功实践,笔者认为应排除的范围主要有下列几类:

首先是"善意"的网络非法取证。即公权力机关或其他私个体主观上系善意地收集网络证据,并没有故意违反法律。尽管此类证据最终被定性为非法证据,但依旧具备可采性。譬如侦查人员误认为开展网络通讯监听已经办理了严格审

---

① 有必要指出的是,对非法证据排除规则限定范围学界一直存在多种观点。有的认为应仅包括国家公权力机关非法取证,有的则认为普通私个体非法取证同样应囊括其中。由于公权力主体和普通私个体非法取证都将造成相关人员合法权益侵害,故笔者这里采取后者观点。
② 参见宋英辉、孙长永、刘新魁等著:《外国刑事诉讼法》,法律出版社2006年版,第221页。
③ 参见杜学毅:《中国非法证据排除规则构建研究》,吉林大学2013年博士学位论文,第126页。

批手续,而实质上相关手续因他人原因导致存有瑕疵,届时进行网络通讯监听获取之证据虽然非法就仍有可采性。

其次是对方事后表示"同意"的网络非法取证。现代刑事诉讼法律制度的发展揭示了从强制化到契约化的过程,①倘若公权力机关或其他私个体借助特殊软件截获他人电子邮箱中的数据信息事先未办理任何审批手续,但事后相关人员对此等行为表示了同意或者主动做了与截获数据信息一致的陈述,则该证据同样具备可采性。尽管公权力机关或其他私个体事先行为违法,可事后相关人员表示了同意或者自愿对被截获的数据信息作了阐述,也即意味着他们放弃了自身权利("同意"就暗示其放弃了网络隐私权等权益)或这种证据获取有必然性("自愿阐述"就表示着即便没有事先的非法取证,我们依旧可获得该证据)。不过,此刻必须确保相关人员是发自内心之真实意愿。假如他们"同意"是受到了公权力机关或其他私个体威逼利诱所致,那仍要排除证据可采性。

最后是基于"公共安全紧急需要"的网络非法取证。网络非法证据排除规则基本指导原则系保护网络空间自由权,但这种自由权绝非某一单独或少数个体的权益,它同时也覆盖了国家、全社会的整体利益。假设某些特殊紧急情况下,公权力机关或其他私个体来不及办理严格审批手续,而犯罪行为人正利用网络积极谋划具有严重社会危害性的犯罪(如恐怖组织正凭借网络平台策划大规模恐怖主义犯罪),事发突然为有效遏制犯罪,此刻获取他们QQ、微信隐私通讯数据信息自然有着证据可采性。"它反映了立法者惩治犯罪的客观需要,从而对刑事诉讼中的人权保障目标作出的一种平衡。"②

3. 网络传闻证据规则

网络传闻证据规则作为传统传闻证据规则在网络环境下的衍生异化,即指若某互联网中的电子证据于刑事诉讼中被界定成传闻证据,并且不存在任何法定例外情形,则该网络证据断不得被法庭所采纳。对传统现实社会来说,网络传闻证据规则并不重要。因为传统环境下司法实践基本不会涉足到虚拟的"0"和"1"二进制数字形成的网络证据采信问题。但当人类社会全面迈入信息时代后,这种局面正悄然发生变化。毕竟随着Internet的迅猛发展,人类生活各方各面无不具备

---

① 参见宋志军著:《刑事证据契约论》,法律出版社2010年版,第4页。
② 雷超:《中美非法证据排除规则比较研究》,载《江汉大学学报》(社会科学版)2013年第6期,第59页。

了电子化、虚拟化色彩,例如买卖双方借助 E-mail 订立的电子合同、犯罪嫌疑人的 QQ 聊天记录、微信或者微博留言等。在这种情形下,网络证据究竟哪些属于传闻证据不可采,哪些又属于法定例外类别可采自然具有极其重大的现实意义。故此,网络传闻证据规则的确立就拥有了相应必要性。

  毕竟在信息社会电子证据的运用愈发普遍。计算机和互联网的相继问世宣告了信息时代降临,对信息时代而言,各类信息之传递往往通过看不见摸不着的虚拟赛博空间完成。譬如网络购物、网络通讯、网络订票、网络挂号、网络办公等均莫不如是。这么一来,证据广义上就必然会涵盖着大量以数字虚拟形式保存于计算机存储器或外部存储介质内能证明案件真实情况的电子证据。何况随着云计算等技术的大规模推广,取证又大多在缺乏具体设备、文件的分布式异构虚拟计算资源环境下进行。而且更重要的是,网络证据很难借助传统传闻证据规则进行可采性评判。毫无疑问,传闻证据规则运用的关键即判断某证据是否符合传闻证据定义。倘若它完全符合且不存有法定例外情形,则予以排除,反之即具备证据能力。而传闻证据,广义上指用以证明所主张事项真实性的一切庭外陈述。[①]但对信息时代产生的网络证据来说,由于它是看不见摸不着之电子虚拟数据信息组成显然无法算作法庭内陈述,假如笼统将其一概视为庭外陈述又会对网络证据现实运用造成严重阻碍。譬如犯罪嫌疑人发送 E-mail 时计算机自动生成的相关页面记录若被看成庭外陈述的传闻证据,这些 E-mail 相关数据信息就很难具备证据能力在法院审理过程中得到使用;又如犯罪嫌疑人利用 QQ、微信等即时通讯工具传递数据信息,在侦查机关不将其书面化(聊天记录输出打印成书面文字)时,法官也无从了解此数据信息具体内容。但书面化后,它是否又变成了传闻证据不拥有相应证据能力呢?凡此种种,不一而足,故网络证据实难凭借当前之传统传闻证据规则进行可采性评判。

  传闻证据规则存在的初衷即某些证据因未在法庭进行交叉询问反复质证,其证据可采性、事实认定准确度和程序正义性都将大打折扣,在此等情况下若认定这些证据具备相应证据能力显然有失公允。故诸多西方发达国家尤其是英美法系国度无不对其加倍重视。"它是英美证据法中最具特色的规则,……是杰出的

[①] 参见何邦武著:《刑事传闻规则研究》,法律出版社 2009 年版,第 16 页。

司法体制对人类诉讼的一大贡献。"①我国目前虽尚未真正建立起完整意义的传闻证据规则,但现行《刑事诉讼法》第59条规定的"证人证言必须在法庭上经过公诉人、被害人和被告人、辩护人双方质证并且查实以后,才能作为定案的根据"等要求无疑带有部分传闻证据规则的雏形。兼之随着信息社会的发展,传统证据规则还受到了高科技条件强烈冲击。有鉴于此,我国日后必然会根据现实需要制定出完备的传闻证据规则。这其中除了适应传统社会需要的一般传闻证据规则外,网络传闻证据规则亦不可或缺。那么就刑事诉讼领域而言,相关网络传闻证据规则具体建构便不妨从下列两大方面入手:

(1)网络传闻证据的界定

从前述可知,传闻证据即用以证明所主张事项真实性的一切庭外陈述。那么网络传闻证据,则是用以证明所主张事项真实性的一切庭外网络电子数据信息陈述。要建构出刑事诉讼中的网络传闻证据规则,第一步显然要就网络传闻证据究竟是什么,何类证据方才构成网络传闻证据实施明确界定。因为倘若某些网络证据本身并不属于传闻证据,那自然相关网络传闻证据规则对其是完全不适用的。根据计算机、网络自身特点以及英美法系国家采用排除法对传统传闻证据所作之限定,笔者认为除开如下几类以外,其他网络证据均可以构成网络传闻证据。

其一是自动性网络数据信息。参照电子数据信息形成条件是否系计算机自动完成,在互联网中产生的电子数据信息可界分成自动性网络数据信息(如计算机根据智能程序在无外力控制下形成的页面访问记录)和非自动性网络数据信息(如网友们主动进行的网上聊天活动记录)两类。由于"信息技术的迅猛发展带来了社会生活全方位的变革,现实社会的多种构成元素开始出现异化效应",②自动性网络数据信息主要是在网络节点经由智能程序按事先设定好的指令自发形成,完全属于一类机器(程序)精确记录的互联网信息流动痕迹(或者说操作痕迹),故不会像网友聊天记录等非自动性网络数据信息那般带有人主观性意向构成"陈述",它作为一种客观电磁记录理当不属于网络传闻证据之列。

其二是同控辩双方主张案件事实真相无关的网络数据信息。关联性证据规则早就告诉人们,若某些资料信息同待证案件事实毫无干系,不能证明案件待证

---

① 李慧:《刑事诉讼中的传闻证据规则探究》,载《天津法学》2011年第2期,第58页。
② 陶鹏:《虚拟社会中的非政府组织:作用、影响及应对》,载《吉首大学学报》(社会科学版)2013年第3期,第46页。

事实则根本不具备任何证据能力不能作为本案证据使用。那么假如提交的是同刑事诉讼控辩双方主张案件事实真相无关的网络数据信息,自然同关联性证据规则相抵触,为防止给主审法官造成误导和带来审判效率低下,它断不构成案件证据必须要予以明确排除。

其三是作为弹劾证据使用的庭外网络数据信息。弹劾证据一般是用来质疑庭上证言提供者如被告人、被害人、证人等的证词可信性,由于它不属于实质证据,在实践运用上便相对较为宽松。倘若某些公安机关、检察机关等获取的网络数据信息如 BBS 发帖记录仅是弹劾证据用作质证庭上证言提供者的证词可信程度而非直接用来查明本案件真相,那它自然不需视作网络传闻证据处理。

其四是用于证明对听者或读者产生影响的庭外网络数据信息。证据是用于证明案件真相的客观材料,倘若该互联网电子数据信息材料自身与待查明案件无直接关系而仅是用作证明对听见或阅读到它的人产生之相关影响力如恐惧、喜爱、憎恨等时,一般不宜看成网络传闻证据。譬如犯罪嫌疑人张某被指控故意杀人,但张某坚称自己是正当防卫,并拿出被害人吴某在自己新浪微博上的留言"3月14日下午我要一刀捅死你"进行证明。因此处微博留言只能证明张某看见这句话在心里产生恐惧感却无法认定被害人吴某真要杀他,自然不宜视作网络传闻证据。

(2)网络传闻证据规则的例外范畴

在对究竟何为网络传闻证据实施准确界定后,还需就其例外范畴予以明确。毕竟若用以证明所主张事项真实性的一切庭外网络数据信息陈述均被认定为网络传闻证据,这样做不免显得过于僵化难以真正满足现实所需。故根据计算机、网络自身特点并参照西方发达国家尤其是英美法系国度对传统传闻证据规则例外情形的设定,笔者认为网络传闻证据规则例外范畴可包括下列几方面:

其一是案件控辩双方一致同意采用的庭外非自动性网络数据信息。刑事诉讼法律制度的发展体现了从强制化到契约化的过程,①而要构成一个契约,前提便是案件控辩双方根据意思自治原则彼此均表示完全同意或认可。假设控辩双方都未对取得的庭外非自动性网络数据信息提出异议(无论是持明示或默示态

---

① 参见宋志军著:《刑事证据契约论》,法律出版社 2010 年版,第 4 页。

度),出于意思自治尊重双方自愿保持司法审判中立性的初衷,法官即可认为该网络传闻证据得到控辩双方认可,属于例外情形具备相应证据可采性。

其二是证人、被害人庭外网络陈述的例外。一般而言,为确保证词经过现场质证,实现法官的直接言词审理,证人、被害人理当到庭进行直接陈述,否则其证词须受传闻证据规则约束排除可采性。不过,某些特殊情形下证人、被害人庭外通过互联网方式所作陈述,仍然符合公平正义理念之基本要求,可视作例外范畴。这主要包括:a. 证人、被害人已经死亡、丧失行为能力或者即将死亡、丧失言语正确表达能力的。倘若证人、被害人已经死亡、丧失行为能力或即将死亡、丧失言语正确表达能力,法院再要求他到庭陈述已无必要甚至根本就来不及,那他生前或身体健康时通过E-mail、微博等电子虚拟数据方式提供的证词在得到相应技术部门验证情况下①自然可承认其可采性;b. 出于人身安全、隐私或国家、社会整体利益考虑证人、被害人不宜到庭陈述的。为避免给证人、被害人人身安全、隐私权或国家、社会整体利益造成伤害,某些特殊情形下证人、被害人可以不直接出庭提供证词,现行《中华人民共和国刑事诉讼法》第62条也明确指出"证人、鉴定人、被害人认为因在诉讼中作证,本人或者其近亲属的人身安全面临危险的,可以向人民法院、人民检察院、公安机关请求予以保护"。假设某被害人出庭作证给他带来人身危险较大,在得到相应技术部门验证后他通过QQ、E-mail、微博提供之证词理当属例外范畴;c. 法官根据自由裁量权认为实无须出庭作证的证人、被害人所作的庭外网络陈述。若个别案件性质不严重,情节轻微,案情明确且证人、被害人证据价值不大亲自出庭成本又相对较高时,法官就可动用自由裁量权裁定他们无须当场作证。那么,此刻证人、被害人借助互联网发来的证明案件真相的电子数据信息在得到技术部门验证后无疑也是网络传闻证据规则的例外。

其三是先前陈述的二次庭外网络陈述的例外。传闻证据规则的实质便是要排斥在法庭外发表的证言性主张。而先前陈述,顾名思义即在先前法庭审理过程内到庭所作的陈述,既然在前次法庭审理过程内已经作了表述,那当然不宜继续笼统看成庭外陈述。但毕竟包括微博在内的网络通讯工具以网络虚拟平台为支

---

① 通常情况下,这种技术部门验证往往是在获得计算机硬盘、终端服务器各类存储媒介后,借助位对位复制方式形成用于技术分析的镜像,然后利用取证大师、FTK等特殊软件实施真伪判断。

撑,具有匿名性,给管理造成了巨大困难。① 倘若一切网络二次陈述都能视作除外范围,考虑到互联网管理的困难程度,这显然有失公允。故仅有当证人、被害人等开始时已现场到庭(包括其他案件到庭)作了陈述,后来因种种原因不能继续出庭而利用互联网的电子数据信息进行庭外陈述时,庭外网络数据信息同先前到庭言词表述完全一致且先前陈述已经过质证得到主审法官认可具有较高可靠性,那他二次庭外网络陈述方才能看成网络传闻证据规则例外具备证据可采性。

其四是特殊互联网电子公文证书的例外。随着互联网的飞速发展,各种电子数据信息化服务日渐完备,通过 Internet 进行的侦查、勘验、鉴定也越来越多。譬如电子护照、电子公证、借助 Internet 开展的犯罪侦查活动②等均比比皆是。由于在传统社会内公文证书一般都具备较高可信度难以篡改,网络无纸化办公业已成为时代发展趋势,假设网络环境下的电子公文证书得到了相应技术部门验证不存在伪造,且能够证明电子公文证书制作(如电子护照发放、侦查机关网络信息截取等过程)真实合法,相关制作人员具备相应能力,则允许其作为网络传闻证据规则的例外存在。

4. 网络最佳证据规则

所谓网络最佳证据规则,指在证明一项以网络环境下电子数据信息为文书内容的刑事诉讼过程中,若其内容是重要的,除非可以证明存在非因提出人重大过失之其他原因,否则必须出具原始文书。长期以来,英美法系国家都将最佳证据规则视作刑事诉讼最重要的证据规则之一。我国等大陆法系国家虽对刑事诉讼最佳证据规则关注度不如英美法系,但在诸多法律规范内仍进行了不同程度之精神体现。如我国 2013 年颁行的《关于适用〈中华人民共和国刑事诉讼法〉的解释(1)》第 71 条便规定"据以定案的书证应当是原件。取得原件确有困难的,可以使用副本、复制件。"

毫无疑问,对刑事诉讼最佳证据规则而言,信息社会带来的网络环境给其造成的震撼相当巨大。因为最佳证据规则根据定义可知主要强调三层含义:一是原

---

① 参见盛明科、杨玉兰:《微博时代公共舆论暴力的产生及其治理机制研究》,载《吉首大学学报》(社会科学版)2013 年第 3 期,第 73 页。
② 以我国 2001 年推出的全国首例互联网安全监控软件"网络 110"为例,借助该软件,侦查机关可截堵互联网上的各类邪教、色情与暴力信息,开展有针对性之侦查活动。具体可参见李双其:《网络犯罪侦查》,载《公安大学学报》2001 年第 3 期,第 68—69 页。

始文字材料乃证明案件真实的最优证据;二是法官应采纳原始文字材料来认定事实;三是具备法律规定正当理由时,也可用非原始文字材料作为证据。① 但随着 Internet 的迅猛发展,人类生活各方面都有了电子数据化色彩,如买卖双方借助 E-mail 订立的电子合同、犯罪嫌疑人的各类网络聊天记录等。在此类情形下,虚拟非实体化的电子数据信息显然跟传统社会中的纸面文书实体文字材料相差甚远,现有刑事诉讼最佳证据规则便很难对其实施可采性评判,根据网络环境适时发生演变就顺理成章。毕竟在运用刑事诉讼最佳证据规则进行可采性评判上,最关键一点即判断某证据是否符合最佳证据定义。若符合且不存有法定例外情形,则予以排除,反之便具备证据能力。尽管各国现行法律大多认可了电子数据信息与传统纸质文字材料有同样法律效力,但电子数据信息利用计算机"复制"功能在理论上是可以重新制作无限份完全相同的,那究竟何为"原始文字材料"就很难和传统证据一样作出明确判断。毕竟传统纸质文字材料复制后的"原本"与"副本"借助技术手段甚至凭借人直观经验就能作出较清晰判断,而计算机虚拟复制的电子数据信息"原本"和"副本"因都不过是一些数字符号,要评价何为"原始文字材料"何为"非原始文字材料"就绝非易事。故而,电子数据信息断难凭借现有刑事诉讼最佳证据规则进行可采性评判。

尽管我国等大陆法系国家对刑事诉讼最佳证据规则的强调远不及英美法系,但为弥补法律漏洞适应现实需要,建构与 Internet 相吻合的刑事诉讼网络最佳证据规则或类似法律规则无疑乃法制健全应有之义。对此笔者认为,这种网络最佳证据规则建构又不妨从下列两大方面入手:

(1)网络最佳证据的界定

从逻辑上论,要建构与 Internet 相适应的网络最佳证据规则,第一步显然要就网络环境下的刑事诉讼最佳证据究竟是什么,何类证据构成网络环境下的刑事诉讼最佳证据实施明确界定。因为若某些证据本身并不属于网络环境下的刑事诉讼最佳证据,那自然相关网络最佳证据规则对其是不适用的。

在传统社会中,最佳证据按照刑事诉讼最佳证据规则之要求即原始文书或原始文字材料,非常清晰、一目了然。在网络环境下,因证据大多以数字流的电子虚

---

① 参见宋强、邓贵杰:《最佳证据规则的现代发展及在我国的适用问题探讨》,载《贵州民族学院学报》(哲学社会科学版)2007年第6期,第62页。

拟即电子证据形态出现,究竟何为原始文书或原始文字材料就并非那么明确可辨。对此学界现存四种不同观点,其一是认为电子证据在未输入计算机仍以书面文字形式存在时属"原始文书",输入计算机后再由打印机将电子证据打印出来的属于"非原始文书";其二是主张计算机内的电子证据本身即构成"原始文书",后来打印成稿则属于"非原始文书";其三则认为电子证据理论上可推定成"原始文书",但要以其打印输出计算机为准;其四是主张当电子证据可以借助某种输出方式重新以传统文字形式再现时,它以传统文字形式再现就构成"原始文书"。但若无法重新以传统文字形式再现,电子证据本身也可成立"原始文书"。①

笔者认为,第二种观点在网络最佳证据界定上更具可取性。对第一种观点来说,若仅将未输入计算机以书面文字形式存在定性成"原始文书",这未免与实践不符。因为除了那些在没有输入计算机以前就有书面文字形态的证据材料外,现实操作中也存在很多事先根本没有书面文字形态而直接在计算机内以电子数据信息形式出现的证据材料。譬如犯罪嫌疑人直接用计算机发送 E-mail 实施诈骗,但他事先并未在实体材料上把诈骗内容写出来,此刻将 E-mail 诈骗内容定性成"非原始文书"显然有失公允;对第三和第四种观点来论,它们虽然都认为电子证据可以成立"原始文书",但也附有先决条件。第三种观点要求应当以打印输出计算机为准。第四种观点则坚持只有无法以传统文字形式再现时电子证据才成立"原始文书"。这在互联网和电子数据信息传输大行其道的今天不免过分苛刻,毕竟随时代发展电子数据信息运用越来越广,还要强调有传统文字形式不免束缚了电子化证据的应用。何况利用计算机"复制"功能形成的电子数据信息"副本"和"正本"都是完全相同的虚拟符号,对电子数据信息一一甄别究竟系"正本"抑或"副本"并无多大实质价值。所以在网络最佳证据之认定上,一切与案件相关且排除了虚假可能性的电子证据均宜视作最佳证据。应该说本观点也得到了相应司法解释之肯定,如最高人民法院、最高人民检察院、公安部发布的《关于办理刑事案件收集提取和审查判断电子数据若干问题的规定》第10条便认为"由于客观原因无法或者不宜依据第八条、第九条的规定收集、提取电子数据的,可以采取打

---

① 参见李明著:《监听制度研究——在犯罪控制与人权保障之间》,法律出版社2008年版,第239—240页。

印、拍照或者录像等方式固定相关证据,并在笔录中说明原因"。该法条实质即明确认定了计算机内电子证据本身系最佳证据"原始文书",除非符合法定条件的方才可以打印、拍照或录像等途径重现。

(2)网络最佳证据的例外范畴

在对究竟何为网络最佳证据实施界定后,还需就其例外范畴予以明确。毕竟若我们对最佳证据设定过窄,就不免令证据规则过于僵化难以真正满足现实所需。故参照当前西方发达国家尤其是英美法系国度对传统刑事诉讼最佳证据例外情形的设定,笔者认为网络最佳证据例外范畴可包括下列几方面:

其一是各方当事人对副本均表示无异议的情形。刑事诉讼法律制度的发展体现着从强制化到契约化的过程,而要构成一个契约,前提便是控辩双方彼此均表示同意或认可。倘若控辩各方当事人对计算机内的电子数据信息通过某种方式输出形成的文字材料都不持异议,现代科学技术又可以证明此时形成的文字材料并非伪造,便理当认可该副本属于网络最佳证据的例外范畴。

其二是非提供者过错造成的电子数据信息毁损情形。电子数据信息较之传统文字材料,虽然更易保存,但在计算机受到物理破坏或遭遇病毒攻击等特殊情况时,电子数据信息依旧可能发生损坏甚至灭失。譬如保存在某个人电脑硬盘中的诈骗邮件,当受到病毒攻击导致相关信息丢失无法还原时,假设此刻存在一份被打印出来的纸质邮件,且遵照现代科学技术可证明它并非伪造。基于公平正义的法律理念考量,也宜承认该打印出的副本属最佳证据之例外。不过,假如系提供者有过错甚至恶意毁损了电子数据信息,因会给司法审判者留下故意毁坏证据之嫌,①则断不得承认其具备网络最佳证据效力。

其三是相关电子数据信息被对方或第三方掌控而己方无从取得的情形。当用于举证案件事实的相关电子数据信息不在己方手中而是被对方或第三方掌控,自己又无法获取此电子数据信息时,再坚持要求己方出示相关电子数据信息显然是无法实现的。如此一来,该情形下提供电子数据信息副本并被认定不存在伪造可能时自然应视作网络最佳证据例外。

---

① 参见易延友:《最佳证据规则》,载《比较法研究》2011年第6期,第107页。

其四是与争论事实关联不大的情形。根据关联性规则,同待证事实关系越疏远,该资料信息的证明力就越小,毫无任何干系则根本不具备证据能力。若某电子数据信息同刑事案件中争论事实关联不大,也即意味着它同本案关系并不紧密,证明力很小。此刻电子数据信息自身正本或经验证后打印输出的副本因证明力都不大,正本、副本均不会对案件审判有重要影响。故该副本虽不是严格意义的最佳证据但它给案件造成之影响基本可忽略不计,法院将它当作一类网络最佳证据例外也是合适的。

5. 网络意见证据规则

网络意见证据规则,即指刑事诉讼中证人只能就自身所感知的网络环境内虚拟电子数据事实提供证言,一般情况不得根据感知、观察得出之推断性结论发表主观意见。对英美法系来说,意见证据规则系其规范证人证言的基本规则。毕竟证人证言作为一类证据来源,它的目的在于将证人亲身感知的案件事实提供给法官。若由证人做出推断性结论,则可能侵犯到法官或陪审团根据案件事实作出判断的裁判性职能,令案件审理出现偏差。① 尽管我国作为大陆法系国家,现行《中华人民共和国刑事诉讼法》并未明确设定意见证据规则,但相关司法解释依旧体现出了意见证据规则基本精髓。如最高人民法院发布的《关于适用〈中华人民共和国刑事诉讼法〉的解释(1)》第75条便规定"……证人的猜测性、评论性、推断性的证言,不得作为证据使用,但根据一般生活经验判断符合事实的除外。"

在广义上,意见证据规则的适用包括普通证人和专家证人两部分。前者因只是就亲身目睹感受之案件事实来提供证言,对其具体判断主要在于"事实"和"推断性结论"的区分。因为若构成了"推断性结论",便意味着与意见证据规则相左;后者由于具备特定领域的专业知识,则往往可以依据自己专业知识就某些专门性问题向司法机关提供推断后的主观化结论。在我国现行刑事诉讼法典中,普通证人、专家证人意见是被分别视作证人证言、鉴定意见以及鉴定意见的质证看待的。不过,由于现有法律法规对普通证人和专家证人相关规定都不够完善,存在普通

---

① 参见陈光中主编:《刑事诉讼法》(第五版),北京大学出版社、高等教育出版社2013年版,第198—199页。

证人意见证据运用具有一定模糊性、专家证人意见证据采信具有一定盲目性之缺憾。① 而虚拟数字化的网络环境和实实在在的社会生活环境差别迥异,看不见摸不着的二进制网络环境较传统现实环境更难界分普通证人"事实"和"推断性结论",其高技术特点又进一步擢升了专家证人作用。如此这般下来,根据信息社会需要打造专门的网络意见证据规则便刻不容缓。

法在社会的意义上同艺术、思想或经济生产组织一样具备着创造性。② 笔者认为,参照英美法系国家将传统意见证据规则区分成普通证人和专家证人两方面分别予以规范之做法,我国未来的网络意见证据规则也可这样着手实施建构。

(1) 明确网络环境下普通证人意见证据采信范围

对普通证人意见证据而言,采信的关键在于"事实"和"推断性结论"二者之具体区分。单从汉语字面剖析,"事实"即过去所发生事情的真实情况,"推断性结论"则系主观上对过去所发生事情的真实情况带有猜测、评论之意见,③它们很好界定。但实则不然。因为网络环境下的"事实"大多为通过电脑、手机等载体表现出来的虚拟化电子数据信息,这些电子数据信息存在很大程度后天篡改、伪造、删减的可能性,那又当如何评判感知此等电子数据信息的普通证人提供的是"事实"抑或"推断性结论"呢?

首先,在一些瞬时间发生的电子数据信息展现出之事实上,司法机关应予采信。瞬时间发生的事实,例如某视频已经损坏无法还原,但普通证人根据计算机

---

① 如最高人民法院发布的《关于适用〈中华人民共和国刑事诉讼法〉的解释(1)》第 75 条规定"……证人的猜测性、评论性、推断性的证言,不得作为证据使用,但根据一般生活经验判断符合事实的除外",这里究竟何为"根据一般生活经验判断符合事实"? 令人着实感觉模糊不清;又如现行《中华人民共和国刑事诉讼法》第 187 条中要求"……公诉人、当事人或者辩护人、诉讼代理人对鉴定意见有异议,人民法院认为鉴定人有必要出庭的,鉴定人应当出庭作证。……",第 190 条规定"公诉人、辩护人应当向法庭出示物证,让当事人辨认,对未到庭的证人的证言笔录、鉴定人的鉴定意见、勘验笔录和其他作为证据的文书,应当当庭宣读。……",这种过于宽泛的法条表述某种意义上无疑是默许了作为专家证人的鉴定人很多情形可以不出庭参与质证。但若不出庭参与质证,各方便无法弄清鉴定意见所遵照的科学原理,无法就其科学性进行更透彻的判断。长期下去,显然就人为盲目拔高了专家证人意见证据采信度。

② 参见[葡]叶士鹏著:《欧洲法学史导论》,吕平义、苏健译,中国政法大学出版社 1998 年版,第 48 页。

③ 参见王光笑:《意见证据规则的理性构建》,载《中南财经政法大学研究生学报》2013 年第 5 期,第 136 页。

先前播放的该视频直接观察到了图像和声音,这些显然可以比照传统现实社会中目击证人的证言进行采信;其次,对最高人民法院发布的《关于适用〈中华人民共和国刑事诉讼法〉的解释(1)》第75条"根据一般生活经验判断符合事实"进行具体化限定。必须强调这种"根据一般生活经验判断符合事实"在网络环境下符合三个条件:a. 它应当是普通证人对以某种形态展现出的虚拟化电子数据信息之亲身感知;b. 它应当很难被审判人员的主观推测、判断所取代;c. 它应当对审判人员认定案件事实具备实际价值;最后,对某些特殊情形,必须硬性规定不得采信普通证人意见证据。这主要包括普通证人根据亲身感知的虚拟化电子数据信息发表的证人可信度和法律定性之意见证据,如"某某证人不可信"或"根据本视频显然可以认定某某有罪"等。它们主观性太强,司法机关断不可采。

(2)对网络环境下的专家证人意见证据进行科学规范

专家证人意见证据与普通证人意见证据不同,专家证人意见大多带有专业领域技术色彩,专家证人根据亲身感知之案件事实向司法机关提供推断后的主观化结论往往能够获得采信。对富含高科技的网络环境来说,专家证人意见证据就显得更加至关重要。毕竟审判人员仅仅是法律领域的专家,对其他行业未必精通,虚拟化的电子数据信息是以模拟的逻辑演示替代了传统现实社会事实直接叙述,法官无法对输入计算机的电子数据信息误差概率进行准确判断。而专家证人的到来,则恰好解决了这一尴尬难题。但是,若无任何合理约束,法官的案件审理就会自然不自然地被技术专家所左右从而难免背离了案件真实。因此,我们理当对网络环境下的专家证人意见证据进行科学规范。

首先,对网络环境下的专家证人范围予以明确。根据我国现行刑事诉讼法第144条和第192条的规定,"为了查明案情,需要解决案件中某些专门性问题的时候,应当指派、聘请有专门知识的人进行鉴定"、"……公诉人、当事人和辩护人、诉讼代理人可以申请法庭通知有专门知识的人出庭,就鉴定人作出的鉴定意见提出意见",不难发现我国目前的专家证人包括鉴定人和专家辅助人①两类。其中鉴定人无疑必须具备相应鉴定资质,专家辅助人则没有鉴定资质的要求。例如现行《公安机关电子数据鉴定规则》第9—16条就对电子数据信息鉴定资质作了详尽

---

① 根据我国学界通说,现行刑事诉讼法中除鉴定人外"有专门知识的人"被称为专家辅助人。具体可参见张园园:《刑事诉讼专家意见证据探析》,载《浙江学刊》2014年第1期,第155—156页。

规定。考虑到互联网环境中技术问题较传统社会更加复杂多变,笔者认为网络意见证据规则中的鉴定人理当是具备相应电子数据信息鉴定资质者,专家辅助人则必须是具备较高级别相关计算机专业知识、学历、资历的专业人员,但专家辅助人不一定要求拥有相应电子数据信息鉴定资质。这种鉴定人和专家辅助人互相交叉的现象,在国外也有成功先例,如德国目前刑事诉讼领域内的鉴定人和专家辅助人范围就有互相重合。①

其次,对网络环境下的各类专家证人出庭作证都予以硬性规定。我国现行刑事诉讼法典虽然对专家辅助人出庭作了明确规定,但在鉴定人出庭方面则表述相当含糊,仅仅在第187条中要求"……公诉人、当事人或者辩护人、诉讼代理人对鉴定意见有异议,人民法院认为鉴定人有必要出庭的,鉴定人应当出庭作证。经人民法院通知,鉴定人拒不出庭作证的,鉴定意见不得作为定案的根据。"假设公诉人、当事人等对鉴定意见有异议法院认为鉴定人没必要出庭,或者公诉人、当事人没有提出任何异议,鉴定人就无须出庭。可网络环境下的电子数据信息技术含金量极高,譬如鉴定人根据计算机理论模型进行的推演,若鉴定人依旧能够不出庭,那这理论推导过程就很难通过质证完全阐释清楚。所以鉴于电子数据信息的特殊性,宜借助司法解释方式对网络环境下的鉴定人出庭做出和专家辅助人出庭一样之硬性规定。如在司法解释中明确规定"公诉人、当事人或者辩护人、诉讼代理人对电子数据信息鉴定意见有异议或者人民法院认为相关鉴定人有必要出庭的,该鉴定人必须出庭作证。经人民法院通知,鉴定人拒不出庭作证的,鉴定意见不得作为定案的根据。"

最后,对网络环境下的专家证人意见质证予以明确规范。由于电子数据信息带有很多理论学术建构色彩,在质证过程中必须全方位考虑各类相关因素:a. 专家证人意见对具体案情的证实程度究竟有多高;b. 专家证人是否带有倾向性,其中立程度究竟有多高;c. 专家证人在以往对同类问题提供意见时展现出的专业技能和实践成功经验究竟有多高;d. 专家证人使用的相关理论或技术多大程度得到过验证;e. 专家证人使用的相关理论或技术被国内外权威学术共同体接受的程度有多高;f. 专家证人使用的相关理论、技术已知或潜在的错误概率究竟有多高。只有对上述因素都给予充分考量,实施了较完备的质证,方可保证此类证据之可

---

① 参见蔡震宇:《论意见证据规则的完善》,载《中国检察官》2015年第2期,第10页。

采性。

6. 网络补强证据规则

网络补强证据规则,即为防止刑事诉讼过程中错误认定案件事实或发生其他危险性,而在借助某些网络环境下获取之证明力相对薄弱的电子证据认定案情时,必须有其他相关证据对其证明力予以补强。在国外,诸多西方发达国家出于对封建时代刑讯逼供的反思和口供主义的批判,大都将补强证据规则视作言词证据的基本证据规则之一。如现行日本《刑事诉讼法》第319条第2款就规定,"不论是否被告人在公审庭上的自白,当该自白是对其本人不利的唯一证据时,不得认定被告人有罪。"[①]在我国,补强证据规则也得到了相关刑事诉讼法规的认可。如现行《中华人民共和国刑事诉讼法》第53条规定"……只有被告人供述,没有其他证据的,不能认定被告人有罪和处以刑罚;没有被告人供述,证据确实、充分的,可以认定被告人有罪和处以刑罚。……",最高人民法院发布的《关于适用〈中华人民共和国刑事诉讼法〉的解释(1)》第106条规定"据被告人的供述、指认提取到了隐蔽性很强的物证、书证,且被告人的供述与其他证明犯罪事实发生的证据相互印证,并排除串供、逼供、诱供等可能性的,可以认定被告人有罪。"

不过对于网络补强证据规则,目前无论西方发达国家或者我国,都鲜有就其进行系统立法的。尽管从前述可知网络环境下获取的电子证据并非完全属于言词证据,但电子证据证明力相对较薄弱乃不争之事实。其一,电子证据自身具有高度隐蔽性和易删改性。毕竟无论系储存媒介或传输载体,电子证据都必须仰仗各类计算机信息技术,很难被人们真实感知。而传统案件中的证要被感知则相对较容易便利,如案发时犯罪现场的具体痕迹指纹、脚印等。兼之电子证据受主客观因素影响(人为破坏、病毒侵袭、网络中断等),它被损坏、篡改概率极高。这一切无不导致电子证据证明力大打折扣;其二,电子证据很难完整地向司法机关进行提交。一套完整的电子证据应覆盖电子数据信息、附属信息和系统环境信息三部分。电子数据信息即用来证明案件事实的主要证据,附属信息是电子数据信息产生、传输、变动而引发的相应电子记录,系统环境信息则是对电子数据信息所处具体软硬件环境之客观描述。但在国内司法实践

[①] 转引自陈光中主编:《刑事诉讼法》(第五版),北京大学出版社、高等教育出版社2013年版,第200页。

中,附属信息和系统环境信息受技术条件制约,很难有效展示给司法机关;①最后,电子证据证明结论具有一定程度的非排他性。由于电子数据信息的虚拟特性造成其很多情形下并不能直接将证明结论指向具体犯罪嫌疑人,这就令其证明力大为下降。譬如侦查机关借助网络通讯监听技术手段要寻找到具体发出通讯数据信息的网吧、办公室或者计算机并非难事,但想真正确定犯罪嫌疑人依旧不简单。毕竟此刻只能在技术层面核实该计算机与网络通讯数据信息之间的关联性,但用它来证明必然是该犯罪嫌疑人使用电子计算机发出了网络通讯数据信息就不免显得底气不足。

有鉴于此,为能切实增强电子证据的证明力,全面提高案件事实认定准确度,设置与信息社会保持紧密一致的网络补强证据规则已是时不我待。在网络补强证据规则具体建构上,笔者主张宜包罗如下几部分:

(1)对网络补强证据范围进行精准设定。尽管从广义来说,任何具有证据能力可以补强网络环境下获取之电子证据证明力的相关物证、书证、证人证言、鉴定意见、勘验、检查、辨认、侦查实验等笔录、视听资料、电子数据都能够成为网络补强证据。但它始终须有一些基本要求,即上述网络补强证据本身必须可靠值得信赖,它要证明的事实与案件密切相关,它有独立的来源和需要补强的电子证据彼此独立。②

(2)对网络补强证据的出具主体予以规范。正如英国高级警察协会编撰的《数据证据良好操作指南》中指出的那样,"……开机状态的系统需要小心操作,因为如果操作不正确可能导致证据发生意想不到的变化。这样的系统只能由受过适当训练的人接触。……"③故考虑到网络环境下电子证据的高度专业技术色彩,若要出具网络补强证据,则该出具主体必须受到严格规范。假设根本无法做到出具主体的权威性、专业性和中立性,其可靠程度自然会令人怀疑。对此笔者

---

① 参见王春:《论电子证据补强规则确立及补强证据规则建构》,载《湖北社会科学》2012年第8期,第162页。
② 譬如要证明犯罪嫌疑人用这台电子计算机向他人发出了相关网络通讯数据信息,现在侦查机关手头截获了一封由该电子计算机IP地址发出的电子邮件,就不能简单用截获的另一封从该电子计算机IP地址发出的电子邮件来进行补强。因为这两封电子邮件都是该电子计算机IP地址所发送,彼此未互相独立具有独立的来源渠道。
③ 转引自陈永生:《电子数据搜查、扣押的法律规制》,载《现代法学》2014年第5期,第113页。

认为,要符合权威性、专业性和中立性之要求,传统公证机关和新兴的网络公证机构可担大任。毕竟无论传统公证保全抑或新兴的网络公证保全都具有认证功能,而这些公证部门基于自身工作性质无疑均具备权威性、专业性和中立性特质。特别是网络公证系凭借先进计算机网络技术手段来实现对互联网领域的证明需求,它以特殊软件流程局部甚至全部实现了某些互联网领域电子数据信息证明,未来应用前景极其广阔。因此,网络补强证据出具主体需以传统公证机关和新兴网络公证机构为主,其他拥有相应权威性、专业性和中立性之部门(如数字证书认证机构①等)也可酌情出具该证据。

(3)对网络补强证据的具体调查程序实施界定。在法庭调查活动中,证据调查顺序也可能左右到裁判者结论之作出。假设先调查待补强证据(主证据),然后才调查其他作为补强的证据,裁判者就难免形成先入为主的主观臆断,进而丧失了证据补强意义所在。② 因此,我们还需要就网络补强证据的具体调查程序实施界定。一方面应明文规定网络补强证据的具体调查须在待补强电子证据(主证据)调查前实施,尽量避免法官产生先入为主的主观偏向;另一方面则应当强调网络服务商(无论是网络中介服务提供商 ISP 或者网络内容服务提供商 ICP)在具体调查程序中负有作证义务。毕竟在信息社会,网络服务商手头掌握着大量有价值的电子数据信息,并且他们对解释电子数据编码等技术问题有着一定权威性,强调他们的出庭作证义务意义匪浅。譬如曾有一起跨国贩毒案件,涉案人员均通过欧美地区使用频率较高的即时网络通讯软件 WhatsApp③进行沟通联系。不过此类即时通讯软件中的聊天记录极易被篡改、删除,当行为人将敏感通讯数据信息删除仅保留正常交流的对话信息时,侦查机关唯有寻求国外网络服务商帮助调取证据一条路,不然案件侦破工作就只能陷入到被动

---

① 数字证书即独立授权机构发放的用来证明交易主体在互联网中身份之证件。数字证书认证机构则在电子商务交易内处核心地位,数据电文和数字签名等的真实性、完整性与不可否认性,其基本依据都来自数字证书认证机构居中立地位颁发的电子签名认证证书。故数字证书认证机构权威性、专业性、中立性毋庸置疑。具体可参见尹衍波主编:《电子商务法规》,清华大学出版社、北京交通大学出版社2007年版,第88—96页。
② 参见王志刚:《论补强证据规则在网络犯罪证明体系中的构建——以被追诉人身份认定为中心》,载《河北法学》2015年第11期,第55页。
③ 在目前我国大陆,微信和QQ无疑是人们在互联网中使用最普遍的即时通讯软件。但在欧美国家,WhatsApp更加普遍;在日本、韩国和我国台湾地区,则LINE即时通讯软件通常被看作普通民众第一首选。

停滞状态。①

(七)设置侦查中网络通讯监听实施的特殊除外规定

前文立法层面虽然就侦查中网络通讯监听的具体运作程序、监督救济程序和相关信息社会证据规则进行了较详细探索,但这些探索主要针对的乃是一般情形下之网络通讯监听。正所谓世间万物千差万别,有一般就必然有与之相对应的特殊情况。对于那些较特殊的网络通讯监听侦查情形,显然不能简单套用普通方式予以规范。故而,我们还应针对某些特殊情况设置特殊除外规定全面引导、约束侦查中网络通讯监听的实施。②

1. 无令状即时单独网络通讯监听

从前文可知,即时单独网络通讯是主要利用一对一网络通讯软件工具如腾讯QQ等远端登录进行的不特定双方当事人实时信息交流。正常情况下,网络通讯监听侦查活动开展必须以法定审查机关事先颁发令状或事后核准确认(如事态危急)为前提,无令状则监听活动非法。其获取之证据一般不具备可采性,除非遵照利益平衡原则判断认为据此查明案件真相抓获真正犯罪嫌疑人所获取的利益要大于被侵害的公民人权和国家、社会整体利益。那么,是否一切无令状的即时单独网络通讯监听都会被认定为非法监听呢?笔者认为这也不尽然,毕竟世界的万物都是千差万别的。此时此刻,理应根据一些特殊标准就其合法性展开科学判断。

笔者主张,针对无令状即时单独网络通讯监听,我们可以规定采用前文国内某些主流学者所言的"同意说"进行判断,即看任一方被监听当事人事先能否就侦查机关的网络通讯监听活动表示同意。尽管"同意说"中的"同意"在整个匿名网络大环境下不好判断,但放置到某一具体氛围中去,我们还是能较容易获得定论。即时单独网络通讯终究仅为当事人双方发生的一对一私密交流,在这种环境下,绝大多数有理智的正常成年人包括犯罪嫌疑人均很容易知晓倘若事先自己表示

---

① 参见梁栩境:《刑事律师解析:〈关于办理刑事案件收集提取和审查判断电子数据若干问题的规定〉的核心内容及辩护律师质证注意事项》,载 http://slwang.fyfz.cn/b/901463,2016年10月20日访问。

② 由于侦查中网络通讯监听实施的特殊除外情形出现概率较低,我们仅需在司法解释等单独立法中进行规定即可。

首肯就意味着放弃了相关网络通讯自由权、网络隐私权等人权,①允许侦查机关采取行动,这和现实社会中进行的一方当事人同意监听大同小异。② 虽然此刻交流者对身份的虚拟仍预示着其拥有部分网络隐私,不过跟表明"同意"放弃的合法权益相比微乎甚微。故为防止给侦查活动带来过分束缚,我们完全可忽略不计。同时,犯罪嫌疑人作为网络通讯一方向另一方当事人大胆透露各种信息也暗示着自己因信任对方以至放弃了隐私权开始承担起程度不一的泄密风险。而借助储存在网络服务器或路由器上的邮件监察程序实施监听往往针对乃具有严重社会危害性的犯罪行为,另一方网络通讯当事人向有关部门举报自然义不容辞。"一个千方百计帮助当局制止犯罪的人,应当被他的国家宣布为伟大和完善的公民,美德奖的获得者。"③故此,采用"同意说"并非对相关当事人人权熟视无睹。兼之此刻实施的网络通讯监听只涉及当事人双方,适用范围大为缩小,便断不会如即时多人网络通讯监听那般存在数十甚至成千上万名在线交流者。所以,其他人的正当权益很难遭到国家公权力不法侵害,令状原则被侦查机关有意规避之概率也会相应减少许多。

2. 无令状即时多人网络通讯监听

即时多人网络通讯监听主要系依靠多人网络通讯软件工具如腾讯QQ群等登入远程主机进行的不特定多方当事人实时信息交流。对于无令状即时多人网络通讯监听,与前面的无令状即时单独网络通讯监听不同,笔者认为我们在法律中不宜认可其合法性。至于据此获取的相关证据,则规定必须依照利益平衡原则展开可采性评判。

不承认无令状即时多人网络通讯监听合法性主要基于以下因素考虑:第一,对此类网络通讯监听现今尚缺乏有效的合法性界定方式。即时多人网络通讯涉及的当事人众多,往往数人、数十人甚至成千上万人不等。兼之网络通讯监听包罗手段极广,上至普通网页浏览监控、流量监视,下至FTP命令监视、TELNET命令监视、端口映射和PPPOE拨号支持等等无不在其之列。若像前面那样采用"同意

---

① 虽然未成年人未必绝对了解自己表明"同意"之法律后果,但鉴于被监听犯罪行为的严重社会危害性,我们理应将未成年人或其监护人表示"同意"视之为同样放弃了相关合法权益。
② 当然,出于方便侦查起见,这里的"同意"理应既包含明示同意亦囊括默示同意。
③ [古希腊]柏拉图著:《法律篇》,张智仁、何勤华译,上海人民出版社2001年版,第140页。

说"仅需其中一人事先草率首肯侦查机关就可实施无令状监听,难免侵害到范围较广的其他大多数不特定人相关网络通讯自由权、网络隐私权等人权。久而久之,亦会诱使侦查机关借此为由来规避令状约束,造成公权力泛滥;若采用前文所言"合理隐私期待说",则无法精确分辨大多数或全体参与者"合理预期的隐私"是什么。毕竟该种通讯方式虽表面乃畅所欲言自由公开,可实质上一般仍须先办理注册登记手续,大多数参与者并不希望非参与人士在一旁窥视影响其网络通讯数据信息交流;若采用"综合考虑说"则丧失了法律应有的刚性及准确度,留给审查机关过多自由裁量权,这同我国一贯的司法传统明显背离。当然,倘若我们能让大多数甚至全体参与者均表示同意监听或当别论。可网络文化本身就是一蔑视权贵、崇尚自由的共享文化,大多数乃至全体参与者果真能心悦诚服地表示同意吗? 更何况由犯罪心理学角度来说,犯罪嫌疑人就此也会产生警觉令网络通讯监听断难有所作为。

第二,对于绝大多数即时多人网络通讯监听采用令状完全可胜任需要。从逻辑角度进行分析,除了极个别"炫耀型"的犯罪嫌疑人外,鲜有人会在这种即时多人网络通讯内向诸多陌生者大肆展示自己的犯罪行为,毕竟这样做会令被查获之风险剧增。所以,犯罪嫌疑人利用此类网络通讯方式透露犯罪信息多半是同自己信赖者甚至犯罪团伙内部进行联络交流时发生。而对于这几种情况,侦查机关通过事先申请令状再开展监听活动完全可满足遏制犯罪需要。遇到极其紧急情形,譬如当"世维会""藏青会"①及"法轮功"等民族极端分裂组织和邪教组织正阴谋策划危害国家安全时,亦可先实施网络通讯监听再提交审查机关予以审核确认。若事后审查机关认定监听并不合乎法律规定,则否认其合法性。

故此,既然目前我们对无令状即时多人网络通讯监听合法性之界定缺乏有效

---

① "世维会"即"世界维吾尔代表大会"的简称,2004 年 4 月在德国慕尼黑成立。其宗旨在于以"渐进疆独"的方式推行所谓"东突独立";"藏青会"则是"西藏青年大会"之简称,1970 年 10 月在印度达兰萨拉成立。目前该组织把持着"西藏流亡政府",曾连续制造了 1987、1988、1989 年三次拉萨骚乱,近年更策划了多起国内严重恐怖事件以及对中国 18 个驻外使领馆的暴力冲击。具体可分别参见百度百科:《世界维吾尔代表大会》,载 http://baike.baidu.com/link? url = – e878xh3iQ26gWjiO4nsOeQsx6v5XpYc1Oyj8t83UkfjoTC _ EZTv4rwTL7ja4xfURVfbdMYz1NOqaZQu58Fz9hYOh4vup7KT4ZVG5LZd _ wIu8x7Tvuz _ PFY – VRkqRF4p0Xp97BNNpuEoz _ HgL1WgXz77628eOQ1ENxXonxs9fsg _ lCxM4harVq31EEvIswIH,2016 年 10 月 20 日访问和陈小茹:《"藏青会"四大头目》,载 http://paper.people.com.cn/hqrw/html/2008 – 05/16/content_48638099.htm,2016 年 10 月 20 日访问。

方式,令状本身又完全能胜任该类型网络通讯监听需要,显然就不宜在法律规范中承认无令状即时多人网络通讯监听具备着相应合法性。毕竟"人类的个体具有最高的价值,他应当免受其统治者的干预,无论这一统治者为君主、政党还是大多数公众。"①

3. 无令状非即时网络通讯监听

非即时网络通讯监听主要系凭借 E-mail、微信等方式进行的不特定若干方当事人非实时信息交流。对于无令状非即时网络通讯监听的合法性,笔者主张宜在法律规范中明确表示将"同意说"和"合理隐私期待说"一并启用来进行界定,其获取的证据则依照利益平衡原则展开可采性评判。这多包括:

首先,对于那些仅限当事人双方进行的非即时单独网络通讯,如犯罪嫌疑人只和某人发送 E-mail 进行交流,因这与即时单独网络通讯仅存在是否"实时"(信息传递快慢)交流之区分,对此自然完全可以规定像前面启用"同意说"开展合法性界定;其次,对于那些乃多方当事人进行的非即时网络通讯,如犯罪嫌疑人和多人发送 E-mail 交流或犯罪嫌疑人在微信朋友圈、Blog、BBS 上撰写涉嫌犯罪心情日志、利用播客播放涉嫌犯罪的数字化声音视频资料同不特定多人一起讨论,②可以规定采用"合理隐私期待说"分类进行判断:第一,倘若犯罪嫌疑人蓄意公开自己涉嫌犯罪信息内容(当然这种情况较鲜见),则不存在"合理预期的隐私",无令状监听对其未造成相应伤害结果,理当具备合法性。譬如犯罪嫌疑人大肆向陌生者发送 E-mail 披露自己涉嫌犯罪信息或在没有任何访问权限设置的 Blog、BBS 上撰写涉嫌犯罪心情日志、播放涉嫌犯罪的数字化声音视频资料和不特定多人交流等情形,由于这些类型开放程度非常之高,很多陌生人甚至无须像即时多人网络通讯那样办理注册登记手续就可获得相关数据信息,故我们能较清晰

---

① [美]卡尔·J. 弗里德里希著:《超验正义——宪政的宗教之维》,周勇、王丽芝译,三联书店 1997 年版,第 15 页。
② 由于犯罪嫌疑人在微信朋友圈、Blog、BBS、播客上留下文字记录、数字化声音视频资料随后又同不特定多人进行了互动交流,故这里仍属一类网络通讯监听而非普通网络信息获取。毕竟信息获取往往针对静态信息,而监听则是动态的。倘若犯罪嫌疑人留下了文字记录或数字化声音视频资料却并无任何人与之发生互动交流,那方能算作普通网络信息获取不受监听制度约束。

明确地断定犯罪嫌疑人及他人此刻均不存有"合理预期的隐私",①网络通讯监听自然合法;第二,倘若犯罪嫌疑人并未打算刻意公开自己涉嫌犯罪信息内容,则"合理预期的隐私"存在,无令状网络通讯监听有可能招致相应伤害结果,不宜判定这类监听具备合法性。如犯罪嫌疑人在设置了种种访问权限之微信朋友圈、Blog、BBS上撰写涉嫌犯罪心情日志、播放涉嫌犯罪的数字化声音视频资料和不特定多人交流等情形,由于这些微信朋友圈、Blog、BBS和播客对浏览、交流者设定了各种限制,故不难判断其中肯定存有"合理预期的隐私",完全无令状监听自不合情理。不过因该情形大体与前述即时多人网络通讯接近,二者仅存是否"实时"(信息传递快慢)交流之区分。很明显,无令状即时多人网络通讯监听不具备合法性的诸种考虑对它亦适用,理当同样不予认可。

4. 和侦查活动相关的私人网络通讯监听

私人网络通讯监听,即普通私个体利用网络技术措施对相关人员互联网通讯数据信息进行控制截取的行为之总称。从概念进行分析,私人网络通讯监听无疑不属于侦查机关实施的网络通讯监听。不过因侦查活动面临的情形多种多样,不少特殊情况下,普通私个体获取的各类资料信息也经常被转化成侦查机关的证据使用。如此一来,对于和侦查活动相关的私人网络通讯监听,理应也在未来法律规范内着手明确规定。②

具体言之,和侦查活动相关的私人网络通讯监听可分成两类:其一是明确受侦查机关委托代为或协助实施网络通讯监听,根据前文分析可知,委托不会发生职权、职责、法律后果等之转移。在法律规范中就应将其视作侦查机关实施的网络通讯监听,必须受各项侦查中的网络通讯监听法律制度约束;其二是未受侦查机关明确委托,普通私个体自觉自愿借助技术措施实施的网络通讯监听。笔者认

---

① 如前述即时单独网络通讯一样,虽此刻网络空间的虚拟匿名化特质仍表明其存在一定程度隐私,但所占份额极小。为防止侦查活动遭受不必要约束,审查机关大可将之忽略。
② 若私人网络通讯监听和侦查活动无关,也即意味着它并非为了帮助查明刑事案件真实情况和犯罪嫌疑人,就很可能是民事、行政案件中的私人取证甚至出于敲诈勒索、故意泄露他人隐私之不法目的。假设构成了民事、行政案件中的私人取证,这便需要未来我国对此方面建构相应的民事、行政私人取证规定予以调整;若基于敲诈勒索、故意泄露他人隐私等不法目的,则需根据现行《中华人民共和国治安管理处罚法》《中华人民共和国网络安全法》《中华人民共和国侵权责任法》《中华人民共和国刑法》等法律规范视情节严重程度追究其行政、民事或刑事责任。限于篇幅,笔者恕不一一展开。

为,考虑到私人刑事调查活动一定程度上能够对侦查活动起到补充支持作用,在符合情况紧急、案件严重、调查内容紧密相关等条件下,应适当允许私人网络通讯监听之存在。不过因私人网络通讯监听大多违背了当事人意愿,容易对他人或国家、社会整体利益造成一定损害,同样需受到令状制度约束。正常情况下只有获得了司法审查机关签发的令状,方可以着手私人网络通讯监听。并且,获取的相关资料信息证据能力还要通过构建专门的非法私人刑事调查证据排除规则进行具体评判。①

5. 其他特殊网络通讯监听

尽管哲学大师黑格尔曾言,"法律是应适用于个别事件的一种普遍规定"②,前面所探讨的四种侦查中网络通讯监听实施的特殊情形的确也能覆盖绝大多数除外形态,但并不能完全穷尽侦查活动中可能出现的全部特殊状况。即便我们强行将其完全纳入到前述四种类型中去,可介于问题之复杂性,依旧难免招致诸多诟病。故为防止法律刚性太强偏离了公平正义之宗旨,笔者认为,对于其他一些特殊网络通讯监听,我们还必须在法律中明文规定赋予司法审查机关充足自由裁量权,以一类综合考虑的视角展开合法性判断,其获取的证据则依照利益平衡原则展开可采性评判。

其一是侦查人员作为一方当事人进行无令状即时与非即时单独网络通讯监听。尽管表面上该情形可据"同意说"认定其完全合法,但为了防止过多出现侦查人员利用网络通讯工具教唆、诱惑犯罪嫌疑人犯罪然后将通讯记录当作证据使用的"陷阱侦查"情形,③相关立法理当赋予司法审查机关自由裁量权以综合考虑来进行具体判断。倘若犯罪嫌疑人事先没有犯罪倾向或侦查机关的教唆、诱惑行为无法让法定机关容忍,则断然否认监听合法性。此外顾虑到我国乃一重公权轻私权的政治全能社会,传统子民—臣民型政治文化意识极其浓厚,司法审查机关在综合考虑作出判断时就还应强调适当朝犯罪嫌疑人权益保护方面倾斜。

---

① 由于私人刑事调查、私人取证也是一个相对较复杂的前沿问题,限于篇幅,笔者便不再就此时的私人网络通讯监听令状制度、非法私人刑事调查证据排除规则进行详细阐述。具体可参见欧阳爱辉著:《私人刑事调查法制化研究》,中国文史出版社2013年版,第143—156页。
② [德]黑格尔著:《法哲学原理》,范扬、张企泰译,商务印书馆1961年版,第223页。
③ 因为目前包括我国在内的许多国家特定犯罪(如毒品贩卖等)甚至所有犯罪侦查中都承认"陷阱侦查"具有合理性,故这里仅需限制它过多滥用保持一适当"度"即可。

其二是侦查人员向一方当事人采取威逼、欺骗、利诱等不法手段迫使其事先表示同意而进行的无令状即时与非即时单独网络通讯监听。由于威逼、欺骗、利诱等不法手段往往会令当事人"同意"的自愿性大打折扣甚至彻底丧失了自愿性，故立法此刻亦应赋予司法审查机关自由裁量权综合考虑开展具体判断。① 一般而言，倘若"威逼"让当事人切实感受到各种明显和自己相关的人身、财产危险，或者欺骗、利诱等不法行为能够让当事人对表示同意的后果产生根本性之误解，那"同意"的真正自愿性自然微乎其微。司法审查机关便不宜承认此类监听合法性，反之则属于一种侦查谋略宜认可其具备合法效力。

其三是侦查人员在执行合法网络监听时突然截获了其他犯罪事实或当事人涉嫌其他犯罪的网络通讯数据信息。由于监听具体内容带有浓厚的不可预测性，侦查机关指派相关侦查人员事先开展网络通讯监听时并无法预知将会截获到哪些数据信息。若截获的数据信息与案件无任何交织，根据前文探讨便知此刻无疑必须终止网络通讯监听。可若截获的数据信息与令状允许监听的案件无关，却和其他犯罪紧密相连，其合法性又该如何评断呢？笔者认为，因网络通讯监听只适用于存在严重社会危害性的犯罪，即涉嫌危害国家安全罪、恐怖犯罪、黑社会犯罪、毒品犯罪及其他一切可能被处以 3 年以上有期徒刑的故意犯罪，故法律必须明确规定司法审查机关此刻应实施综合考量。假设监听到的其他犯罪事实或涉嫌的其他犯罪也是存有严重危害性之犯罪，监听依旧合法证据可采；假设监听到的其他犯罪事实或涉嫌的其他犯罪没有严重社会危害性，基于监听内容的难预测性，监听仍然合法。但监听获取的与轻罪相关之网络通讯数据信息不应具备证据能力。

其四是侦查人员仅对网络通讯形式要件（如电子邮箱地址、QQ 号码、IP 地址、通讯时间等）实施无令状监听而不涉及具体内容。笔者认为，此刻法律规范必须遵照网络通讯究竟为实名通讯或是匿名通讯来进行判断。若属实名通讯，则与传统监听中对电话号码的追踪差别不大，可承认其合法性；若属匿名通讯，因其带

---

① 这在国外司法实践中已得到验证，如美国法院在 Hoffa v. United States 一案内就认定执法官员隐瞒真实身份借助欺骗手段一定程度乃法律所允许。因为聊天室使用者必须自己承担他人可能是便衣警察之风险，且美国宪法第四修正案并未明确禁止执法官员通过表述错误身份进入网络世界。总之须凭利益平衡原则加以综合考量，而非笼统概之。参见李明著：《监听制度研究——在犯罪控制与人权保障之间》，法律出版社 2008 年版，第 254 页。

有虚拟匿名化特征自然意味着本身存在一定隐私,尽管这种形式要件的隐私程度较之具体内容隐私要低许多,但特殊软件程序一次就可浏览数百万个电子邮箱地址,数量极其惊人。加上很多电子邮箱地址等不涉及具体内容之数据信息也带有不少个性化隐私特征。① 故司法审查机关此刻理应从综合考虑角度发扬司法能动性斟酌评判,以尽量求得保障人权与打击犯罪二者间之切合无悖。

(八)构建信息社会的无害错误规则

无害错误规则(Harmless Error Rule),是美国法院审理刑事案件在启动直接上诉程序或附随审查程序后需经常运用的一项重要程序法制度。它主要强调后续法院在发现原审法院所犯错误时,必须对此类错误一一进行判断。倘若原审法院错误依据规则被认定为一类可容忍的无害瑕疵,其判决将得以维持,反之则会导致原判被撤销甚至发回重审。② 在美国法院的长期司法实践过程中,无害错误规则已形成了一系列较详尽的具体适用标准。借助这些标准,法院便能依据不同情形灵活把握住程序正义和实体正义二者之间的利益平衡。

自上世纪90年代以来,程序正义问题日益受到我国法学界重视,有学者甚至提出应从宪法性权利视角出发建立程序性违法治理措施。③ 但所谓"过犹不及",若过分关注程序正义而忽略了具体个案的证据情况及原审法院违法行为的具体语境,难免适得其反背离了程序正义初衷。龙宗智先生也指出,我们必须适度容忍不规范行为和"为实现合理的目的需要采用某些不尽合理的方法与手段"。④ "绝对的正义,就是绝对的不正义。"⑤更何况互联网环境愈发明显不同于传统现实环境,事实问题和法律问题日益复杂多变。在二审、死刑复核和审判监督程序中,后续法院若发现原审法院或死刑报请复核法院案件审理存在错误,理应根据符合信息社会特点的无害错误规则展开合理判断以决定是否维持原判。鉴于我

---

① 例如不少人都喜欢用自己的名字、生日或其他一些有意义的信息作为电子邮箱名称,这其中依旧会透露出不少有价值的隐私信息。
② 参见蒋鹏飞:《美国刑事诉讼中的无害错误规则及其启示》,载《国家检察官学院学报》2008年第4期,第136—137页。
③ 参见陈瑞华著:《刑事诉讼的前沿问题》(第二版),中国人民大学出版社2005年版,第191—195页。
④ 北京大学法学院编:《程序的正统性》,法律出版社2003年版,第255—257页。
⑤ 陈新民著:《公法学札记》,中国政法大学出版社2001年版,第306页。

国刑事诉讼法规中一直都缺少专门的无害错误规则,①在打造未来信息社会无害错误规则时,就更多宜参照美国成熟经验。

1. 信息社会无害错误规则具体适用标准的种类

在美国,无害错误规则所要判断的"错误"往往包括两大类型:一是宪法性错误,即原审法院侵犯到被告人宪法权利的行为;二是制定法即普通法律错误,即原审法院侵犯到被告人普通法律上权利之行为。② 它们二者存在着较大差异。对于未来中国信息社会无害错误规则具体适用标准的种类,我们也可如此区分两大不同类型来展开建构。

(1)针对宪法性错误的具体适用标准种类

由于宪法性错误乃侵害到被告人宪法所赋予权利的行为,而法治国家的基本原则便是宪法至上。"对宪法的神圣尊重是一个至关重要的原则,是一个自由政府永恒能量之所在。"③所以,宪法性错误较之普通法律错误,它很少被视为一类可容忍的无害瑕疵。但是这并非意味着所有宪法性错误都将导致原审判决的撤销。譬如美国最高法院时常会基于某些公共政策或实体正义的考虑做出无害判断。总的来说,参照美国相应具体适用标准,笔者作出如下设计。只要符合其中一类,我国后续法院便可据此进行评判。

第一是根本缺陷性错误标准。根本缺陷性错误乃严重威胁到被告人宪法所赋予权利,令整个刑事审判司法公正性均荡然无存的致命缺憾。譬如是否存在法院缺乏司法独立、法官违反中立、被告人未获得辩护、宪法中增设的网络言论、网络集会、网络结社、网络游行、网络示威等权利被严重侵害。若宪法性错误被判定属于一种根本缺陷性错误,那它便断然不得视为可容忍的无害瑕疵。

第二是审理过程宪法性错误标准。审理过程宪法性错误是在审判某一具体

---

① 当然,我国目前刑事诉讼法规中也有一些类似于无害错误规则的法条表述。不过这些法条显得过于简略,远未及美国无害错误规则全面成体系。例如现行《中华人民共和国刑事诉讼法》第227条就简单规定"第二审人民法院发现第一审人民法院的审理有下列违反法律规定的诉讼程序的情形之一的,应当裁定撤销原判,发回原审人民法院重新审判:(一)违反本法有关公开审判的规定的;……"

② 参见蒋鹏飞:《美国刑事诉讼中的无害错误规则及其启示》,载《国家检察官学院学报》2008年第4期,第137—138页。

③ [英]约翰·阿克顿著:《自由史论》,胡传胜、陈刚、李滨等译,译林出版社2001年版,第238页。

环节中危及被告人宪法所赋予权利之错误。它的损害程度较轻,并不会造成整个刑事审判司法公正性之毁灭。对于此类错误,后续法院大可凭借自由裁量权综合考虑各方因素来予以判断。若审理过程宪法性错误被认定为情节轻微,则无害错误成立。例如后续法院可以根据利益平衡原则保障更大范围国家、社会整体利益为由对侦查机关非法实施网络通讯监听予以容忍,将这种原审法院审理过程中忽视被告人权的错误判断为无害瑕疵。

第三是排除证据标准。这里的"排除证据"并非指要将原审过程中获得之证据悉数剔除,而是强调后续法院在审查过程中应把原审非法证据尤其是网络环境下获取的非法电子证据排除,然后判断若无此等非法证据司法机关能否依旧做出相同或相近裁决。假如答案非常确定或者较为肯定,那么原审法院的宪法性错误就宜被视为无害瑕疵。

第四是人民陪审员裁判标准。人民陪审员裁判即指针对那些采用人民陪审员参与审理的刑事案件,后续法院在审查过程中需着重考虑倘若原审宪法性错误得以容许存在,是否会对人民陪审员和法官共同做出最终有罪判决推波助澜。① 如果原审宪法性错误加剧或促使了人民陪审员和法官共同做出最终有罪判决的形成,则不宜被判断为无害瑕疵。

(2)针对普通法律错误的具体适用标准种类

由于普通法律错误是原审法院侵害到被告人普通法律上权利之行为,各类普通法律又往往数量众多,其错误便在司法实践中发生几率要远高于宪法性错误。兼之普通法律效力无法同宪法这一国家根本大法比拟,故为了不至于因频发的微小错误而使实质有罪被告人逍遥法外,大可效仿现行《美国联邦地区法院刑事诉讼规则》做法,认为只要普通法律错误无法影响到被告人重要权利,则一律判断成可容忍的无害瑕疵。② 但究竟何为"影响到被告人的重要权利"呢?笔者认为,这主要包括如下三种具体标准,只要符合其中一类即可进行评判。

---

① 尽管过去较长一段时间陪审制度在我国发挥实际作用不甚明显,但自从2004年全国人大常委会第十一次会议通过《关于完善人民陪审员制度的决定》,尤其是2015年最高人民法院、司法部联合出台《人民陪审员制度改革试点工作实施办法》《人民陪审员制度改革试点方案》《中华人民共和国人民陪审员宣誓规定(试行)》等相关举措后,陪审制度的地位正逐步获得显著提升,它在刑事案件中的价值也日渐凸显。

② 参见本书编写组:《美国联邦刑事诉讼规则和证据规则》,中国政法大学出版社1998年版,第41—42页。

第一是实质影响标准。实质影响标准即指倘若后续法院法官在审查过程中内心能够形成"合理确信"判断普通法律错误如涉及侦查中网络通讯监听的法律规范并不会实质性地影响到最终裁决,从而给被告人带来更不利处境,那么它便可认作无害瑕疵。反之则判断其损害到被告人重要权利,必须立即撤销原判决甚至发回重新审理。

第二是证据绝对优势性标准。证据绝对优势性标准指后续法院在审查普通法律错误时,如果能够确信其他合法证据尤其是网络环境下获取的合法电子证据在证明被告人有罪方面具绝对压倒性优势,而所出现的普通法律错误微乎其微,就完全可认定这类错误当属无害瑕疵。譬如某些"善意"的网络非法取证即如此,当侦查机关凭审查机关签发的令状进行网络通讯监听获得强有力证据后,却被发现审查机关签发该令状毫无合理依据,那么遵照证据绝对优势性标准它自可看作一类无害瑕疵。

第三是污染失效标准。污染失效标准即后续法院在审查普通法律错误时,倘若能判断被告人的自愿行为足以使原审普通法律错误失去违法性,那它大可视作无害瑕疵忽略不计。譬如被告人在上诉中称其曾被侦查机关非法实施网络通讯监听,但原审法院对此不予理睬。而后续法院在审理过程中发现被告人虽系被非法实施网络通讯监听,但事后他又主动做出了与被监听内容保持一致的供述。尽管其主动做出相应内容供述和侦查机关非法实施网络通讯监听难脱干系,可这终究属自愿行为,令非法监听和随之而来的原审普通法律错误丧失了违法性。所以按照污染失效标准,无害瑕疵成立。

2. 对信息社会无害错误规则具体适用标准的模糊数学厘定

模糊数学作为 20 世纪新兴的数学分支,它使过去那些与数学毫不相干或关系不大的学科(如生物学、心理学、语言学、社会科学等)都能够倚仗定量化和数学化厘定加以描述处理,故在理论与实践中均发挥着难以估量的作用。在未来我国信息社会无害错误规则应用上,笔者也大胆借鉴模糊数学分析方法,依靠模糊关系合成原理,先通过构造等级模糊子集方式把反映信息社会无害错误规则具体适用标准的指标进行量化,然后利用模糊变换原理对各指标综合分析,以至最终实现对其模糊数学厘定。或许,通过这样一种模糊数学方式,我们能更明确阐述无害错误规则之具体适用标准。

首先,构造信息社会无害错误规则具体适用标准的等级模糊子集。由上文可知,该等级模糊子集包括一级指标和二级指标。其中一级指标为 $U=(U_1, U_2)$,式中 U_1、U_2 分别代表宪法性错误与普通法律错误;二级指标为 $U_1=(u_{11}, u_{12}, u_{13}, u_{14})$,$U_2=(u_{21}, u_{22}, u_{23})$。式中 $u_{11}, u_{12}, u_{13}, u_{14}$ 分别代表根本缺陷性错误、审理过程宪法性错误、排除证据和人民陪审员裁判四种标准,而 u_{21}, u_{22}, u_{23} 则分别代表实质影响、证据绝对优势性和污染失效三种标准。具体层次模型如表 1 所示:

表 1 信息社会无害错误规则具体适用标准的层次模型

无害错误规则 U	宪法性错误 U_1	根本缺陷性错误 u_{11}
		审理过程宪法性错误 u_{12}
		排除证据 u_{13}
		人民陪审员裁判 u_{14}
	普通法律错误 U_2	实质影响 u_{21}
		证据绝对优势性 u_{22}
		污染失效 u_{23}

其次,确定各个判别指标的权重。U_1、U_2 对目标层的权重分别为 W_1、W_2,均为非负数,且二者之和为 1。二级指标对应的权重分别为 $W_1=(W_{11}, W_{12}, W_{13}, W_{14})$,$W_2=(W_{21}, W_{22}, W_{23})$。关于上述权重的确定方法可根据各个判别指标的作用大小、影响强弱(如根本缺陷性错误影响强度就远远高于其他标准)来衡量。具体操作中我们可采用德尔菲法(Delphi Method)进行确定。①

再次,确定信息社会无害错误规则具体适用标准的评语集。根据各标准作用强弱,各个指标评语集分别从高到低,从强到弱设置五个等级。具体如表 2 所示:

---

① 德尔菲法,又称专家意见法,乃依据系统程序,采用匿名发表意见方式,即团队成员之间不得互相讨论,不发生横向联系,只能与调查人员发生关系,以反馈的形式填写问卷,以集结问卷填写人的共识及搜集各方意见。这里主要指通信匿名咨询法学专家、司法实务人员与普通民众,以确定各指标权数,从不断反馈修正中获得满意结果。参见百度百科:《德尔菲法》,载 http://baike.baidu.com/link?url=P8mFd1kqpm-ZjLIuvRwY14s6XE9mFL-zyq-VZf88y1YmUCJaD56DmHAMU68cfo15UHGD2WU90M8ifFvuZic8nXO0bLaceI6G3yP91WfpPclqtgEXjmO9paj4Yxt_Fozz,2016 年 10 月 24 日访问。

表2 信息社会无害错误规则具体适用标准的判别评语集

	判别指标	评语集				
宪法性错误	根本缺陷性错误	大	大	大	大	大①
	审理过程宪法性错误	大	较大	一般	较小	小
	排除证据	大	较大	一般	较小	小
	人民陪审员裁判	大	较大	一般	较小	小
普通法律错误	实质影响	大	较大	一般	较小	小
	证据绝对优势性	大	较大	一般	较小	小
	污染失效	大	较大	一般	较小	小

在构造了等级模糊子集后，然后逐个对信息社会无害错误规则具体适用标准从每个因素 u_i 上进行量化，也就是确定从单因素来看其对各个等级模糊子集的隶属度 $(R|u)$，进而得到模糊关系矩阵：

$$R = \begin{bmatrix} R|u_1 \\ R|u_2 \\ R|u_3 \\ \cdots \\ \cdots \\ \cdots \\ R|u_n \end{bmatrix} = \begin{bmatrix} r_{11} & r_{12} & \cdots & r_{1m} \\ r_{21} & r_{22} & \cdots & r_{2m} \\ r_{31} & r_{32} & \cdots & r_{3m} \\ \cdots & \cdots & \cdots & \cdots \\ \cdots & \cdots & \cdots & \cdots \\ \cdots & \cdots & \cdots & \cdots \\ r_{n1} & r_{n2} & \cdots & r_{nm} \end{bmatrix}$$

矩阵中 r_{ij} 表示信息社会无害错误规则具体适用标准从因素 u_i 来看对上述评语等级 V_j 模糊子集的隶属度。

第四，确定评价因素的模糊权向量A。一般情况下，N个评价因素对信息社会无害错误规则具体适用并非同等重要，因此首先要确定模糊权向量。$A = (a_1, a_2,$

---

① 这里因为根本缺陷性错误会导致整个刑事审判的司法公正性都荡然无存，它一旦被认定就不可能视作无害瑕疵，所以其评语集仅能为大。

$\cdots,a_n$)在模糊综合评价中,权向量 A 中的元素 a_i 本质上是因素 u_i 对模糊子集的隶属度,因此一般用模糊方法确定,并且在合成之前进行归一化处理。

最后,根据模糊权向量和模糊关系矩阵得到综合评价结果,从而完成信息社会无害错误规则具体适用标准的模糊数学厘定。

$$B=(b_1,b_2,\cdots,b_n)=(a_1,a_2,\cdots,a_n)\begin{bmatrix} r_{11} & r_{12} & \cdots & r_{1m} \\ r_{21} & r_{22} & \cdots & r_{2m} \\ r_{31} & r_{32} & \cdots & r_{3m} \\ \cdots & \cdots & \cdots & \cdots \\ \cdots & \cdots & \cdots & \cdots \\ r_{n1} & r_{n2} & \cdots & r_{nm} \end{bmatrix}$$

第三节　司法层面的法制化具体建构设计

毋庸置疑,立法系法制化建构的核心问题,因为若缺乏具体翔实的法律制度正式颁行,根本谈不上按照法律制度来引导、约束相关活动。不过仅依靠法律制度的简单颁布仍远远不够,毕竟法律的真正落实还需借助各层面周密举措之有效维护。而司法乃国家司法机关遵照法定职权与程序具体应用法律处理各类案件的专门化活动,它从法律适用范畴来促成纸面法律设计能得到有效贯彻运用。"……每一个充满活力的个体的共有的利益,每一个旨在保护个人应得利益的忠实的判决是确保一个法律制度行之有效的前提。"[1]对侦查中的网络通讯监听法制化来说,根据我国现实需求,司法层面其法制化具体建构设计应主要涵盖在法院内设立专门性司法审查机关和明确非法网络通讯监听的法律责任两环节。

一、在法院内设立专门性司法审查机关

由前述可知,要对侦查中的网络通讯监听实施有效约束引导,确定究竟何为

---

[1] [美]罗斯科·庞德著:《普通法的精神》,唐前宏、廖湘文、高雪原译,法律出版社2001年版,第76页。

其使用的审核批准即审查机关非常关键。根据前文立法层面法制化建构设计,鉴于公安和检察机关自身都具备着相应法定侦查权限,交由公安或检察机关开展司法审查工作固能部分程度提高办案效率,且检察机关本身在我国根据现行刑事诉讼法规定就拥有着广泛的侦查监督权,但这样难免背离了司法中立性要求。何况公安和检察机关还带有浓厚行政化色彩,①它们进行相关司法审查,更将导致本身属性愈发模糊,工作负担也日益加重。故此等审核批准权赋予法院便更加具有可取性。毕竟一方面法院和公安、检察机关等具备法定侦查权限的部门不同,它没有一丝一毫侦查权力,只能被动地对各类法律事项实施中立判断。在这种情形下,其中立公正性得到了最充分保障;另一方面,法院专门从事法律事务的依法裁判工作,在长期民事、行政和刑事案件审理过程内积累了大量丰富经验,有着较高的专业技术水准。由它来对侦查中的网络通讯监听实施审核批准着实绰绰有余。

不过,由法院专门负责侦查中网络通讯监听的审核批准工作并不意味着它应当在庭审期间受主审法官主导进行。因为这等做法一则难免加剧主审法官工作负担,导致其既须对案件事实和法律适用问题展开判断,又要对侦查环节之程序性问题实施评价;二则在开庭审理期间才交由主审法官进行评断很可能为时已晚,毕竟主审法官此刻已经或多或少接触甚至全面深入了解了侦查机关提交的那些涉嫌违法的证据。即便主审法官最终仍能将它们成功排除,但给其主观心理留下的前见犹存,审判公正性就实难获得最大化保证。所以笔者主张,当立法明确将侦查中网络通讯监听的审核批准权限交给法院后,法院还应在自身内部设立专门化司法审查机关于庭审前对侦查中的网络通讯监听活动着手监管约束。该等类似做法目前已在西方发达国家刑事诉讼审前程序对公权力的规制内获得成功运用,②完全值得我国大胆效仿。并且鉴于中国现今审前阶段司法权对警察权、检察权的控制机制极其缺失,"连搜查、扣押、窃听等涉及侵犯公民隐私的强制性

---

① 例如公安机关自身担负了诸多社会治安行政管理职责,检察机关的垂直管理体制也被不少国内学者认为其应隶属行政机关或具备一些行政权特质。
② 如在法国当下刑事诉讼领域推行的审前程序中,预审法庭就可对检察机关提交的犯罪证据进行广泛评判,美国则将审前签发令状允许警察强制侦查的大部分权限交给了法院内独立的治安法官。具体可分别参见施鹏鹏:《法国审前程序的改革及评介——以2007年3月5日的〈强化刑事程序平衡法〉为中心》,载《中国刑事法杂志》2008年第7期,第106—115页和高峰著:《刑事侦查中的令状制度研究》,中国法制出版社2008年版,第50—53页。

侦查行为,也没有司法性裁判机构的任何参与",①2012年最新一次刑事诉讼法的修改动向也是要求大量加强侦查措施的制约监督,②侦查活动审前受司法权有力遏制乃国内大势所趋。故在法院内拟设的这一专门化审查机关(如取名为"预审庭"或"预审法官"等)还可一并处理各种技术侦查措施的令状及非法证据排除问题,更大大节约了相关司法评判行为之经济成本。

另外,尽管遵照前文立法层面法制化建构设置,法院内部设立的该专门化司法审查机关主要承担之审核批准工作即令状签发与事后核准确认,但考虑到有令状签发与事后核准确认就必然有随之而来的具体执行,刚好令状签发与事后核准确认又和网络非法证据排除息息相关。并且前文立法层面建构的侦查中网络通讯监听实施的特殊除外规定也系紧密围绕网络非法证据展开。故为保障工作进行的连续一贯性并尽量减少主审法官在网络非法证据排除、侦查中网络通讯监听实施的特殊除外判断上出现先入为主心态,网络通讯监听具体执行的监管、网络非法证据排除、侦查中网络通讯监听实施的特殊除外判定同样宜合并划入审核批准工作交给法院内的专门化司法审查机关。笔者具体阐述如下:

(一)侦查中网络通讯监听的令状签发或事后核准确认

网络通讯监听作为一类强制侦查措施,大多系未征得被监听者同意或允诺而强行违背其意愿实施的,难免会给相关人员带来较大程度的网络通讯自由权、网络隐私权等人权侵害。故除特殊情况外,侦查机关展开网络通讯监听活动务必先获得专门化司法审查机关签发的令状或者于紧急情形下事后向其申请核准确认。

根据前文立法层面法制化设计,侦查机关申请令状一般须为书面形式(紧急情形也可采用口头方式事后补交书面申请函),具体内容基于完整展示技术侦查合理性和文字表述规范的需要,司法实践宜要求其主要包括四部分:(1)申请机关和执行人员具体情况(如侦查机关名称、执行人员姓名、身份等③);(2)被监听者具体情况(如姓名、身份、住所等);(3)申请使用的网络通讯监听具体适用方式名称、范围与持续时间;(4)对相关事实和实施理由的详尽阐述(根据前文立法中网

---

① 陈瑞华著:《刑事诉讼的前沿问题》(第二版),中国人民大学出版社2005年版,第532页。
② 参见半岛网—半岛都市报:《刑事诉讼法15年来首次"大修"修正案草案共99条》,载 http://news.bandao.cn/news_html/201108/20110825/news_20110825_1549173.shtml,2011年8月26日访问。
③ 这里的"执行人员"应做广义规定包括网络服务商等协助人员,以下同。

络通讯监听适用范围的要求,须仔细说明涉嫌的具有严重社会危害性的犯罪罪名、动用其他侦查措施并不奏效、不可能奏效或形势危急等)。专门化司法审查机关若经过审核断定它不符合法律要求则立即通知侦查机关不得实施网络通讯监听,已经先行实施的也应立即停止;若审核后认为符合法律要求须签发令状或着手核准确认时,则马上制作令状或确认书予以签发。该令状或确认书主要内容宜囊括:(1)申请机关和执行人员具体情况(如侦查机关名称、执行人员姓名、身份等);(2)被监听者具体情况(姓名、身份、住所等);(3)允许使用的网络通讯监听方式名称、范围与持续时间;(4)司法审查机关名称、签发时间及具体审查人员签名盖章。

(二)对侦查中网络通讯监听具体执行的监管

1. 监管的具体内容

遵照前文立法层面法制化设计,侦查中网络通讯监听具体执行过程中需要专门化司法审查机关予以监督约束的关键点主要包括侦查机关是否实施了违法监听、监听执行中是否导致相关数据信息泄露、数据信息是否得到可靠封存三环节。

首先,在侦查机关是否实施了违法网络通讯监听上。由于此刻的监听都是获得令状准许的(情况危急下的事后核准确认除外),故若出现了违法监听,则大多集中于侦查机关是否派出了相应执行人员严格依照令状规定的网络通讯监听适用方式、范围和持续时间对正确的被监听者实施监听。另外,网络通讯监听过程和监听获取之数据信息内容还须得到严格完整的记录。法院内设的专门化司法审查机关应主要针对上述问题予以监督管理。不过,因网络通讯监听带有很强专业技术性,法官作为法律职业人士未必能全部精通相关计算机专业知识,进行此类监督管理可以要求中立的第三方鉴定机构、权威技术专家提供帮助。

其次,对监听执行中是否导致相关数据信息泄露而言。为尽量减少被监听者相关权益遭受侵害后带来之不利影响,网络通讯监听的具体执行人员在监听过程中除依照法定程序外,不能泄露任何网络通讯监听事实与具体内容。专门化司法审查机关对此要展开严密监管,若发生了较严重的数据信息泄露,可以据此否定通讯数据信息证据能力、销毁泄露数据信息并追究相关人员具体法律责任。

最后,就数据信息是否得到可靠封存来说。为保证相关数据信息可信度并防止其泄露,所有信息资料都须监听结束后在专门化司法审查机关派员监督下进行妥善封存,保存期5年,到期后于司法审查机关和被监听者(或法定代理人)在场时进行销毁。若截获的此类数据信息在封存期间不慎泄露,封存者必须72小时内向司法审查机关及时报告;若泄露的数据信息包含某些重要信息可能令人身、财产等正当权益遭受严重侵害,司法审查机关须履行告知义务迅速通知相关人员采取措施减少损害。

2. 监管的基本制度保障

在对侦查中网络通讯监听具体执行的监管上,鉴于网络通讯监听的高技术含金量,电子证据保管链制度可谓其最基本的制度化保障。因为证据保管链(Chain of Custody)乃"从获取证据时起至将证据提交法庭时止,关于实物证据(real evidence)的运动和位置(movemnet and location)的基本情况,以及保管证据的人员的沿革(history)情况"。[①] 证据保管链的存在,便能够有效地判断侦查机关是否实施了违法监听、监听执行中是否导致相关数据信息泄露以及数据信息是否得到可靠封存,防止证据被污染、损坏或者替换。而网络通讯监听活动内获取之证据大多为虚拟的电子证据,故其具体执行监管的基本制度保障即在于电子证据链保管制度。

不过可惜的是,当下我国在电子证据保管链制度方面仍显得较简单化,存有诸多不足,而电子证据较普通证据又更容易被篡改灭失。即便是最高人民法院、最高人民检察院、公安部最新发布的《关于办理刑事案件收集提取和审查判断电子数据若干问题的规定》,依旧缺陷明显。如该司法解释第9条所言的"提取计算机内存数据、网络传输数据等不是存储在存储介质上的电子数据的"就欠缺表述上的严谨性。因为从技术角度来看,广义上任何电子数据都存储于存储介质中。计算机内存数据存储在内存中,网络传输数据则存储于远程计算机或远程服务器中,这些都是存储介质。故此,打造真正科学完整满足社会需要的电子证据保管链制度势在必行。

根据西方发达国家立法与司法实践,科学完备的证据保管链应当满足形成完整连贯的证据记录体系、参与证据保管链相关工作的人员除法定例外情形必须都出庭接受控辩双方交叉询问。[②] 电子证据保管链制度建构同样需达到此等要求,而考虑到电子证据较传统证据更易被篡改、灭失,其制度建构则必须覆盖如下

[①] 转引自陈永生:《电子数据搜查、扣押的法律规制》,载《现代法学》2014年第3期,第119页。

[②] 参见陈永生:《证据保管链制度研究》,载《法学研究》2014年第5期,第176—177页。

几点：

第一，明确电子证据保管链长度。证据保管链长度系判断是否形成完整连贯的证据记录体系、参与证据保管链相关工作的人员究竟有哪些之重要因素。而对电子证据保管链长度的确定，主要即在于就电子证据保管链起点与终点之认定。笔者认为，电子证据保管链起点应该从侦查机关收集到虚拟化的电子证据开始算起，其终点应止于检察机关将虚拟化电子证据提交司法审查机关时。因此在网络通讯监听过程中，侦查机关执行人员必须依照前文立法层面设计对全过程做好记录，详细记录案由、对象、内容、监听时间、地点、方法、过程，并附截获的通讯数据信息清单，注明类别、文件格式、完整性校验值等，由执行人员签名盖章。此外还需安排符合条件的人员担任见证人，若因客观情形其无法担任见证人的，要在笔录中注明情况并对相关活动进行录像。至于监听结束后的所有信息资料封存，都须在司法审查机关相应人员监督下实施。若封存电子数据信息介质，理当保证在不解除封存状态的情况下无法增加、删除、修改电子数据。封存前后司法审查机关应拍摄被封存存储介质的照片，清晰反映封口或者张贴封条处的状况；若封存手机等具有无线通信功能的存储介质，应采取信号屏蔽、信号阻断或切断电源等技术措施；①若存储介质不便封存，应在笔录中详细列明不能扣押存储介质的原因、存储介质存放地点或电子数据信息的来源等情况，并计算电子数据信息完整性校验值。

第二，明确电子证据保管链的证明要求。为确保证据的客观性、关联性与合法性，参与证据保管链相关工作的人员除法定例外情形必须都出庭接受控辩双方交叉询问。但若每个电子证据的证据保管链均需事无巨细予以证明，所有参与者一律出庭作证，这样耗费成本着实太高。故笔者认为，需要实施证明的电子证据保管链，一般应是存在证据动态变化(Evidence Dynamics)即较明显②能够增加、改

---

① 因为不进行信号屏蔽、信号阻断或切断电源，智能手机等具有无线通信功能的先进存储介质就可能依然保持网络连接不断接受新的数据信息引发内存管理而覆盖了原有重要数据信息。

② 这里之所以是"较明显"而非"所有"，因为作为一种看不见摸不着的虚拟化证据，电子证据过于脆弱被影响的情形实在太多，全部都纳入会显得成本很不经济。毕竟有部分对电子证据之影响无碍大局或者可以通过较简单方式实现还原。

变、模糊、污染甚至毁灭电子证据的影响之情形。① 鉴于此类情形往往具备非常高的科学技术特征,司法审查机关不但必须要求控诉方出具连续不断的完整电子证据流转、封存、移交、鉴定记录并接受控辩双方交叉询问,还需自己通过聘请中立的第三方鉴定机构、权威技术专家对电子证据动态变化问题实施判断。②

(三)对网络非法证据的排除③

网络非法证据排除就司法审查机关而言主要即一个利益平衡如何具体加以适用之问题。前文在立法层面已就此类网络非法证据排除进行了法律大体设计,具体适用就可比附法律规划逐一实施。只要被告方合法利益受到影响,在审前向法院专门化司法审查机关提起侦查机关网络通讯监听的非法证据异议,便能由司法审查机关主持启动证据排除审核程序。该程序中的举证责任如前所述主要由公诉机关承担,特殊情况则可将部分证明责任转移给被追诉方等人。不过考虑到审判与庭前会议等审前活动都在同一法院进行,尽管司法审查机关乃法院内部专设的独立性机关,为真正保障司法审查中立公正不受非理性干扰,实践运作最好能将司法审查转移到平级其他法院内开展。终究只有令那些足以左右法官公平裁断的全部因素都纳入到回避事由中去,方可避免"存心不良"的法官找到可乘之机。④

待公诉机关等完成举证后,接下来司法审查机关便要对网络非法证据排除情形进行具体自由裁量。根据前述立法设计,首先审查人员按照出示的各种有效证据判断网络通讯监听是否侦查机关实施,适用范围是否符合法定要素,事

---

① 参见刘静坤:《证据动态变化与侦查阶段证据保管机制之构建》,载《山东警察学院学报》2011年第1期,第84页。

② 目前司法实践中,这种电子证据动态变化主要通过哈希值判断进行。哈希值是借助哈希算法将任意长度的二进制映射成的固定长度较小二进制值。它是一段数据唯一且极紧凑的数值表示形式。若散列一段明文而且哪怕仅更改该段落的一个字母,随后的哈希都将产生不同的值。由于要找到散列为同一个值的两个不同输入在计算上来说基本是不可能的,故哈希值是当前判断是否发生电子证据动态变化之主流方式。参见百度百科:《哈希值》,载 http://baike.baidu.com/link?url=Xn4RVpxTCAx3lgJ_lxBLVxyFIYSwnAkZITAmVJJY5Q5EYpEO5P-t4T5JPXx-7NKSyMbwALDoV9Mdj28MbbqbSJ4GscpEmH9Jci6lgQ1WrgPfoyUEjYv6SxasIKDN_Rd,2016年10月25日访问。

③ 当然广义上之网络非法证据排除并不仅限于侦查中的网络通讯监听活动。但受篇幅限制,笔者这里只围绕侦查中的网络通讯监听展开。

④ 参见陈瑞华著:《刑事诉讼的前沿问题》(第二版),中国人民大学出版社2005年版,第433页。

先是否获得司法审查机关颁发的令状或事后得到其核准确认,①令状或事后核准确认具体授权内容同网络通讯监听具体执行是否完全吻合(包括一些细节如收集网络通讯数据信息是否附有笔录、清单,并经侦查人员、电子数据持有人、见证人签名或盖章等)。若司法审查机关认定有令状或事后核准且授权内容与网络通讯监听具体执行并无任何出入,则不进行非法证据排除;若司法审查机关认为没有令状或事后核准、授权内容与网络通讯监听具体执行不符,便开始真正展开实质性利益平衡判断。只要审查人员根据有效证据形成内心确信认为根据非法网络通讯监听获取的资料信息查处案件价值低于被侵害公民人权和国家、社会整体利益,且不属于法律另有规定的正当行为或网络非法证据排除特殊除外范畴(如"善意"的网络非法取证、对方事后表示"同意"的网络非法取证等),侦查机关又不能补正或作出合理解释,就可一概否认其获取的资料信息之证据能力。

另外,和网络非法证据排除密切相关的电子证据展示制度也必须相应建立。因为电子证据展示制度主要即要求控诉方在获取电子证据后,被追诉方和法官能够充分接触该证据,对其备份材料甚至原始数据信息实施查看、审查与复制。②鉴于电子证据的虚拟数字化特征,它必须得到充分展示无疑乃一目了然进行网络非法证据排除重要支撑。尽管以前我国司法实践中对此往往以打印转化成书面证据或刻录光盘等方式进行化解。但此类方式均非原有电子储存设备中完整电子数据信息之备份,譬如原先电子文档创建时间、文件格式等重要信息都可能发生变化。通常只有获得数据信息完整的"比特流备份",③技术人员与辩护律师才

---

① 出于确保司法中立考量,假设此刻实施网络非法证据排除审查的机关所在法院和签发令状或予以事后核准确认的审查机关所在法院为同一法院,那么实践操作宜将该网络非法证据排除审查移送到平级其他法院进行。
② 当然从广义上说,电子证据展示制度和前文论述的电子证据保管链制度在法院对案件具体审理上也发挥着巨大作用。毕竟虚拟化的电子证据只有建立在严格规范的保管流程和清晰明确的展示基础上,法官才能对其案件事实证明力实施有效判定。但考虑到这更多是对案件具体审理而言,故笔者恕不赘述。
③ "比特流备份",即采用"比特流"(Bit Torrent)实施的数据信息备份方式。由于"比特流"是一种内容分发协议,借助"比特流"每个使用者之间都不存在交互,所以不会造成原始数据信息被筛选、修改。参见百度百科:《Bit Torrent》,载 http://baike.baidu.com/link?url=jOYBkP5qe65RyEw_DNo39qU_Dm3tWj9TbIGVqRk8XMOjiYbs7_p1P57njSEPPJs_t4x4yoIS_BibzFCxQQ3tMnE2d46u3YlrAPY4BRQGWaZ-nU0oiOJWU6sQ_Siu0NHFB1BjOgPpW-l5UPtdOPh9Z8k8-mCqedssYvodC3F3KhC,2016年10月27日访问。

能——寻觅分析出控方数据信息内的不真实或不完整之处。故日后在电子证据展示制度建构上,必须严格按照最高人民法院、最高人民检察院、公安部最新发布的《关于办理刑事案件收集提取和审查判断电子数据若干问题的规定》,对网页、文档等可以直接展示的电子数据信息,可不随案移送打印件;若法院、检察机关因设备等条件限制无法直接展示电子数据的,侦查机关应随案移送打印件或附展示工具和展示方法说明;对侵入、非法控制计算机信息系统的程序、工具及病毒等无法直接展示的电子数据信息,应当附其属性、功能等情况的技术说明,确保它们形成完整的"比特流备份"。

(四)对侦查中网络通讯监听实施的特殊除外判定

在侦查中的网络通讯监听实施特殊除外判定上,法院内设的专门化司法审查机关主要是按照前文立法层面设计展开网络通讯监听是否合法判断,进而再据此展开网络非法证据排除、由相关部门追究非法监听责任。若是无令状即时单独网络通讯监听和仅限当事人双方进行的非即时单独网络通讯监听,司法审查机关依靠"同意说"仔细分析被监听者是否自愿同意接受监听即可;若是无令状多方当事人进行的非即时网络通讯监听,司法审查机关采用"合理隐私期待说"分类进行判断;若是无令状即时多人网络通讯监听,则不承认其合法性;若是私人网络通讯监听,假设私人行为系国家侦查机关委托,司法审查机关就比照侦查机关网络通讯监听情形进行特殊除外判定。假设系私人自发行为,则看其是否事先获得令状或事后得到核准确认。① 应该说对这几种特殊类型网络通讯监听,司法审查机关还是能够较容易作出明确判断。但假如是侦查人员作为一方当事人进行无令状即时与非即时单独网络通讯监听、侦查人员向一方当事人采取威逼、欺骗、利诱等不法手段迫使其事先表示同意而进行的无令状即时与非即时单独网络通讯监听等几种形态,由于需要司法审查机关凭借较大自由裁量权予以判断,实务操作中就会相对困难许多。

笔者认为,鉴于司法审查机关凭借较大自由裁量权进行判断依旧是建立在证据基础上所做的评判,如果根据获取之证据秉持"良心""理性"可以形成相关审查人员内心确信,他自然会做出"是"或"否"的评断。从结构主义的镜像(Mirror

---

① 出于简化机构提高效率考量,私人网络通讯监听的令状签发或事后核准确认宜一并交给侦查中网络通讯监听之专门化司法审查机关处理。

Image)视域分析,① 这种自由裁量大多包括两部分。其一是证据可采性评判过程中的镜像,即理想态镜像(能清晰明了辨认、是否同案件存在关联和是否符合各种法律规定物质所映射出来之镜像)、空间态镜像(那些非理想化物质在空间性因素如社会公共政策等作用下所映射出来之镜像)和残缺态镜像(那些有残缺的理想化物质所映射出来之镜像);其二是根据可采证据展开事实推论过程中的镜像,即规律态镜像(即完全或基本符合认知规律且各种自由裁量保障体系都切实发挥作用下的证据所映射出来之镜像)、时间态镜像(时间性因素起主导作用的证据所映射出来之镜像)、模糊态镜像(模糊性因素如证人证言等起主导作用的证据所映射出来之镜像)和功能态镜像(功能性因素如技术、情感等起主导作用的证据所映射出来之镜像)。②

所以,自由裁量权运作机制便是以各类镜像为逻辑起点,一切案发事实均须转化成证据所映射出来的镜像,然后法官凭借具体法律文本、经验法则、逻辑推理和主观直觉等为辅助工具,以联想—想象—感悟—认同的方式将证据外物化的镜像转换为自己大脑皮层神经网络系统中等效相关之视觉表象,并于各事先、事中及事后制约机制作用下得出最终结论。假设侦查人员向一方当事人采取威逼等不法手段迫使其事先表示同意而进行无令状即时单独网络通讯监听,负责司法审查的法官在对当事人"同意"的自愿性展开具体判断时,就应当对监听过程中侦查人员具体如何"威逼"的全景素描下一权威定论。从逻辑上不难发现理想态镜像

---

① 所谓镜像,结构主义者多半认为其乃一类与世界本体论结构休戚相关的中介性隐喻或象征。虽然镜像本身是虚无的,仅为真实事物在"镜子"中的映射,但它又蕴含着把自身和此对象维系在一体的种种主观感觉。通过此中介我们可获得关于认知的映像,一旦和镜像产生认同,主体便会发生两大变化:其一是预兆着"我"在思想上的永恒性;其二亦暗示了"我"异化之结局。这里的"异化"可以理解为个体永远同其本身处于不一致的疏离状态中,但镜像作为外在和表象性的物体永远不会完结。法国著名精神分析学和结构主义学家雅克·拉康更是指出,"镜像期的作用应该看作是一个'心像'功能的一种例证,因为这种功能力图在有机体与实在之间,在内心世界与客观世界之间建立一种关系。"由于迄今我们尚不能令时光倒流重现案件发生时的经过,那么案发时的具体情形便仅为一种已消逝无法追溯的过去时态"场景"。法官通过自由裁量就须和事后获得之各种证据展示出的虚幻镜像产生认同,以便自觉或不自觉建立起自身内心世界与案件发生时客观世界的紧密联系。对于结构主义的镜像理论,具体可参见陈欣、曹建斌:《试论拉康的镜像理论》,载《江苏工业学院学报》(社会科学版)2008年第3期,第4—6页。

② 参见欧阳爱辉:《对自由心证形成机制的镜像化考察》,载《中州大学学报》2009年第4期,第26—29页。

和规律态镜像较少出现异化失真,真正可能干扰法官判断的往往是空间态、残缺态、时间态、模糊态和功能态镜像,而法官做出最后结论是对所有交织在一起的镜像形成之巨型复合镜像开展认同完成的。若能尽量增加理想态和规律态镜像比重,通过各种制度减少容易异化失真的其他形态镜像失真概率,或即便失真也让它们朝有利于社会整体价值方面演变(如空间态镜像中的社会公共政策诱导),镜像真实就会更多地贴近"客观真实"和"法律真实"。故此,这种自由裁量权如何恰到好处地实现运用,关键即在于两环节。其一是看法官利用镜像进行自由裁量最终结论是否具有反复出现性。须知法官奉行的标准即平等性、可预见性和一致性,[1]尽管镜像真实不会绝对反映客观真实或达到法律真实要求,但只要不发生较大偏差,那么不同法官实施相同或者同一类司法审查之最终结论应基本吻合;其二看是否建立了完备的程序保障制度并得以贯彻执行。"正是程序决定了法治与任意或反复无常的人治之间的大部分差距。"[2]若法官自身素质强化机制、回避制度、责任追究制度等均得以严格贯彻执行,则自由裁量也会相对更加合理。

二、明确非法网络通讯监听的具体法律责任[3]

除开法院内设专门化司法审查机关外,明确非法网络通讯监听具体法律责任也是司法层面确保侦查中网络通讯监听活动步入法制正轨关键要素。毕竟当前我国相关法规和前文设想的网络通讯监听专门立法结合一体已就违法开展网络通讯监听侦查的责任展开了纸面严密规划,不过若现实运作中无法得到有效贯彻执行,那仍旧难对非法网络通讯监听侦查活动形成震慑和补救功效。

具体言之,非法网络通讯监听侦查造成主要损害即泄露或非法使用收集的通讯数据信息带来的网络通讯自由权、网络隐私权、网络言论自由权等各类人权侵害及国家、社会整体利益损伤。当侵害未达到现行刑法规定的"情节严重"程度时,可据现行《中华人民共和国网络安全法》《中华人民共和国侵权责任法》《中华人民共和国治安管理处罚法》等追究行政或民事法律责任。如网络通讯监听协助

---

[1] 参见[英]弗里德里希·冯·哈耶克著:《法律、立法与自由》(第一卷),邓正来、张守东译,中国大百科全书出版社2000年版,第197页。
[2] 陈瑞华著:《看得见的正义》,中国法制出版社2000年版,第4页。
[3] 这里的法律责任仅指实体法责任,因为程序法上应承担的责任即根据网络非法证据排除规则排斥了证据可采性,它已在设立法院内部专门化司法审查机关上做了较详细探讨。

执行人员非法侵入他人网络危害网络安全,可依现行《中华人民共和国网络安全法》第63条"……从事危害网络安全的活动,或者提供专门用于从事危害网络安全活动的程序、工具,……尚不构成犯罪的,由公安机关没收违法所得,处五日以下拘留,可以并处五万元以上五十万元以下罚款;情节较重的,处五日以上十五日以下拘留,可以并处十万元以上一百万元以下罚款。"侦查人员或协助执行人员在网络中散布用监听技术收集的普通公民重要数据信息,可据现行《中华人民共和国治安管理处罚法》第42条"有下列行为之一的,处五日以下拘留或者五百元以下罚款;情节较重的,处五日以上十日以下拘留,可以并处五百元以下罚款:……(六)偷窥、偷拍、窃听、散布他人隐私的"课以行政法律责任。或合法权益受侵害公民提起民事诉讼,由法院依现行《中华人民共和国侵权责任法》第21条和第22条"侵权行为危及他人人身、财产安全的,被侵权人可以请求侵权人承担停止侵害、排除妨碍、消除危险等侵权责任""侵害他人人身权益,造成他人严重精神损害的,被侵权人可以请求精神损害赔偿"等规定及现行《中华人民共和国民法通则》人身权保护条款要求承担民事责任。当侵害达到现行刑法典规定的"情节严重"程度时,则照现行《中华人民共和国刑法》法条追究刑事法律责任。如侦查人员或协助执行人员将利用网络通讯监听技术获取的普通公民重要数据信息非法出售他人,情节非常严重,须按现行《中华人民共和国刑法》第253条"……国家机关或者金融、电信、交通、教育、医疗等单位的工作人员,违反国家规定,将本单位在履行职责或者提供服务过程中获得的公民个人信息,出售或者非法提供给他人,情节严重的,处三年以下有期徒刑或者拘役,并处或者单处罚金。……",以侵犯公民个人信息罪给予相应刑事处罚。若侦查机关滥用职权实施网络通讯监听对公民网络通讯自由权、网络隐私权等造成大范围侵害(如监听波及全市甚至全国不特定公民),可依现行《中华人民共和国刑法》第397条"国家机关工作人员滥用职权或者玩忽职守,致使公共财产、国家和人民利益遭受重大损失的,处三年以下有期徒刑或者拘役;情节特别严重的,处三年以上七年以下有期徒刑。……",以滥用职权罪追究刑事责任。

若非法网络通讯监听造成损害很大程度乃和司法审查机关签发错误令状或得到其错误核准确认有关,届时还需根据具体情况追究具体司法审查人员责任。不过因其并非直接施害方仅是中立地就是否准允侦查机关动用网络通讯监听进行评判,假设具体审查人员(如预审庭的预审法官)签发令状、予以核准确认存在不当有轻微徇私枉法、玩忽职守等迹象但未造成严重危害(如侦查机关凭令状实施了短暂网络通讯监听但没有造成恶劣后果),可遵照现行《中华人民共和国法官法》第32条"法官不得有下列行为:……(二)贪污受贿;(三)徇私枉法;……(八)玩忽职守,造成错案或者给当事人造成严重损失……"和第33条"法官有本法第三十二条所列行为之一的,应当给予处分;构成犯罪的,依法追究刑事责任"之规定给予其警告、记过、记大过、降级、撤职、开除的行政处分。但假如司法审查人员签发错误令状或作出错误核准确认系受贿、索贿、徇私枉法所致且情节较严重已上升至犯罪范畴,则须遵照现行刑法典相关规定成立受贿罪①或徇私枉法罪。

另外,鉴于计算机信息技术发展到云计算、大数据阶段后,网络通讯监听与数据挖掘技术结合应用过程中对普通公民合法权益侵害还带有"大规模微型化"的特点,即侵害针对范围广,但具体到某微观个体身上损害又非特别显著。为防止出现法律漏洞,日后还应尽快颁行《中华人民共和国个人信息保护法》。从个人信息采集基本原则、国家公权力主体对个人信息的具体采集、处理与利用、普通私个体对个人信息的具体采集、处理与利用、违法采集、处理与利用个人信息的司法救济和应承担的法律责任等五方面对涵盖网络通讯监听、数据挖掘技术收集的个人数据信息在内之各种个人信息均予以专门立法保护。并且,现行国家赔偿法的刑事赔偿规定也应做出修正,从而使正当权益受到侵害者必要时还可根据《中华人民共和国国家赔偿法》刑事赔偿规定提起国家赔偿。唯有如此,具体法律责任追究与补救方能做到严密、全面和彻底。

第四节 守法层面的法制化具体建构设计

守法系国家机关、社会组织和普通民众遵照现行各项法律规定全面行使权利(权力)履行义务(职责)的活动之总称,在特定活动实现法制化上同样不可或缺。毕竟若国家公权力机关、社会组织和普通私个体不能对法律无比推崇形成较高认同度并发自内心地运用到社会生活各领域中去,相关活动想按法制轨道科学合理

---

① 若受贿的是整个专门化司法审查机关,便构成单位受贿罪。

运作定会变得步履艰难。柏拉图早就指出,"荣誉应该给予那些守法的人,规定的刑罚则应该强加给不服从法律的人"。① 至于侦查中的网络通讯监听法制化究竟该如何于守法层面实施妥善建构,根据我国实际语境,笔者认为这宜从树立正确的信息社会侦查情报观、推进健康的侦查文化建设和提高普通受众法律认同度三环节入手。

一、树立正确的信息社会侦查情报观

观念作为一种客观表象在人意识和心态中的升华,既具备浓郁感性因素(如主观好恶感觉),亦存诸多理性精神(如基本的行为评价标尺)。从前文可知,当下我国侦查中网络通讯监听具体应用主要困惑产生根源之一即侦查人员和普通私个体相关观念普遍缺失。故只有满足信息社会需要,在全新的信息社会侦查情报观念指导下,方能有效整合各类数据信息遏制犯罪且充分保障人权。

首先,对侦查机关来说,它们必须以信息社会的海量数据信息整合意识为前提,以网络情报搜集思维为导向,具备敏锐超前的新时代情报甄别判断能力。不论是互联网等各类信息平台中发布的官方数据信息(如政府机关明文公布在网站上的"三公"经费列支)抑或私人数据信息(如私人自己有意无意发布在微信朋友圈或通过电子邮件透露的车辆通行信息、出入境信息、娱乐消费信息等),只要系合法方式(无论普通网络信息获取或者借助令状实施网络通讯监听截获取得),侦查人员均要高度重视,继而实施相关数据信息整合借此为契机打开案件突破口,有效提升侦查针对性和成功概率。但若这些侦查情报系借助非法手段获取,则要在思想观念上坚决予以否定。必须确保其和保障广大普通公民人权实现有效制衡。倘若只一味关注尽快获取刑事案件证据而大肆在互联网中截取各类通讯数据信息罔顾普通公民信息泄露带来的巨大风险,既不否认此类行为获取证据之可采性,又不给予权益受损方充分救济,给社会造成的灾难无疑将是毁灭性的。

另外,在现代侦查活动中因"由证到供"更注重全面获取证据尤其是将物证放置于首要地位,显然比过分强调口供等言词证据的"由供到证"能更有助减少刑讯逼供符合程序正义以及保障人权的现代法治要求。不过信息社会特别是云计算、大数据条件下涌现的数据信息着实太多难以甄别,且技术也不是万能的,很多犯

---

① [古希腊]柏拉图著:《法律篇》,张智仁、何勤华译,上海人民出版社2001年版,第11页。

罪尤其是贪污贿赂犯罪智能性和隐蔽性程度又相对较高,若简单在信息社会侦查机关相应情报观中推崇"由证到供",未必能迅速有效查明案情。毕竟"犯罪侦查的艺术和科学还没有发展到能在案件——哪怕是大多数案件中——通过查找和检验物证来提供在案线索和达到定罪的程度。"①我们在信息社会侦查机关相应情报观中必须实现"由证到供"和"由供到证"二者的适度灵活把握。一方面,应保证"由证到供"占据主导地位,终究"由证到供"更有助保障人权,规范侦查机关执法行为;另一方面,"由供到证"作为"由证到供"必要补充也应合理存在。但在观念上须谨记这种运用并非粗暴获取犯罪嫌疑人口供,而是在合法不侵犯相关人员各项正当权益前提下,从各环节均重视传统言词证据采集,借此为突破口理清脉络促进"由证到供"得到更好实现。

其次,对普通民众来说,他们必须既要有信息社会数据意识,积极借助各种现代化便携设备配合侦查机关收集相关侦查情报,同时又要摒弃以前在网络空间交往中所形成的盲动心态。毕竟在人类社会的密集网状运作结构中,有时普通私个体自身力量比起国家机器达到目的更加方便、快捷。因为国家与公权力不可能非常迅速地立马遍及私人受侵害的各个角落,即使它愿意很快进入,林林总总的限制(如法律程序、领导决策和具体成本等)也会给其设置诸多障碍,可普通私人自发的救济措施却很少有此类掣肘。故普通民众在信息社会侦查情报相应观念上一方面应充分对网络数据信息给予高度重视,注意协助配合侦查机关于合法前提下以"掏粪运动"②之方式获取重要数据信息;另一方面又决不能随随便便以自身好恶或者被他人煽动起的非理性情绪在网络领域大肆传播伤害他人正当权益、未经证实或者对真正查明案情有较大影响的数据信息,从而促进包含网络通讯监听在内的各种先进技术手段在侦查活动中的科学合理使用。

二、推进健康的侦查文化建设

长期以来,对于"文化"(Culture)一词,因其本身含义过于宽泛,对它的理解、

---

① 转引自陈卫民、罗欣、张程等:《人权保障理念下职务犯罪侦查模式的转变——以新刑诉法实施后职务犯罪侦查为视角》,载《政法学刊》2013年第5期,第87页。
② "掏粪运动"是19世纪末20世纪初美国新闻界掀起的一场揭露丑闻、谴责腐败、呼唤正义与良心的运动。借助信息社会获取数据信息的便利,这种活动大有愈演愈烈之势。参见杨月辉:《大数据时代网络反腐新特点》,载《学习时报》2012年11月5日第005版。

界定便一直是个见仁见智的问题。不过总体而言,文化既属见之文字的东西,又属于见诸社会现象的种种事物,即广义人类精神活动产物。① 至于侦查文化,它自然乃文化在侦查领域的一种延伸反映,即侦查活动中以知识、艺术、道德、习俗、技能等作为表现来反映侦查人员能力素质的各种现象总和。② 尽管我们不能草率本着新儒家文化宿命论或文化决定论的观点重道轻器而忽视了社会存在决定社会意识的客观规律,但无疑社会环境乃一个多质、多维的全向有机结合体,一种行为定式的形成必然同特定历史文化背景密不可分。故在守法层面法制化具体建构上,若能真正营造出符合现代法制社会普适精神健康的侦查文化氛围,侦查机关和相关人员就多少会在外界客观影响力与内部文化塑造力双重督促下自觉自愿推进侦查活动正常开展,继而圆满促成网络通讯监听侦查纳入法制轨道。

不过可惜的是,在中国传统侦查文化中,有很多因素都有意无意间阻碍了健康侦查文化之生成。这主要体现于三方面:其一是传统侦查文化中的人权概念淡薄。由于数千年来封建皇权专制和宗法家族制度早已根深蒂固,国家、社会的安全稳定和整体利益往往被人为过分拔高,涉及个人利益的思想总是被弱化甚至完全忽略不计。受这类传统思想束缚,为维护国家和社会整体利益,当遏制犯罪和保障人权彼此间出现强烈冲突时,遏制犯罪经常被放置于首位。部分侦查人员甚至认为,为了打击犯罪的需要,即便抓错了也是不要紧的;③其二是传统侦查文化过于重实体轻程序,往往更关心侦查活动的工具性价值。在中国传统语境中,法律被简单视为治理工具的工具论调一直占据着极大市场,④这对日积月累形成的侦查文化无疑有着难以磨灭之影响。受到工具论长期熏染,为能尽快遏制犯罪,个别侦查人员甚至不择手段各种合法抑或非法措施一齐上阵。所谓"捶楚之下,何求而不得",久而久之侦查活动的程序性要求便被抛诸脑后,侦查慢慢蜕变成了一种简单用以查明案件的工具;其三是传统侦查文化带有强烈有罪推定思维定式。"刑始于兵",由于我国古代长期将被犯罪嫌疑人、被告人简单视为罪犯看待,在案件侦破上一直都存在着很大程度有罪推定思想,这种思想伴随历史积淀自然

---

① 参见李宗桂著:《中国文化概论》,中山大学出版社1988年版,第8页。
② 参见杨学兵:《侦查文化初探》,载《甘肃警察职业学院学报》2010年第2期,第62页。
③ 薛亚龙:《侦查错误的成因剖析——以文化理念为研究视角》,载《湖北警官学院学报》2014年第5期,第33页。
④ 参见王立民主编:《中国传统侦查和审判文化研究》,法律出版社2009年版,第164页。

慢慢潜移默化到了现代。不少案件甚至只要被依法立案进入侦查阶段后,侦查机关主要工作重心就肤浅地变成了查找和证明犯罪嫌疑人有罪。一些刑警自己也认为,面对犯罪嫌疑比较确实者,他们占据了道德和法律之正当性。①

尽管文化作为人类社会长期潜移默化形成的产物,要就其进行扭转甚至大刀阔斧改造绝非易事。不过,这并不意味着在我国就不能通过一种循序渐进的方式对传统侦查文化中不够妥当之处实施移风易俗。笔者认为,只要大家有恒心和耐性花大力气做长期工作,营建符合现代法制社会需要的侦查文化依旧大有可为。具体来说,在中国进行健康的侦查文化建设不妨包括下列几部分:

首先,彻底扬弃国家绝对至上、公权万能的权力心态,真正塑造起私权神圣、注重人权的权利思想。权力和权利间的合作、竞争、对抗乃至博弈一直是国家与个人彼此永恒的话题。在这场旷日持久的较量中,假如因国家机器力量太强大过分拔高了国家、社会的安全稳定和整体利益,从而令普通私个体由衷感到自惭形秽盲目臣服在国家脚下牺牲自我利益,那私个体自身和人权都将退化成国家与公权力的婢女甚至奴隶。所以,必须对侦查机关及相关人员塑造起私权神圣、注重人权的权利思想。应该让他们由衷感悟到,国家和社会整体利益固然重要,但公民的人权也不得随意遭受践踏。

第二,将过于重实体轻程序,关注侦查活动工具性价值的心态逐步向实体与程序并重,不唯侦查工具论思想转化。毫无疑问,侦查活动在查明案件真相实现实体公正上工具性价值明显,但该工具性价值不应被过多凸显而忽略到了程序本身价值(如程序公正、程序自由和程序效益等)。若侦查机关及相关人员能更多看到侦查程序本身价值,强调实体正义与程序公平并重,冤假错案自然会愈来愈少,类似美国那种假借国家安全之名对数以亿计雅虎邮箱邮件进行秘密扫描的现象断不会出现。②

最后,将强烈有罪推定思维定式逐步转变为人本主义情怀下无罪推定的高度法律化尊重。无罪推定乃《公民权利和政治权利国际公约》的基本性准则之一,该公约第 14 条第 2 款明确指出"凡受刑事控告者,在未依法证实有罪之前,应有权

---

① 参见杨郁娟:《论刑警职业文化及其对侦查的影响》,载《吉林公安高等专科学校学报》2011 年第 1 期,第 47 页。
② 参见观察者网(上海):《秘密扫描所有用户邮件提供给美国政府?雅虎再次回应》,载 http://money.163.com/16/1006/14/C2MUUU29002580S6_all.html,2016 年 10 月 30 日访问。

被视为无罪",①我国现行刑事诉讼法和其他法律规范也早已确立起了该原则。但受传统侦查文化桎梏,其效用并不明显。为此笔者主张,所谓"天道远、人道弥",假设可以将它纳入人本主义情怀下并辅之以高度法律化尊重,通过更多法律规范具体化。② 无罪推定就能够彻底变成始于人、终于人的世俗普适精神,使犯罪嫌疑人、被告人个体利益及诉求受到真正重视。

三、不断提高普通受众的法律认同度

法律认同,通常多指人们根据实践经验和理性思辨就法律展开评判对法律制度持着企盼与需要,当法律自身符合实践与理性要求顺应他们期待、需求后,普通人认可、尊重、信任及服从法律的一系列过程之总和。③ 而受众,它乃一个传播学概念,即各种信息传播的具体接受者。毫无疑问,如果人们法律认同度大为提高,对相关法律规范由衷表示肯定与赞同,那必能积极主动将外在物化的法律制度转变成内在自发行动准则,彻底促成法制化要求于守法范畴逐步实现。考虑到和侦查中网络通讯监听有关的法律规范本身系当下我国法律体系极少涉足之物,人们了解并接受这一立法、司法设计属被动过程,故这里守法环节进行侦查中的网络通讯监听法制化举措建构强调不断提高法律认同度,就理应不断擢升普通受众之法律认同度。

那么,普通受众法律认同度又如何不断加以提升呢?笔者认为,既然法律认同需受众由衷地认可、尊重、信任和服从法律规则,这就务必要法律本身同他们事先评判保持较大吻合。若二者差别悬殊,即便能借助外力勉强获得普通受众赞成,也不过看似认同其实违心。这么一来,如要真正提高普通受众法律认同度,国家理当从内外两方面同时建构——既让内部的广大受众心理法律评判尺度朝相应法律规划、运作看齐,又使外部法律制度规划与运作向普通受众内心评判标尺主动靠拢。继而在内外相互合力作用下,消除双方差距,认同度自然会随之迅速提升。

---

① 360百科:《公民权利和政治权利国际公约》,载 http://baike.so.com/doc/6612639-6826431.html,2016年7月28日访问。
② 例如现行《中华人民共和国刑事诉讼法》第12条规定"未经人民法院依法判决,对任何人都不得确定有罪",但"任何人都不得确定有罪"终究和"应有权被视为无罪"表述语气有一定差异,后者对无罪的肯定程度明显高于前者。
③ 参见卢东凌:《民众法律认同初探》,载《西南政法大学学报》1999年第3期,第41页。

首先,在内部受众心理评判上促使人们自发革除不合时宜的错误认知,意识到网络通讯监听侦查活动立法、司法建构乃良善之法的实施举措,主动向其靠拢并尊重、服从有关法律运作。根据现代传播学理论,受众在事物传播过程中居核心地位,他们既是信息接受者,又是信息有选择性的传播者(符合自己需要就继续传递扩散,不需要则立马排除)。① 若我国拟设的相关立法、司法举措建构无法在传播过程内得到广大普通受众接受与二次传播扩散,法律认同度便无从谈起。而要让人们由衷接受并认为有价值继续传播此信息,就务必先促成其自觉革除本身错误认知(如"权大于法""法治平民"等),真切意识到上述法制化建构措施的实际价值。

其次,在外部法律制度上确保相应立法、司法设计能更人性化契合中国当下社会需要,与普通受众内心基本价值评断观保持一致。而要使此类立法、司法设计更人性吻合当下社会语境和受众评判标尺,那它便应最大限度符合人们需要同民意相贴近。虽然民意作为民众对社会事务阐述的情绪、意见及愿望难免带有过分朴素道德性、非理性、难衡量性和草根娱乐化等负面特征,但它毕竟是广大普通公民真实诉愿之体现。故笔者主张,相关法制化设计须分文本建构和现实运作两环节来分别汲取民意。对文本建构而言,因属制度设计还未投入实践运用,无论信息社会新兴权益保护入宪、专门的网络通讯监听侦查法律起草,均可在确保制度规划专业化、技术化同时以精湛治理技艺广开言路,事先最大化征求受众意见。但就现实运作环节而言,则不能像前者那般宽松。因为现实运作系文本建构完成后的工作,既然相关制度已充分听取民意大量吸收普通受众内心价值评判尺度,那就不必再让现实司法独立运作受民意过分左右。即一面设立正常态民意沟通、传输体系(如及时向媒体和大众披露信息)加强司法具体运作与广大普通受众的对话交流,让他们明白相关运用完全符合事先制度设计;另一面坚决抵制不当民意干扰,严重时还需追究其法律责任。

---

① 参见李筱倩:《试论认知结构与新闻信息传播的辩证关系》,载《黄河科技大学学报》2011年第3期,第98页。

第五节　其他相关层面的法制化保障举措具体建构设计

根据法学原理可知，立法、司法与守法层面的建构显然是最终完成某项活动法制化的最主要路径，但"每一个法律制度或法律概念都是一个系统或语境的一部分"，①为尽量避免出现遗漏，除前述法制化具体设计外，我国还理应在其他相关层面予以继续补充完善给立法、司法、守法建构保驾护航。根据现今我国网络通讯监听侦查活动暴露出的诸多困惑，这类其他相关层面法制化保障举措规划宜覆盖技术创新、多维监督、国际合作三部分。

一、技术创新层面：重点突出高新技术在网络通讯监听中的科学运用

正所谓科学技术是第一生产力，网络通讯监听本身就具备极强烈的高科技色彩，而云计算、大数据的出现又进一步凸显了它对科学技术之要求。有鉴于此，若想真正保证侦查中的网络通讯监听严格按照法制轨迹运作，相应高新技术得到科学合理使用无疑是一大基本保障。毕竟正因为当前技术水准无法完全满足信息社会实际需要，这才很大程度导致具体运用难把握精准尺度，容易游走于法律边缘。故我们必须重点突出一系列相关高新技术的科学运用，将技术创新落到实处。

（一）尽快设置专门化的网络通讯监听数据信息控制平台

所谓"蛇无头不行"，要大力突出高新技术在网络通讯监听中的科学运用，首先便需要一个专门化的网络通讯监听数据信息控制平台作为神经中枢统一管理。否则，即使侦查机关通过各类先进技术收集到了大量有价值网络通讯数据信息，也只能是一盘散沙。实质上，目前公安部的"天网工程"、②山东等省份

---

① ［葡］叶士朋著：《欧洲法学史导论》，吕平义、苏健译，中国政法大学出版社1998年版，第67页。
② "天网工程"，即为满足城市治安防控和城市管理需要，由中央政法委、公安部、工业与信息化部等共同发起建设的信息化工程，能够对固定区域进行实时监控和信息记录。参见百度百科：《天网工程》，载http://baike.baidu.com/link?url=F_7gc0QPo2bwo0A8qmq6Xc O9SDI4hXTlG2pYAR － IEHh3BQsx6QBb90KjsBktbF9vky4JK09pa － F5m6tEgm1K1 － Wfzn-NRKfQYSwLevBWVfA8RZlXtnfuOByTs1_8ibON0，2016年11月1日访问。

设置的"公安云计算中心"以及国家安全部门正积极谋划的"大数据反恐系统"就已经带有很大程度网络通讯监听数据信息控制平台意味。但它们还远远不够。一则"天网工程""公安云计算中心""大数据反恐系统"等要么牵涉内容很广,要么就涉足范围很狭窄,且它们并不仅限犯罪通讯监听侦查工作;二则云计算、大数据的出现对相关技术提出了全新要求。云计算、大数据条件下的数据信息比一般网络信息更零碎庞杂,且基于复杂浮点运算和分析的计算机高速模拟、基于事实与证据的案情预测与证据推理等无不大量兴起。传统信息获取、存储管理、检索、人机交互如何顺利过渡到大数据领域俨然成了情报学的一大挑战。①

  侦查破案属于纯公共物品范畴,出自"秘密、全面、快捷"开展侦查工作和统一管理、保护普通公民人权的需要,我们理当与时俱进对此公共物品设置专门化的网络通讯监听数据信息控制平台。在该平台具体建构上,宜根据侦查机关级别划分县(区)—市—省—国家(中央)四级,以现有的反贪等犯罪侦查数据信息中心为基本工作站,配备精通计算机技术的专业人员,借助公安机关、检察机关等侦查机关发达的互联网设施,与纪检、税务、工商、金融等部门密切协作,打造一个立体化全方位的中枢管理机构。为了数据信息检索、管理方便,在该控制平台内还需着重设立三大资料库:其一是案件线索资料库。根据案件不同类别(如危害公共安全类、破坏金融管理秩序类、扰乱公共秩序类等)将举报人、被举报人、相关单位等信息资料逐一归纳到数据库中妥善保管,便于侦查机关查询个案线索并保护相关公民网络隐私权等人权;其二是已办案件资料库。将国内外已经办理的各类案件尤其是国内具备代表性的大案要案情况汇总,能方便各级侦查机关总结以往成败得失经验教训合法展开监听;其三是社会公共信息资料库。在互联网异常发达的信息社会,很多情况下一些表面看似隐蔽的犯罪行为往往更容易不经意间暴露于各类公共信息中。如2008年的江苏"天价烟局长"周久耕等,其贪腐蛛丝马迹都是在互联网公共数据信息内被披露出来。故建立包含普通新闻信息、工商企业信息、金融存贷信息、地税国税信息等公共资料的社会公共信息资料库亦相当关键。

---

① 参见贺德方:《大数据环境下的情报学》,载《数字图书馆论坛》2012年第11期,第3页。

(二)在网络通讯监听数据信息收集中积极推进可视化分析模式

可视化分析乃信息社会剖析海量"云"信息、大数据的基本要求之一,它能够较直观地体现"云"信息、大数据特点,借助此模式人们可以绕开眼花缭乱的阿拉伯数字和拉丁字母形象地发现事物规律。例如2014年百度网站就曾以可视化分析模式全程直观展现了春节前后中国大陆人口迁徙轨迹,这就比完全对着枯燥数字和字母实施研判清晰多了。① 因此在网络通讯监听数据信息收集上,同样可凭借SPASS、SNA②等分析工具实施可视化研判,尽量减少侦查遗漏区域且帮助一目了然在庞杂的数据中找到真正有价值情报信息,减少不必要普通公民人权侵害。大体流程即当侦查机关借助网络通讯监听等技术侦查措施截获海量通讯数据信息后,经分析汇总,发现这些数据信息既可能有图像、文字、音频、视频,又可能涵盖普通数字表述。它们对案件查处都具备一定价值,但单独论及某一数据信息,含金量则未必很高。届时侦查机关就开始启用SPASS、SNA等分析工具实施可视化研判,借助直观性很强的技术手段便能尽快做到价值聚变,寻觅到案件关键信息点。

(三)在电子取证模型设计上注重关联分析和模型结构具体应用

从前文可知,网络通讯监听获取的相关数据信息在设计电子取证模型上屡建功勋。但若电子取证模型自身设计存有缺陷,借助监听获取的数据信息就丧失了应用价值。为此,我们须注重关联分析和模型结构的具体应用。在关联分析方面,它作为传统犯罪情报数据信息分析技术的新发展,其目的是凭借对数据关联规则之剖析寻找到暗藏于数据中的特殊事件。③ 通过利用Apriori算法,④侦查人员对犯罪嫌疑人职务、性别、年龄、工作岗位、学历与案发时间、地点、涉案金额等关系进行紧密整合,以便归纳出各类犯罪在时间和空间层面的规律性,揭示犯罪发生趋势,提高案件破案率;在模型结构方面,根据事前圈定的犯罪嫌疑对象以贝

---

① 参见侯睿:《大数据时代的反恐情报收集与分析》,载《山东警察学院学报》2014年第4期,第96页。
② SPASS是当今世界上最主要的以图形菜单作为界面的统计软件,SNA系IBM公司开发的封闭性网络体系结构,二者都可有效适用于不同难易程度之超大规模数据可视化分析。
③ 参见郑永红:《犯罪信息工作中的数据挖掘技术》,载《广东公安科技》2005年第1期,第41页。
④ Apriori算法,即一种最有影响的挖掘布尔关联规则频繁项集的算法,它已被广泛运用到网络和商业安全中。

叶斯网络（Bayesian Network）、①支持向量机（Support Vector Machine）②等技术工具为主干,侦查人员可有效建构出关联规则挖掘模型。依靠该模型进行犯罪信息处理,侦查人员就能较顺利地找到案件突破重点,制定行之有效的侦查方案,成功实现知己知彼百战不殆,同时又尽量减少不必要的相关公民人权被侵害。

（四）注重网络通讯监听数据信息收集的适当人工化

网络通讯监听数据信息收集,自然需广泛运用到各类高科技智能信息技术,但这种技术的使用不能过分夸大,终究按事先设定程序僵化运作的机器和随机应变的人还是有着本质区别。美国联邦量刑指南制度的相关研究人员就曾指出,作为一个复杂社会系统演变形成之量化值,简单的全方位数据信息收集整理将损害量刑指南系统进行定罪量刑计算的基本秩序。③ 有鉴于此,为减少僵化机械分析带来的负面影响,在网络通讯监听数据信息收集中也应适当注重人工化。即一方面在宏观上具备以数据自动搜集思维为导向的海量信息整合意识和情报甄别判断能力,另一方面在微观上设置完备的人工数据信息收集渠道(如保留传统信箱、热线电话,设置官方微博、微信号,有专人对BBS、微博、微信等各类新媒体实施全天候舆情关注等)。长期坚持下去,便可顺利实现网络通讯监听数据信息收集智能化与适当人工化的巧妙结合,尽量减少数据信息的真伪难辨,确保收集之个性化,全面完成有针对性的收集工作。

（五）强调与网络服务商等的密切合作

网络通讯监听需要日新月异的高新技术,时至今日尽管我国侦查机关的计算机信息技术水准已经有了跨越式提高,但它毕竟主要工作是开展犯罪侦查而非计算机、互联网数据信息处理。何况犯罪行为人动用数据隐藏、加密技术、网络攻击等技术手段反侦查的能力也在不断提高。故较之主要从事案件侦破尤其是传统现实社会案件侦破工作的侦查机关来说,林林总总各大网络服务商、IT企业等对计算机信息技术运用显然更了如指掌。譬如在网络通讯监听过程内进行海量电子证据收集汇总,做易失性数据信息收集实验等专业化技术活

---

① 贝叶斯网络是以贝叶斯公式为基础设计的概率推理图形化网络。它对于解决复杂系统不确定性与关联性所引发之障碍有较大效果。
② 支持向量机作为一种学习模型,可以有效实施模式识别、分类等工作。
③ 参见赵小楠:《大数据时代的危害性与局限性》,载 http://tech.163.com/15/0203/12/AH-HE7DOE000915BD.html,2016年11月3日访问。

动，无论创建取证工具箱或展开 MD5、SHA①校验，②电讯公司等网络服务商一般都会比侦查人员更娴熟。兼之这些网络服务商等大多不具备国家公权力主体地位，由它们给予协助，一定程度还能减少普通公民对侦查机关滥用国家公权力的忧虑。现行《中华人民共和国网络安全法》第 28 条也明确指出，"网络运营者应当为公安机关、国家安全机关依法维护国家安全和侦查犯罪的活动提供技术支持和协助。"

所以，侦查机关与网络服务商等的亲密合作自然必不可少。这种合作主要既包括双方加强技术共享进行日新月异的计算机信息技术交流，③网络服务商等在网络通讯监听侦查中给予侦查机关必要支持与配合；同时还应积极打消彼此疑虑，特别是让电讯公司等网络服务商深刻了解到侦查机关并不会因此损害其客户隐私权、商业秘密和知识产权。"根据传播学理论，适当时机的信息传送有利于增强信息的沟通价值……"④这样，若侦查机关和网络服务商等经常反复调研、共同协作，就会令网络通讯监听实施更加顺畅，从而既有效促成侦查机关查明案件，又会竭力避免过多伤及普通公民人权。

二、多维监督层面：创设全社会范畴的多维监督约束体系

监督系对某种活动的监视、察看与督促，它可以起到相应事先预防或事后纠正偏差、错误之功效。从广义言之，前述立法、司法层面的法制化具体建构探讨也即对侦查中网络通讯监听活动主要由立法、司法上加以必要监控的法制监督模式。不过，这类立法、司法范畴的监督未必能全部覆盖各方面。故基于设置严密监督制度之考量，从保障举措角度创设囊括全社会范畴的多维监督约束体系亦不

---

① MD5 和 SHA 都是目前较主流的校验工具，它们通过对接收的传输数据执行散列运算来检查数据信息正确性。
② 参见许爱东、廖根为主编：《网络犯罪侦查实验基础》，北京大学出版社 2011 年版，第 50—52 页。
③ 例如在针对云计算储存最关键技术之一的数据迁移上，不论是现场迁移（借助对虚拟软件层的控制，完整保存虚拟机整个状态并转移到本地平台中去）和镜像迁移（借助硬盘虚拟化动态迁移，将本地平台主机与虚拟机连接起来），目前国内侦查取证设备和人员水准都有待提升，这就需要网络服务商给予配合。
④ 李玉明：《政府信息沟通存在的障碍及其创新路径——基于群体事件的语境分析》，载《南华大学学报》（社会科学版）2014 年第 1 期，第 69 页。

可或缺。① 除前述立法、司法外部监督外,根据监督主体和客体所处地位、相互关系不同,从内到外这种全社会范畴的多维监督约束体系建构应包括侦查机关内部监督、检察机关外部监督、全国人大外部监督和社会外部监督四大块。

(一)侦查机关内部监督

顾名思义,内部监督即监督主体和监督对象属同一组织或同一系统而自发展开的监视、察看与督促之总称。以我国最主要的侦查机关——公安机关为例,目前其内部监督多以办案侦查组织负责人监督、公安机关领导监督、纪律检查、督察部门监督和法制部门监督为主要表现形态。② 实事求是地说,这一系列内部监督体系对确保侦查权科学合理使用功不可没,但它也暴露出了不少问题——一方面过于繁多的内部监督令职能权限不清,易造成互相牵制甚至推诿,使"多头监督"变成"无人监督";另一方面内部纠错机制不完善,监督缺少实质化的权威。③ 而网络通讯监听又是近些年兴起的高新技术侦查措施,技术含金量大,实施隐蔽又波及范围广泛,要展开有效地相应内部监督无疑更是困难重重。

为此,日后我国在侦查机关对网络通讯监听的内部监督上,必须从多方面有针对性地进行强化。首先应淡化侦查机关负责人网络通讯监听决策权,创建侦查联动机制(如前文所言数据信息控制平台),落实办案人具体责任。同时不断提高侦查机关内部法制部门地位,加大其审核监督能力;其次应尽量促成网络通讯监听等侦查活动公开化。尽管出于打击犯罪、迅速查明案件真相之需要,侦查活动尤其是网络通讯监听等技术侦查措施理当具备隐秘性。但若任何信息都不公开,又焉能谈得上有效监督? 故而在不影响案件侦破前提下,侦查机关需尽量实现此类侦查活动的公开化;再次应不断完善侦查机关内部问责、案件集体讨论、案件质

---

① 有一点需指出的是,笔者这里指称的全社会范畴多维监督约束体系跟一般学者所言的社会监督不同。笔者的全社会范畴包括国家公权力机关(立法机关、侦查机关、检察机关)和非国家公权力机关(社会组织、普通民众等)在内之社会各群体,一般学者提及社会监督中的"社会"往往仅指非国家公权力机关。故它与立法、司法的法制监督有一定概念重合性。因为最广义上任何国家机关、政治或社会组织、公民个人对法制运作过程合法性实施的监视、察看与督促均属法制监督,而立法、司法监督也可看作全社会各阶层范畴内出现的一种国家权力外部监督。
② 参见陈涛:《侦查权内部监督体系检视与完善》,载《吉林公安高等专科学校学报》2011年第3期,第48页。
③ 参见龙茶花:《论我国公安机关内部侦查监督机制》,西南政法大学2011年硕士学位论文,第23—30页。

量考评和侦查绩效考核等制度。内部问责、案件质量考评和侦查绩效考核都是对侦查活动进行评价进而实施奖励与内部责任追究的基本制度,案件集体讨论则有助于集思广益,防止网络通讯监听等侦查活动出现违法运作,这些制度无疑均很重要;最后还需反复强化侦查人员的相关教育培训和道德自我约束。毕竟任何优秀的制度都要靠人去具体贯彻执行,故实施网络通讯监听的侦查人员自身素质极其关键。而为保证侦查人员拥有较高素质,一方面应当反复强化相关教育培训,如借助举办技术培训班、请专家讲座、进行相关法律和职业道德考试、召开座谈会等方法既令他们真正具备较高的网络通讯监听技术水准,又深深领会到监听过程中法律和道德之基本底限;另一方面,则不断引导侦查人员利用通过教育培训塑造出来的最基本、最主流道德评价标尺来管束、引导自己着手的网络通讯监听侦查活动。"己所不欲,勿施于人",尽量促使网络通讯监听既可更快查明案件真相遏制犯罪,同时亦不过多伤及普通公民人权和国家、社会整体利益。

(二)检察机关外部监督

检察机关外部监督,即指检察机关对除了自身直接受理案件之外的案件侦查活动实施的监视、察看与督促之总称。尽管目前在我国检察监督权究竟属何种权力一直众说纷纭,①但毋庸置疑,根据现行《中华人民共和国刑事诉讼法》第8条"人民检察院依法对刑事诉讼实行法律监督"的规定,由于检察机关具备就整个刑事诉讼过程实施法律监督之职权,那侦查活动监督理应囊括在内。而依照最高人民检察院2012年颁布的《人民检察院刑事诉讼规则(试行)》第565条之相关规定,检察机关侦查监督职权主要包括"采用刑讯逼供以及其他非法方法收集犯罪嫌疑人供述的""采用暴力、威胁等非法方法收集证人证言、被害人陈述,或者以暴力、威胁等方法阻止证人作证或者指使他人作伪证的""故意制造冤、假、错案的""非法采取技术侦查措施的""侦查人员应当回避而不回避的"等20项。若检察机关通过审查逮捕、

---

① 譬如有学者认为检察监督权带有明显护法性质,检察官与法官有同样目标,检察机关公诉权也存在司法属性,故检察监督权理当为司法权;有学者认为检察监督权是主动性权力,这与司法权的被动性格格不入,加上检察机关存在行政垂直领导关系,故检察监督权属于行政权;有学者认为检察监督权就是一种独立的法律监督权,既非司法权亦非行政权;还有学者主张检察监督权兼具多重属性,不能简单断言其属于司法权、行政权抑或法律监督权。对国内上述几种主要观点的纷争,具体可参见南菊:《我国检察权性质定位的再思考》,载《岭南学刊》2010年第2期,第65—68页;或练育强:《"两法"衔接视野下检察权性质的定位》,载《探索与争鸣》2014年第2期,第50—54页。

审查起诉、派人参与网络通讯监听侦查活动讨论、受理诉讼参与人提出的相应控告、审查公安机关执行批准或不批准逮捕决定等方式,发现在除自己直接受理案件外的其他案件侦破中实施网络通讯监听涉嫌这20项情形,便可遵照《人民检察院刑事诉讼规则(试行)》第566条之规定采用口头、书面通知纠正、调查核实依法处理、移送相关部门追究刑事责任等方式一一加以遏制。①

(三)全国人大外部监督

全国人大外部监督,即全国人民代表大会对网络通讯监听侦查活动予以监视、察看与督促之总称。全国人民代表大会乃我国的最高权力机关,监听无论是传统通讯监听抑或信息社会涌现的网络通讯监听若运用不当都会造成不容小觑之危害,故为显示出网络通讯监听在最高位阶的慎重性,前文在立法层面便已要求模仿日本的监听向国会汇报制度设置具备中国特色的网络通讯监听全国人大报告制度。而假使这种报告制度得到真正全面贯彻施行,即可谓全国人大作为国家最高权力机构就网络通讯监听侦查活动予以监视、察看与督促之最重要体现。毕竟全国人大对侦查机关、司法审查机关的认可或否定性评价,无疑是国家范畴最高效力的判断,它能够依靠修改法律、增加或者削减预算甚至停止拨款等方式从根本上影响未来网络通讯监听侦查的具体实施。

考虑到全国人大的最高权力机关特性,从规格上出发并切实提高效率,每年汇报必须是特定时间段(如"两会"召开时)。而向其进行汇报的侦查机关、司法审查机关也应当是全国范围内最高级别的侦查机关和司法审查机关(如公安部、最高人民法院等)。侦查机关主要汇报一年来申请网络通讯监听、被核准、监听效果、根据监听所获证据起诉、网络通讯监听开支等内容,司法审查机关则主要从自身审核批准视角对一年来网络通讯监听的核准、执行监管等进行汇报,然后全国人大再展开审议根据网络通讯监听侦查具体成效确定是否要借助修改法律、增加或削减预算甚至停止拨款等方式调整未来监听活动进行。至于网络通讯监听的具体细节(如全年共监听多少次、开展网络通讯监听共投入多少人员等),出于侦

---

① 当然这20项情形中有不少如"非法采取技术侦查措施的"也属于笔者在前文司法层面设计的法院内部专门化司法审查机关职权范围。但前文是从司法层面实施探讨,这里则是根据现行法律法规由监督保障举措进行阐述。此外考虑到检察机关自身也具备侦查权限,《人民检察院刑事诉讼规则(试行)》第565条列举的这20项情形在检察机关自身侦查部门的侦查活动中也适用。

查活动保密性考量,可以仅专门向全国人大常委会汇报而不必事无巨细一概告知全国人大。① 除此之外为确保全国人大外部监督的全面性,全国人大及地方各级人大平时还可通过视察、接受举报等方式单独对侦查中的网络通讯监听活动予以有效监督。现行《中华人民共和国网络安全法》第14条也明确规定,"任何个人和组织有权对危害网络安全的行为向网信、电信、公安等部门举报。收到举报的部门应当及时依法作出处理;不属于本部门职责的,应当及时移送有权处理的部门……"。

(四)社会外部监督

所谓社会外部监督,多指来自除国家立法、司法和行政权力之外的社会外界力量实施的并不直接具备法律效力之监视、察看与督促活动。对侦查中的网络通讯监听来说,这又主要包括政党监督、社会组织监督、公民个人监督和社会舆论监督四方面:(1)政党监督。政党监督顾名思义即依靠执政党的力量实施社会监督。坚持中国共产党的领导乃我国现行宪法之根本原则,故这里的政党监督即由中国共产党对侦查中的网络通讯监听活动实施监视、察看与督促。若网络通讯监听行为存有不妥当之处,共产党有权根据法律程序提出批评意见甚至按照党内纪检、组织系统要求对相关党员作出直接党纪处理;(2)社会组织监督。社会组织监督即指社会非国家公权力机构进行的监督活动。它涵盖着民主党派、人民政协、工会、共青团、妇女联合会及其他群众自治机构等多类社会组织之监督。因为它们在社会中也可能接触到一些网络通讯监听侦查活动,若认定此类侦查活动存有不当,自然可提出批评意见或直接向上级侦查机关、司法机关等控告与检举;(3)公民个人监督。公民个人监督即普通公民根据自己耳濡目染了解到的相关网络通讯监听侦查活动,假如认为其中有很多涉嫌违法之行为,便可自己向侦查机关提出批评、改正建议或直接向上级侦查机关、司法机关等国家公权力部门控告、检举、申诉。并且,这里的"公民个人"考虑到社会生活现实情况,除自然人外,亦当囊括各类公司、企业等法人;(4)社会舆论监督。社会舆论监督主要系凭借社会各阶层对涌出的各种网络通讯监听侦查活动所作之肯定或否定性评价来发挥相应监督制约功效。由于在现代信息社会,新闻媒体和网络平台乃最重要的言论传播

---

① 鉴于传统通讯监听同样具备极大危害性,为节约成本,日后它也可和网络通讯监听合并一起交由最高级别侦查机关、司法审查机关向全国人大进行汇报。

手段,故社会舆论监督通常又往往指各阶层凭借新闻媒体和网络平台对网络通讯监听侦查活动作出的肯定或否定评价。例如美国大名鼎鼎的"棱镜门"事件首先就是被英国《卫报》和美国《华盛顿邮报》这两家西方著名媒体披露出来然后在互联网持续发酵引发成全球头号热点话题的。这些新闻媒体和网络平台震动力大、反应迅速且能充分代表各阶层观点。在它们影响下,美国国家安全部门不得不对自己先前肆意进行的网络通讯监听活动有所收敛。① 我国学者也指出,新闻媒体、网络平台监督具有公开、广泛、及时性,能够迅速让被监督者感受到震慑,有助于问题解决或事态的改善。②

三、国际合作层面:促成各国互联网相关合作

网络通讯监听是发生在互联网空间内的通讯数据信息截取活动,而网络空间又远远不同于传统地理区域。终归传统地理区域有着实实在在的地理界限或物理化分界,网络空间却无任何边界可言。它只是一个全球化的信息连接系统,既做不到传统地理区域那般的国界分割,又无法以可视化形态存在。因为可视的只是 Internet 外部设备如个人电脑、数据线等,这些并不能称之为互联网空间表现形式和地理范围标志。③ 如此一来,侦查中的网络通讯监听具体开展,或多或少将难以离开国际合作——一则网络通讯监听范围带有广泛性,对国外人员草率实施网络通讯监听容易引起所在国反感造成国家安全恐慌甚至导致政治、外交、军事危机;二则跨越国境网络通讯监听产生的数据信息形成之电子证据有时在提取时需得到外国网络服务商甚至政府部门配合。因而,我们理当积极促成世界各国在互联网相关问题上的紧密合作。

首先,各国必须实现真正互谅互信,在网络安全认知上求同存异。以中国和美国为例,中美都是当今世界的互联网大国,但网络安全问题一直和南海争端、气候变化并列属于中美间的主要议题。④ 美国一方面在网络空间树立起"互联网自

---

① 参见徐琦:《大数据时代美国隐私保护之困》,载《中国传媒科技》2013 年第 9 期,第 40 页。
② 参见黎慈:《网络新闻舆论对刑事侦查的监督及其法律界限》,载《云南警官学院学报》2010 年第 2 期,第 56 页。
③ 转引自刘守芬等著:《技术制衡下的网络刑事法治研究》,北京大学出版社 2006 年版,第 153 页。
④ 参见焦东雨:《习近平访美将打开美国"心结"将与奥巴马举行多场会谈　预计南海问题、网络安全、气候变化的等是主要议题》,载《东方早报》2015 年 9 月 17 日第 A12 版。

由"的大旗,炒作"中国网络威胁论"并经常指责我国的相关网络技术审查制度;另一方面又大肆加强对别国的网络通讯监听和其他网络攻击。在每年境外 IP 地址控制我国国内电脑和网站的攻击中,来自美国的网络攻击源始终高居榜首。① 尽管短期内要完全消除各国在意识形态、经济利益、技术竞争等角逐上产生的各类网络安全认知差异很难做到,但只有彼此互相谅解互相信任,实现求同存异,各国的互联网相关合作才将成为可能。

其次,积极推进建构区域性甚至全球性的网络安全与网络侦查公约。要解决跨国性尤其是跨越了众多国界甚至全球化的问题,显然光仰仗某一个国家的国内法是远远不够的。在这方面,国际公约效用更加明显。以欧洲联盟为例,2001 年便专门制定了《网络犯罪公约》来建立打击网络犯罪共同的刑事政策、法律体系和国际协助机制。② 在网络安全和包含网络通讯监听在内的网络侦查方面,无疑也可参照建构类似的国际公约。第一步不妨促成小范围区域内网络安全认知共同度较高的国家签订区域性公约,待时机成熟后则积极向全球化公约拓展。其具体内容宜涵盖实体法和程序法两部分,对网络通讯数据信息等之截获、保留进行详尽规定,既要能够做到有效打击网络环境下的各类犯罪,又充分尊重各缔约国网络空间主权并切实维护各国网络用户合法权益。这样一旦有了区域性甚至全球性国际公约,各国互联网相关合作就更显得名正言顺了。

最后,着力打造中立性的国际网络数据信息权威维护机构。各国互谅互信,在网络安全认知上求同存异并建构了区域性甚至全球性的网络安全与网络侦查公约固然对加强国际合作至关重要,但若缺乏一个中立性的国际网络数据信息权威维护机构居中进行沟通协调,各国互联网相关合作也难真正落到实处。因此,各国相应侦查机关、司法审查机关以及国际刑警组织、重要网络服务商等必须联合起来,尝试打造一个中立性的世界网络数据信息权威维护机构,由它来居中负责收集、发布各类同网络数据信息紧密不可分的最新讯息并切实展开侦查技术、经验交流,从而"穿针引线"令各国合作变得愈发清晰顺畅。

---

① 参见张莉:《论"斯诺登事件"后的中美网络安全合作》,载《新视野》2014 年第 5 期,第 125 页。
② 参见崔聪聪、巩姗姗:《全球网络安全与犯罪公约制定的基本问题》,载《重庆邮电大学学报》(社会科学版)2015 年第 1 期,第 25 页。

结　语

网络通讯监听作为传统通讯监听在互联网环境下的深化发展,实属20世纪后期方才真正兴起的一种全新技术侦查措施。近年随着互联网的愈发普及化、侦查机关对网络技术手段使用日益重视以及美国"棱镜门"等一系列网络安全事件的频频出现,学界和普通民众无不纷纷开始关注这一神秘而又与大家网络交往息息相关的新兴侦查措施。不过迄今为止,对侦查中的网络通讯监听究竟该如何实现系统完整之法制化,各国理论界和司法实务界依旧难达成统一共识。

溯本追源,这其一便在于网络通讯监听技术含金量极高,而且伴随通讯技术的不断跨越式发展,网络通讯监听也正无时无刻不处于更新换代之中。譬如尽管号称现今最新的移动互联网5G通讯技术尚在实验室研制中,另一种划时代的全新通讯技术——量子通信又已经横空出世,其国内未来市场规模甚至有望达到千亿级别。[①] 通讯技术日新月异,对它的监听手段自然也随之不断朝前飞速跃进。如此一来,想事先在法律层面进行科学合理规范就并非易事;其二则在于侦查活动自身本就带有非常强烈的灰暗、隐蔽色彩难以被人察觉,躲藏于阴暗处实施的秘密技术侦查活动便更是彻头彻尾"隐匿"在了人们视线之外不为普通人所知晓。加上当下中国很多方面法制都有待进一步健全完善,对国家公权力有盲目崇拜心理。更何况我国刑事诉讼法学、侦查学理论和实践研究经常出现脱节,理论研究者学术水平较高,却接触实践较少难准确把握侦查实践动态,实务人员也工作繁

[①] 参见中金在线:《未来国内量子通信市场规模望达到千亿级别　受益股一览》,载 http://sc.stock.cnfol.com/shichangjuejin/20161107/23763744.shtml,2016年11月12日访问。

忙难抽身进行系统理论思考。① 各类主客观因素交织一起,无不导致我国网络通讯监听侦查活动需借助法制规范的绝大多数领域迄今均属蓁莽待开的蛮荒之地。

然而,当前我国相关理论与实践范畴探索尚付阙如并不暗示着我们就应该将它绕开忽略不计。实际上,正由于网络通讯监听在信息社会的运用越发辽阔,其对遏制犯罪发挥的功效也日益令人刮目相看。不过,监听骨子里与生俱来的林林总总各类负面效应也一概被网络通讯监听所吸收,稍一不慎它就会给普通公民人权带来严重侵害甚至威胁到整个国家、社会整体利益。若长期听之任之,法律运作的精髓自然会被其慢慢消耗殆尽。现代科学的发展普遍展示出兼收并蓄姿态,通过对侦查中网络通讯监听的概念、基本特征、类型等进行详尽剖析,全面思考侦查中的网络通讯监听在现代信息社会实现法制化的现实基础与理论基础,并适当参照西方各国成败得失,从而令我国网络通讯监听侦查活动切实得到法律有效确认、规范、调整与保护,无疑将能够最大化限度趋利避害发挥出它的自身优势。

信息社会和各类新兴高科技的涌现既是契机,同样是挑战。所谓"人在干,机在算",我们必须时时刻刻保持对信息社会发展浪潮的高度敏感和快速反应。法理学大师博登海默也云,"一个法律制度之实效的首要保障必须是它能为社会所接受",② 相关理论性研究若想真正从"出世"迈向"入世",那它还须始终以本土社会面临的问题或症结为基本界面展开"望闻问切"式的针对性治理。鉴于当前我国存在侦查中的网络通讯监听活动缺乏法律明确引导、极易与其他相似行为发生混淆、云计算和大数据的出现又进一步令它运用日趋复杂等问题,日后自然应从立法、司法、守法和其他相关层面全方位着手以确保侦查中的网络通讯监听活动能遵照法制要求最大限度地发挥出正能量。不过,正如苏力先生多年前曾谈及的那样,"中国现代法治不可能只是一套细密的文字法规加一套严格的司法体系,而是与亿万中国人的价值、观念、心态以及行为相联系的。"③ 这一切的真正实现,恐怕还需要诸多法学人不辞劳苦不断同心协力。因为唯有这样做了,或许方能算作我辈法学人未来的一点贡献?

---

① 参见刘品新著:《反侦查行为——犯罪侦查的新视角》,中国人民大学出版社2011年版,第3页。
② [美]E. 博登海默著:《法理学、法律哲学与法律方法》,邓正来译,中国政法大学出版社1999年版,第344页。
③ 苏力著:《法治及其本土资源》,中国政法大学出版社1996年版,第19页。

参考文献

一、著作类

[1]李明. 监听制度研究——在犯罪控制与人权保障之间[M]. 北京:法律出版社,2008.

[2]陈传夫. 高新技术与知识产权法[M]. 武汉:武汉大学出版社,2000.

[3]宋英辉. 刑事诉讼原理[M]. 北京:法律出版社,2003.

[4]杨春贵,张绪文,侯才. 马克思主义哲学教程(修订本第二版)[M]. 北京:中共中央党校出版社,2002.

[5]张文显. 法理学[M]. 北京:高等教育出版社,北京大学出版社,1999.

[6]祝捷. 外国宪法[M]. 武汉:武汉大学出版社,2010.

[7]戴学正等. 中外宪法选编(下册)[M]. 北京:华夏出版社,1994.

[8]樊崇义. 诉讼原理[M]. 北京:法律出版社,2003.

[9]黄伟合. 欧洲传统伦理思想史[M]. 上海:华东师范大学出版社,1991.

[10]宋英辉,孙长永,刘新魁等. 外国刑事诉讼法[M]. 北京:法律出版社,2006.

[11]张新宝. 互联网上的侵权问题研究[M]. 北京:中国人民大学出版社,2003.

[12]陈真,邓剑光. 建构与价值——刑事司法的若干制度研究[M]. 成都:四川大学出版社,2004.

[13]周汉华. 个人信息保护前沿问题研究[M]. 北京:法律出版社,2006.

[14]龙宗智. 徘徊于传统与现代之间——中国刑事诉讼法再修改研究[M]. 北京:法律出版社,2005.

[15]齐树洁. 美国司法制度[M]. 厦门:厦门大学出版社,2006.

[16]陈光中. 中华人民共和国刑事证据法专家拟制稿(条文、释义与论证)[M]. 北京:中国法制出版社,2004.

[17]杨坚争. 经济法与电子商务法[M]. 北京:高等教育出版社,2004.

[18] 杜春鹏. 电子证据取证和鉴定[M]. 北京:中国政法大学出版社,2014.

[19] 杨郁娟. 侦查权的逻辑与经验[M]. 北京:中国人民公安大学出版社,2010.

[20] 中国社会科学院语言研究所词典编辑室. 现代汉语词典(第6版)[Z]. 北京:商务印书馆,2012.

[21] 屈茂辉,凌立志. 网络侵权行为法[M]. 长沙:湖南大学出版社,2002.

[22] 刘士国. 侵权责任法若干问题研究[M]. 济南:山东人民出版社,2004.

[23] 吴卫军. 刑事司法的理念与制度[M]. 北京:中国检察出版社,2004.

[24] 梁启超. 梁启超法学文集[M]. 北京:中国政法大学出版社,1997.

[25] 苏力. 法治及其本土资源[M]. 北京:中国政法大学出版社,1996.

[26] 王连昌,马怀德. 行政法学(第四版)[M]. 北京:中国政法大学出版社,2007.

[27] 徐昕. 论私力救济[M]. 北京:中国政法大学出版社,2005.

[28] 欧阳爱辉. 私人刑事调查法制化研究[M]. 北京:中国文史出版社,2013.

[29] 陈光中. 刑事诉讼法(第五版)[M]. 北京:北京大学出版社,高等教育出版社,2013.

[30] 湖南省教育厅. 高等教育心理学[M]. 长沙:湖南大学出版社,2005.

[31] 庄威. 散漫的严格——一种私人现象学的形成[M]. 北京:中央编译出版社,2014.

[32] 解兴权. 通向正义之路——法律推理的方法论研究[M]. 北京:中国政法大学出版社,2000.

[33] 宋志军. 刑事证据契约论[M]. 北京:法律出版社,2010.

[34] 何邦武. 刑事传闻规则研究[M]. 北京:法律出版社,2009.

[35] 陈瑞华. 刑事诉讼的前沿问题(第二版)[M]. 北京:中国人民大学出版社,2005.

[36] 北京大学法学院. 程序的正统性[M]. 北京:法律出版社,2003.

[37] 陈新民. 公法学札记[M]. 北京:中国政法大学出版社,2001.

[38] 刘星. 西窗法雨[M]. 北京:法律出版社,2003.

[39] 本书编写组. 美国联邦刑事诉讼规则和证据规则[M]. 北京:中国政法大学出版社,1998.

[40] 高峰. 刑事侦查中的令状制度研究[M]. 北京:中国法制出版社,2008.

[41] 陈瑞华. 看得见的正义[M]. 北京:中国法制出版社,2000.

[42] 李宗桂. 中国文化概论[M]. 广州:中山大学出版社,1988.

[43] 王立民. 中国传统侦查和审判文化研究[M]. 北京:法律出版社,2009.

[44] 许爱东,廖根为. 网络犯罪侦查实验基础[M]. 北京:北京大学出版社,2011.

[45] 刘守芬等. 技术制衡下的网络刑事法治研究[M]. 北京:北京大学出版社,2006.

[46] 刘品新. 反侦查行为——犯罪侦查的新视角[M]. 中国人民大学出版社,2011.

[47][意]托马斯·阿奎那. 阿奎那政治著作选[M]. 马清槐译,北京:商务印书馆,1997.

[48][美]哈罗德·J. 伯尔曼. 法律与宗教[M]. 梁治平译,北京:三联书店,1991.

[49][英]弗里德里希·冯·哈耶克. 自由秩序原理(上册)[M]. 邓正来译,北京:三联书店,1997.

[50][法]卢梭. 论人类不平等的起源和基础[M]. 李常山译,北京:商务印书馆,1962.

[51][美]理查德·A. 波斯纳. 法理学问题[M]. 苏力译,北京:中国政法大学出版社,2002.

[52][德]古斯塔夫·拉德布鲁赫. 法律智慧警句集[M]. 舒国滢译,北京:中国法制出版社,2001.

[53][美]卡尔·J. 弗里德里希. 超验正义——宪政的宗教之维[M]. 周勇,王丽芝译,北京:三联书店,1997.

[54]美国涉外情报监控法及涉外情报监控法院诉讼规则[M]. 刘涛译,北京:中国人民公安大学出版社,2011.

[55][美]理查德·波斯纳. 并非自杀契约——国家紧急状态时期的宪法[M]. 苏力译,北京:北京大学出版社,2010.

[56][爱尔兰]J. M. 凯利. 西方法律思想简史[M]. 王笑红译,北京:法律出版社,2002.

[57][法]孟德斯鸠. 论法的精神(上册)[M]. 张雁深译,北京:商务印书馆,1962.

[58][英]弗里德利希·冯·哈耶克. 法律、立法与自由(第一卷)[M]. 邓正来,张守东,李静冰译,北京:中国大百科全书出版社,2000.

[59][美]罗纳德·德沃金. 认真对待权利[M]. 信春鹰,吴玉章译,北京:中国大百科全书出版社,1998.

[60][英]吉米·边沁. 政府片论[M]. 沈叔平等译,北京:商务印书馆,1995.

[61][美]R. M. 昂格尔. 现代社会中的法律[M]. 吴玉章,周汉华译,南京:译林出版社,2001.

[62][美]罗斯科·庞德. 普通法的精神[M]. 唐前宏,廖湘文,高雪原译,北京:法律出版社,2001.

[63][古希腊]亚里士多德. 政治学[M]. 吴寿彭译,北京:商务印书馆,1965.

[64][美]E. 博登海默. 法理学、法律哲学与法律方法[M]. 邓正来译,北京:中国政法大学出版社,1999.

[65][美]埃尔斯特,[挪]斯莱格斯塔德. 宪政与民主——理性与社会变迁研究[M]. 潘勤,谢鹏程译,北京:三联书店,1997.

[66][美]汉密尔顿,杰伊,麦迪逊. 联邦党人文集[M]. 程逢如,在汉,舒逊译,北京:商

务印书馆,1980.

[67][美]路易斯·亨金,阿尔伯特·J. 罗森塔尔. 宪政与权利:美国宪法的域外影响[M]. 郑戈,赵晓力,强世功译,北京:三联书店,1996.

[68][英]A. J. M. 米尔恩. 人的权利与人的多样性——人权哲学[M]. 夏勇,张志铭译,北京:中国大百科全书出版社,1995.

[69][葡]叶士鹏. 欧洲法学史导论[M]. 吕平义,苏健译,北京:中国政法大学出版社,1998.

[70][古希腊]柏拉图. 法律篇[M]. 张智仁,何勤华译,上海:上海人民出版社,2001.

[71][德]黑格尔. 法哲学原理[M]. 范扬,张企泰译,北京:商务印书馆,1961.

[72][英]约翰·阿克顿. 自由史论[M]. 胡传胜,陈刚,李滨等译,南京:译林出版社,2001.

[73] Edmund Husserl. Cartesian Meditation [M]. The Hague:Martinus Nijhoff,1977.

[74] Jerold H. Israel and Wayne R. Lafave. Criminal Procedure in a Nutsell. [M]. New York:West Group,1993.

二、论文类

[1]王文华. 互联网上侦查权与隐私权的冲突及其刑事政策——以加拿大为视角[J]. 比较法研究,2003,(6):75-84.

[2]张丽芳. 通讯监听证据立法之探讨[J]. 天津市政法管理干部学院学报,2003,(2):30-32.

[3]陈瑞林. 论监听措施的法治化[J]. 汕头大学学报(人文社会科学版),2006,(4):62-65.

[4]张黎. 监听制度立法研究[J]. 北京人民警察学院学报,2006,(3):28-32.

[5]廖荣兴. 论网络通讯监听——以刑事诉讼为视角[J]. 江西公安专科学校学报,2010,(5):36-40.

[6]何晓行,王剑虹. 云计算环境下的取证问题研究[J]. 计算机科学,2012,(9):105-108.

[7]刘铭. 大数据反恐应用中的法律问题分析[J]. 河北法学,2015,(2):86-96.

[8]马忠红. 通讯信息的侦查价值及侦查方法[J]. 贵州警官职业学院学报,2008,(5):47-50.

[9]梁坤. 论网络监控取证的法律规制[J]. 中国刑事法杂志,2009,(10):58-66.

[10]李娜. "棱镜门"暴露大数据时代隐私危机[J]. 科技导报,2013,(31):9.

[11]向燕. 第三人理论与美国刑事诉讼中的通讯隐私保护[J]. 国家检察官学院学报,

2008,(5):152-160.

[12]宋蕾,陈涛.侦查学视野下的我国侦查法制化探讨[J].犯罪研究,2010,(3):17-25.

[13]欧阳爱辉,谭治国.主权在民视野下的私人刑事调查法制化必然性[J].嘉应学院学报,2011,(9):45-48.

[14]吕耀怀,黄晓权.技术侦查及其法制化进路[J].湘潭大学学报(哲学社会科学版),2011,(6):52-55.

[15]段蓓玲.网络侦查与公民隐私权研究[J].湖北警官学院学报,2015,(2):14-16.

[16]闫斌.网络言论自由权宪政价值初探[J].理论月刊,2013,(4):108-112.

[17]余凌云,洪延青.反恐侦查中的监听权力规制[J].中国公共安全(学术版),2007,(9):104-114.

[18]王淑荣,孟鹏涛,许力双.司法伦理在法治国家建设中的价值论析[J].社会科学战线,2014,(12):202-210.

[19]那艳华."制度性保障"宪法理论的流变及现代价值[J].北方法学,2016,(2):135-144.

[20]倪义福.程序正义:公安刑事侦查的新坐标[J].公安研究,2013,(10):22-20.

[21]龙宗智.重建司法伦理[J].国家检察官学院学报,2011,(3):10-11.

[22]刘娴静.匿名网络通讯的法律问题研究[J].嘉兴学院学报,2003,(3):119-121.

[23]朱杰.看山姆大叔如何玩转"全球监听"[J].中国信息安全,2014,(6):80-87.

[24]方兴东,张笑容,胡怀亮.棱镜门事件与全球网络空间安全战略研究[J].现代传播,2014,(1):115-122.

[25]李恒阳.后斯诺登时代的美欧网络安全合作[J].美国研究,2015,(3):53-72.

[26]马民虎,方婷,郝文江.欧美网络电话监听的法律规制分析[J].信息网络安全,2011,(8):87-90.

[27]高峰,卢钜波.论技术侦查中的法律规制问题——美国联邦最高法院 Kyllo v U.S.案件引发的思考[A].徐静村.刑事诉讼前沿研究(第五卷)[C].北京:中国检察出版社,2006.180-190.

[28]郑红梅.美国国家保密署电子犯罪特别侦查项目[J].上海公安高等专科学校学报,2001,(6):56-58.

[29]刘莹.美国秘密侦查的强化措施——"9·11"后美国对窃听与电讯监视的变革[J].吉林公安高等专科学校学报,2007,(5):15-18.

[30]李恒阳.奥巴马第二任期美国网络安全政策探析[J].美国研究,2014,(2):53-69.

[31] 徐琦. 大数据时代美国隐私保护之困[J]. 中国传媒科技,2013,(9):40-44.

[32] 邓立军. 非法监听与证据排除[J]. 武汉大学学报(哲学社会科学版),2008,(3):330-333.

[33] 邓立军. 非法监听所获材料之证据能力的比较法考察[J]. 中国人民公安大学学报(社会科学版),2008,(4):100-109.

[34] 崔聪聪,巩姗姗. 全球网络安全与犯罪公约制定的基本问题[J]. 重庆邮电大学学报(社会科学版),2015,(1):23-28.

[35] 莫世健. 国际法碎片化和国际法体系的效力[J]. 法学评论,2015,(4):117-128.

[36] 欧阳爱辉. 大数据时代的职务犯罪信息情报收集模式[J]. 江南论坛,2015,(6):35-37.

[37] 邓立军. 秘密侦查法治化的现代典范——香港《截取通讯及监察条例》[J]. 中国刑事法杂志,2008,(5):103-120.

[38] 郑好. 比较法视野下的监听立法研究——兼论我国监听制度的基本建构[J]. 研究生法学,2006,(5):21-38.

[39] 郑永红. 犯罪信息工作中的数据挖掘技术[J]. 广东公安科技,2005,(1):39-41.

[40] 沈逸. 网络时代的数据主权与国家安全:理解大数据背景下的全球网络空间安全新态势[J]. 中国信息安全,2015,(5):59-61.

[41] 张茉楠. 构造大数据时代国家安全战略[J]. 服务外包,2015,(7):76-80.

[42] 陈明奇,姜禾,张娟. 大数据时代的美国信息网络安全新战略分析[J]. 信息网络安全,2012,(8):32-35.

[43] 刘建强,李恒. 网络吸贩毒案件的特点 侦查方略与防范对策——以"8·31"特大网络吸贩毒案为例[J]. 云南警官学院学报,2014,(2):20-24.

[44] 卢云生,刘海峰. 计算机网络侦查与对抗[J]. 信息网络安全,2009,(12):61-63.

[45] 黄燕芳,王钢. 网络侦查及网上作战方法新探[J]. 中国人民公安大学学报(社会科学版),2011,(5):136-145.

[46] 吴绍忠,李靖. 基于云计算架构的公安情报信息平台建设研究[J]. 中国人民公安大学学报(自然科学版),2010,(3):39-41.

[47] 佚名. 全国首个城市"公安云计算中心"启用[J]. 通讯世界,2012,(11):53.

[48] 侯睿. 大数据时代的反恐情报收集与分析[J]. 山东警察学院学报,2014,(4):94-97.

[49] 李本先,张薇,梅建明等. 大数据在反恐情报工作中的应用研究[J]. 情报杂志,2014,(12):1-5.

[50] 胡思文,刘婷,白玉钢等. 基于数据挖掘技术的犯罪规律分析研究——以温州市近

20年犯罪数据为例[J].科技视界,2013,(8):21-22.

[51]杜威,杨奕琦.基于数据挖掘技术的网络取证系统模型研究[J].中国人民公安大学学报(自然科学版),2012,(4):42-44.

[52]米佳,何平,汪晓峰.基于广义数据挖掘的计算机取证技术[J].中国人民公安大学学报(自然科学版),2006,(3):58-63.

[53]鲁传颖.中美网络安全战略的互动与合作[J].信息安全与通信保密,2015,(11):87-89.

[54]颜琳,陈侠.美国网络安全逻辑与中国防御性网络安全战略的构建[J].湖南师范大学社会科学学报,2014,(4):34-40.

[55]盛明科,杨玉兰.微博时代公共舆论暴力的产生及其治理机制研究[J].吉首大学学报(社会科学版),2013,(5):73-78.

[56]宋英辉.关于搜查、扣押电子资料的立法完善问题[A].//孙长永.现代侦查取证程序[C].北京:中国检察出版社,2005:97-102.

[57]郭志远.监听立法:比较视野的考察——兼论我国监听立法之完善[J].科技与法律,2006,(3):106-112.

[58]李明.监听手段的合理运用及其限制[A].//孙长永.现代侦查取证程序[C].北京:中国检察出版社,2005.61-85.

[59]胡元琼.网络隐私权保护立法的能与不能——以美国《儿童在线隐私保护法》评介为中心[A].//张平.网络法律评论(第4卷)[C].北京:法律出版社,2004.152-185.

[60]田晏.刑事侦查中的通讯监察:法律规制与制度建构——以美国法为对象的分析[J].江西公安专科学校学报,2007,(1):36-39.

[61]何志文.共同隐私的法律保护[J].前沿,2004,(7):142-144.

[62]王文军,陈敏.论博客中共同隐私的法律保护[J].南京理工大学学报(社会科学版),2008,(2):80-83.

[63]陈永生.电子数据搜查、扣押的法律规制[J].现代法学,2014,(3):111-127.

[64]李波阳.论秘密监听证据能力[J].重庆大学学报(社会科学版),2005,(2):107-109.

[65]王惠生.马来西亚:电子监视的普遍化和有关问题[J].中国安防产品信息,2005,(5):56-59.

[66]廖明,俞楠.法治视野下的网络侦查陷阱研究[J].山东警察学院学报,2009,(6):82-88.

[67]欧阳旭,武建华,程洁.论网络舆情监测导控面临的问题与应对措施[J].河南警察学院学报,2012,(1):122-125.

[68]贺卫东.网络治理:精确监控靠技术[J].中国信息安全,2010,(2):49-50.

[69]季绍斌.网络舆情监测与引导机制研究——以温州地区为例[J].中国报业,2015,(1):13-14.

[70]李珊珊.大数据时代的反贪侦查模式转型[J].法制与社会,2015,(11):132—137.

[71]程宏.大数据背景下反贪侦查模式的转型[J].中国检察官,2015,(2):54—56.

[72]陈七三,彭建军,蒋湘莲.简论微博时代高校网络舆情应急机制建设[J].南华大学学报(社会科学版),2014,(1):73-75.

[73]杨郁娟.论社会观念及其对侦查的影响[J].武汉公安干部学院学报,2010,(2):15-18.

[74]欧阳爱辉.美国司法实践中的CGA证据应用介评[J].犯罪研究,2013,(4):93-96.

[75]郭网安.美国网络秘密监听技术手段揭秘[J].中国信息安全,2014,(6):88.

[76]倪春乐.论反恐情报的证据转化[J].中国人民公安大学学报(社会科学版),2012,(4):126-132.

[77]程雷.论检察机关的技术侦查权[J].政法论丛,2011,(5):95-100.

[78]王玉玮.民粹主义:中国当代电视文化的一种话语实践[J].戏剧——中央戏剧学院学报,2009,(4):116-123.

[79]王周户.法律体系形成背后的民意博弈[J].人民论坛,2011,(9):62-63.

[80]王震.探析现阶段立法细化技术侦查规则的瓶颈[J].东南法学,2015,(1):92-105.

[81]李高协.浅议地方立法技术及其规范[J].人大研究,2015,(3):40-43.

[82]汪全胜.立法效益论证问题的探讨[J].社会科学研究,2006,(3):87-90.

[83]刘建伟.恐惧、权力与全球网络安全议题的兴起[J].世界经济与政治,2013,(12):43-59.

[84]康海军.反恐侦查权与反恐侦查措施研究[J].犯罪研究,2008,(3):75-80.

[85]高景芳.论职业自由入宪[J].青岛科技大学学报(社会科学版),2011,(1):82-87.

[86]庞锋.论人性尊严入宪的意义与实现之路[J].武陵学刊,2016,(1):61-65.

[87]程燎原.现代世界各国的"法治入宪":一个全球性的法治浪潮[J].现代法学,2016,(4):3-13.

[88]赵玉红.对生命权入宪的法律思考[J].内蒙古农业大学学报(社会科学版),2009,(4):33-35.

[89]杨海坤,杜学文.和平权入宪刍议[J].河南省政法管理干部学院学报,2010,(6):19-29.

[90]刘白瑞.我国环境权入宪的路径研究[J].河南工业大学学报(社会科学版),2016,(2):39-46.

[91]刘建辉.论知识产权入宪与财产权入宪的关系[J].江汉大学学报(社会科学版),2011,(1):89-93.

[92]强世功.宪法司法化的"误区"?——从"宪法司法化"的话语悖论看国家转型的宪政悖论[A].//梁治平.法治在中国:制度、话语与实践[C].北京:中国政法大学出版社,2002:185-235.

[93]周刚志.公共文化服务之立法体例刍议[J].云南大学学报法学版,2013,(5):2-6.

[94]陈明涛.著作权立法体例修改之探讨[J].北京社会科学,2015,(6):44-52.

[95]欧阳爱辉.私人刑事调查与侦查之比较[J].石家庄铁道大学学报(社会科学版),2010,(4):57-61.

[96]李昕.美国通讯监听立法的演进与发展[J].江南社会学院学报,2009,(2):77-80.

[97]解芳.世界主要法治国家监听法综述[J].山东警察学院学报,2006,(1):82-86.

[98]胡洋奕.律师保密权与拒证权的区别及制度完善[J].重庆科技学院学报,2015,(6):33-46.

[99]孔德播.试论律师的"拒绝作证权"[J].理论月刊,2004,(10):91-93.

[100]张星,张玲,王会.论关联性证据规则的构建[J].武汉公安干部学院学报,2013,(4):54-57.

[101]朱吉龙,马秀娟.我国证据关联性规则的立法现状及其完善[J].北京人民警察学院学报,2009,(2):11-14.

[102]张立平.中国民事诉讼不宜实行非法证据排除规则[J].中国法学,2014,(1):227-242.

[103]欧阳爱辉.论非法私人刑事调查证据排除规则[J].江西警察学院学报,2012,(4):112-115.

[104]胡肖华,徐靖.论公民基本权利限制的正当性与限制性原则[J].法学评论,2005,(6):3-10.

[105]杨缨.论刑事非法证据排除规则[J].犯罪研究,2005,(1):66-74.

[106]雷超.中美非法证据排除规则比较研究[J].江汉大学学报(社会科学版),2013,(6):56-63.

[107]李慧.刑事诉讼中的传闻证据规则探究[J].天津法学,2011,(2):58-64.

[108]陶鹏.虚拟社会中的非政府组织:作用、影响及应对[J].吉首大学学报(社会科学版),2013,(3):46-51.

[109]李双其.网络犯罪侦查[J].公安大学学报,2001,(3):68-73.

[110]宋强,邓贵杰.最佳证据规则的现代发展及在我国的适用问题探讨[J].贵州民族学院学报(哲学社会科学版),2007,(6):62-66.

[111]易延友.最佳证据规则[J].比较法研究,2011,(6):96-111.

[112]王光笑.意见证据规则的理性构建[J].中南财经政法大学研究生学报,2013,(5):136-140.

[113]张园园.刑事诉讼专家意见证据探析[J].浙江学刊,2014,(1):153-158.

[114]蔡震宇.论意见证据规则的完善[J].中国检察官,2015,(2):8-10.

[115]王春.论电子证据补强规则确立及补强证据规则建构[J].湖北社会科学,2012,(8):160-164.

[116]王志刚.论补强证据规则在网络犯罪证明体系中的构建——以被追诉人身份认定为中心[J].河北法学,2015,(11):47-56.

[117]蒋鹏飞.美国刑事诉讼中的无害错误规则及其启示[J].国家检察官学院学报,2008,(4):136—146.

[118]施鹏鹏.法国审前程序的改革及评介——以2007年3月5日的《强化刑事程序平衡法》为中心[J].中国刑事法杂志,2008,(7):106-115.

[119]陈永生.证据保管链制度研究[J].法学研究,2014,(5):175-191.

[120]刘静坤.证据动态变化与侦查阶段证据保管机制之构建[J].山东警察学院学报,2011,(1):84-89.

[121]陈歆,曹建斌.试论拉康的镜像理论[J].江苏工业学院学报(社会科学版),2008(3):4-6.

[122]欧阳爱辉.对自由心证形成机制的镜像化考察[J].中州大学学报,2009,(4):26-29.

[123]陈卫民,罗欣,张程等.人权保障理念下职务犯罪侦查模式的转变——以新刑诉法实施后职务犯罪侦查为视角[J].政法学刊,2013,(5):84-90.

[124]杨学兵.侦查文化初探[J].甘肃警察职业学院学报,2010,(2):61-64.

[125]薛亚龙.侦查错误的成因剖析——以文化理念为研究视角[J].湖北警官学院学报,2014,(5):32-34.

[126]杨郁娟.论刑警职业文化及其对侦查的影响[J].吉林公安高等专科学校学报,2011,(1):46-50.

[127]卢东凌.民众法律认同初探[J].西南政法大学学报,1999,(3):41-45.

[128]李筱倩.试论认知结构与新闻信息传播的辩证关系[J].黄河科技大学学报,2011,(3):97-99.

[129]贺德方.大数据环境下的情报学[J].数字图书馆论坛,2012,(11):2-5.

[130]李玉明.政府信息沟通存在的障碍及其创新路径——基于群体事件的语境分析[J].南华大学学报(社会科学版),2014,(1):69-72.

[131]陈涛.侦查权内部监督体系检视与完善[J].吉林公安高等专科学校学报,2011,(3):48-51.

[132]周菊.我国检察权性质定位的再思考[J].岭南学刊,2010,(2):65-68.

[133]练育强."两法"衔接视野下检察权性质的定位[J].探索与争鸣,2014,(2):50-54.

[134]黎慈.网络新闻舆论对刑事侦查的监督及其法律界限[J].云南警官学院学报,2010,(2):55-61.

[135]张莉.论"斯诺登事件"后的中美网络安全合作[J].新视野,2014,(5):124-128.

[136]郝静.网络侦查技术在走私犯罪侦查中的应用研究[D].广州:暨南大学硕士学位论文,2013.

[137]王耀承.美国刑事侦查中的电子邮件监控制度研究——兼考美国隐私权保护状况的变迁[D].北京:中国政法大学硕士学位论文,2008.

[138]周欣.我国侦查权配置问题研究[D].北京:中国政法大学博士学位论文,2009.

[139]余继来.网络监听技术及其应用研究[D].长沙:湖南大学硕士学位论文,2012.

[140]卞烨.反恐背景下公民隐私权的保障与限制[D].上海:复旦大学硕士学位论文,2010.

[141]张春霞.限制与保护:刑事诉讼中的隐私权[D].成都:四川大学博士学位论文,2004.

[142]范方荣.反贪侦查信息化研究[D].合肥:安徽大学硕士学位论文,2013.

[143]赵丽翠.论侦查模式的转型——"由供到证"到"由证到供"式的转变[D].济南:山东大学硕士学位论文,2009.

[144]贾云蔚.美国网络安全战略对中国网络安全影响探究[D].石家庄:河北师范大学硕士学位论文,2015.

[145]李小恺.云计算环境下计算机侦查取证问题研究[D].北京:中国政法大学硕士学位论文,2011.

[146]武培.强制侦查的司法化研究[D].北京:中国政法大学硕士学位论文,2006.

[147] 王秋荣. 证据关联性规则研究[D]. 上海:复旦大学博士学位论文,2012.

[148] 杜学毅. 中国非法证据排除规则构建研究[D]. 长春:吉林大学博士学位论文,2013.

[149] 龙荼花. 论我国公安机关内部侦查监督机制[D]. 重庆:西南政法大学硕士学位论文,2011.

[150] United states v Hambrick. 55 F. Supp. 2d 504.

[151] Smith v Maryland,442 U. S. 735 (1979).

[152] USA Patriot Act of 2001 § 202.

[153] Deirdre K. Mulligan. Reasonable Expectations in Electronic Communications A Critical Perspective on the Electronic Communications Privacy Act[J]. Geo Wash Law Review,Vol. 72 (2004),p. 1557.

[154] S Kerr. The Case for the Third – Party Doctrin[J]. Michigan Law Review,Vol. 107 (2009),p. 526.

三、新闻报道与网络文献类

[1] 杨月辉. 大数据时代网络反腐新特点[N]. 学习时报,2012 – 11 – 5.

[2] 何廷润,杨峥. 美国网络电磁空间安全战略对我国的启示[N]. 人民邮电,2014 – 3 – 31.

[3] 曹志恒,毛咏,王大霖. 新疆"7 – 5"打砸抢烧严重暴力犯罪事件目击记[EB/OL]. (2009 – 07 – 07)[2013 – 10 – 08]. http://news. sohu. com/20090707/n265028456. shtml.

[4] DoNews 向霜. 7. 21 亿:腾讯 QQ 活跃用户数[EB/OL]. (2012 – 03 – 14)[2014 – 01 – 24]. http://www. ebrun. com/20120314/42361. shtml.

[5] 百度百科. 棱镜门[EB/OL]. [2014 – 01 – 02]. http://baike. baidu. com/link? url = OC37mvvXkHx9f08pVPy3ouxdQ5X8nmYeOWW4R1CSIVTp8ghE9AKbMgl2yCIolQiMdUioJk06iHDF1QHLC4LsMHXcr7vzVcGGSHGN_6OntcmH3wdT6Q1fTlm_ZHOZqtpBRN – RszVIsDWGg6QRPGRwuK.

[6] 仵佩. 鞋架照片"人肉"出中央电视台女记者 网友接龙搜索,隐私无处存放[EB/OL]. (2010 – 09 – 09)[2011 – 09 – 02]. http://www. hsdcw. com/html/2010 – 9 – 9/294051. htm.

[7] 百度百科. 荷兰王国宪法[EB/OL]. [2013 – 10 – 10]. http://baike. baidu. com/view/1418946. htm? fromenter = % BA% AB% B9% FA% CF% DC% B7% A8.

[8] 百度百科. 大韩民国宪法[EB/OL]. (2008 – 03 – 22)[2013 – 12 – 01]. http://baike. baidu. com/view/1418946. htm? fromenter = % BA% AB% B9% FA% CF% DC% B7% A8.

[9] 百度百科. 互联网[EB/OL]. [2016-07-07]. http://baike.baidu.com/link?url=pg4Y9HuGz9zR5VBW8Tq3muRvBNFX8LGCKr6a_gyBNT2lwzoNu71oN9FkR0eAGELs8OCAXpYzVe-BHmc2cjPNl9WByTX-zb9skHvOtmYvBti.

[10] 百度百科. 信息安全国际行为准则[EB/OL]. [2016-07-09]. http://baike.baidu.com/link?url=qw4hVIM2aLjPfsjEXryrdbIRDhV9vC-Ll1UHQTJw07HIxcy8FSI1wKYaXE7q86GbSLkxeGw92HMdFAiLv7q_Wq.

[11] 谢亚宏. 俄罗斯对网络安全常抓不懈[EB/OL]. (2013-07-30)[2016-07-09]. http://ru.people.com.cn/n/2013/0730/c360502-22372738.html.

[12] 中国新闻网. 日本政府出台新网络安全战略 扩大监管范围[EB/OL]. (2015-09-04)[2016-07-09]. http://finance.ifeng.com/a/20150904/13954520_0.shtml.

[13] 大华网. 加拿大全国大示威反对C-51反恐法案[EB/OL]. (2015-03-16)[2016-07-09]. http://canada.eastday.com/n9/u1ai153522.html.

[14] 新鲜事网. 欧盟最终通过严苛的数据保护新规定[EB/OL]. (2015-12-17)[2016-07-10]. http://mt.sohu.com/20151217/n431657865.shtml.

[15] 赛迪网. 芬兰通过"诺基亚法"允许雇主跟踪员工邮件[EB/OL]. (2009-03-05)[2014-06-03]. http://it.people.com.cn/GB/1068/42900/8910772.html.

[16] 人民日报海外版. 美国《自由法案》通过 公民并不自由世界仍被监听[EB/OL]. (2015-06-07)[2016-07-26]. http://world.huanqiu.com/article/2015-06/6618200_3.html.

[17] 百度百科. 互联网管理权[EB/OL]. [2016-07-23]. http://baike.baidu.com/link?url=MJ2QqC3XnJh9BToHj4zFmad0pMcz3bY4zw2xCv6oIUnWhGmLWKes6ymlGukWqhlxlPW0PT0PoAPchJUMSHfd6_.

[18] 中国新闻网. 英国强制监听全民电话 监控范围将扩至互联网[EB/OL]. (2007-10-01)[2016-07-26]. http://tech.tom.com/2007-10-01/06MB/05472892.html.

[19] 于青,管克江. 日本《通信监听法》起争议[EB/OL]. (2000-08-22)[2016-07-28]. http://www.people.com.cn/GB/channel2/18/20000822/196777.html.

[20] [日]松尾浩也. 日本刑事诉讼法修改的动向,佚名译[EB/OL]. (2008-04-09)[2016-07-28]. http://www.bloglegal.com/blog/cgi/shownews.jsp?id=1650009662.

[21] 加拿大华人网. 保守党C-51反恐法案实施后 将会有哪些变化?[EB/OL]. (2015-06-19)[2016-07-28]. http://www.sinoca.com/news/ca/2015-06-19/422063.html.

[22] 百度百科. 世界人权宣言[EB/OL]. [2016-07-28]. http://baike.baidu.com/link?url=5LZZDSFWKH-fKkUc8HySZy57LSgLMUtWdm3yU5U5JkJAhFi3veqPgg8ANHiHtRy8i

p – Nkax7JplOwFbmFwYXa_.

[23]360百科. 公民权利和政治权利国际公约[EB/OL]. [2016 – 07 – 28]. http://baike. so. com/doc/6612639 – 6826431. html.

[24]360百科. 欧洲人权公约[EB/OL]. [2016 – 07 – 28]. http://baike. so. com/doc/6576944 – 6790708. html.

[25]360百科. 美洲人权公约[EB/OL]. [2016 – 07 – 28]. http://baike. so. com/doc/5825010 – 6037828. html.

[26]百度百科. 打击跨国有组织犯罪公约[EB/OL]. [2016 – 07 – 28]. http://baike. baidu. com/link? url = FX7sFqoSb5VIUT7I80IYPmT7YLxqkYGAOdtLT – M6ZAeJbofJSrIyjkKkO3YxGjN9y2EbYSoKucETiGPw0l9dkK.

[27]百度百科. 国际电信联盟组织法[EB/OL]. [2016 – 07 – 29]. http://baike. baidu. com/link? url = ruivnU5UkKDi4 – Cj7XkybibwD4KnOymcL – LEX5PDsMaiCAxzwEcXhG5wN1s6PYXwWpGvQX6abQMSEo7RgTFAxq.

[28]管理员. 欧洲议会和欧盟理事会2002年7月12日关于电子通信行业个人数据处理与个人隐私保护的第2002/58/EC号指令(隐私与电子通信指令)[EB/OL]. (2015 – 05 – 09)[2016 – 07 – 29]. http://www. infseclaw. net/news/html/1091. html.

[29]鲲. 欧盟颁布《一般数据保护条例》成为个人信息保护里程碑式法律[EB/OL]. (2016 – 04 – 29)[2016 – 07 – 29]. http://www. 360doc. com/content/16/0429/19/235269_554869684. shtml.

[30]搜狗百科. 斯诺登[EB/OL]. [2016 – 07 – 30]. http://baike. sogou. com/v60647544. htm? fromTitle = 斯诺登.

[31]何春中. 网上"裸聊"者:警察正看着你[EB/OL]. (2005 – 10 – 11)[2016 – 08 – 11]. http://zqb. cyol. com/gb/zqb/2005 – 10/11/content_74317. htm.

[32]国际在线专稿. "绿坝——花季护航":一装就万事大吉? [EB/OL]. (2009 – 06 – 09)[2016 – 08 – 11]. http://gb. cri. cn/27824/2009/06/09/2165s2531511. htm.

[33]百度百科. 周久耕[EB/OL]. (2010 – 02 – 06)[2016 – 08 – 12]. http://baike. baidu. com/link? url = GIGDYgw83TQwcKwndlL_1rf6Ke0F58HsRB0Y80sH4YIlqNgjoeW84ONJz6ONFM0l1ORcFgRasCO32ZdemL_ieK.

[34]百度百科. 杨达才[EB/OL]. [2016 – 08 – 12]. http://baike. baidu. com/link? url = HXFPokEH5UqHosmyvq3C4Pn3vEIbGlMuXrX9IwA18NhIf83rJ_cPNjdzrSY4VfM3_ofSj9xKQHX33v0bm – EJ5K.

[35]赵小楠. 大数据时代的危害性与局限性[EB/OL]. (2015 – 02 – 03)[2016 – 08 – 21]. http://tech. 163. com/15/0203/12/AHHE7DOE000915BD. html.

[36]百度百科. 5g[EB/OL]. [2016-10-31]. http://baike.baidu.com/link?url=X4nPPe2fuNkeMCZ984srXZfC8dzl69s-g35YU1S6iPgQ8S_rEtOwZjjDHyQKllkmPAZrQWLkeUMyRd_Cx0AmkK.

[37]华声在线. 网络大V格祺伟团伙覆灭记[EB/OL]. (2015-01-19)[2016-09-11]. http://news.youth.cn/gn/201501/t20150119_6419000.htm.

[38]海峡都市报电子版. 盘点湖南火箭提拔年轻官员 多为官二代背景[EB/OL]. (2013-06-09)[2016-08-18]. http://www.mnw.cn/news/china/482399.html.

[39]李春平. 浙江高院回应宋城集团排"窦娥舞台剧"举报院长(1)[EB/OL]. (2015-08-12)[2015-08-13]. http://news.china.com/domestic/945/20150812/20177793.html.

[40]佚名. 构建大数据时代的职务犯罪侦查模式[EB/OL]. (2014-06-23)[2016-08-28]. http://miao11yong.fyfz.cn/b/813775.

[41]王姝. 试点国家监察体制改革 京晋浙将设监察委[EB/OL]. (2016-11-08)[2016-11-28]. http://www.jiaodong.net/zonghe/system/2016/11/08/013311432_02.shtml.

[42]倪浩. 中国量子通信被批不靠谱:一旦遭干扰就成摆设[EB/OL]. (2016-08-18)[2016-10-05]. http://military.china.com/important/11132797/20160818/23317817.html.

[43]新华网.《中国互联网发展状况及其安全报告(2016)》在京发布[EB/OL]. (2016-03-18)[2016-10-09]. http://news.xinhuanet.com/info/2016-03/18/c_135200752_2.htm.

[44]谢君泽.《收集提取和审查判断电子数据规定》之逐条评析[EB/OL]. (2016-09-22)[2016-10-09]. http://infolaw.fyfz.cn/b/900990.

[45]梁栩境. 刑事律师解析:《关于办理刑事案件收集提取和审查判断电子数据若干问题的规定》的核心内容及辩护律师质证注意事项[EB/OL]. (2016-09-27)[2016-10-20]. http://slwang.fyfz.cn/b/901463.

[46]百度百科. 世界维吾尔代表大会[EB/OL]. [2016-10-20]. http://baike.baidu.com/link?url=-e878xh3iQ26gWjiO4nsOeQsx6v5XpYc1Oyj8t83UkfjoTC_EZTv4rwTL7ja4xfURVfbdMYz1NOqaZQu58Fz9hYOh4vup7KT4ZVG5LZd_wIu8x7Tvuz_PFY-VRkqRF4p0Xp97BNNpuEoz_HgL1WgXz77628eOQ1ENxXonxs9fsg_lCxM4harVq31EEvIswIH.

[47]陈小茹. "藏青会"四大头目[EB/OL]. (2008-05-16)[2016-10-20]. http://paper.people.com.cn/hqrw/html/2008-05/16/content_48638099.htm.

[48]百度百科. 德尔菲法[EB/OL]. [2016-10-24]. http://baike.baidu.com/link?url=P8mFd1kqpm-ZjLIuvRwY14s6XE9mFL-zyq-VZf88y1YmUCJaD56DmHAMU68cfo15UHGD2WU90M8ifFvuZic8nXO0bLaceI6G3yP9IWfpPcIqtgEXjmO9paj4Yxt_Fozz.

[49]半岛网—半岛都市报. 刑事诉讼法15年来首次"大修"修正案草案共99条[EB/OL]. (2011-08-25)[2011-08-26]. http://news.bandao.cn/news_html/201108/

20110825/news_20110825_1549173.shtm.

[50] 百度百科. 哈希值[EB/OL]. [2016 - 10 - 25]. http://baike.baidu.com/link? url = Xn4RVpxTCAx3lgJ_lxBLVxyFIYSwnAkZITAmVJJY5Q5EYpEO5P - t4T5JPXx - 7NKSyMbwALDo V9Mdj28MbbqbSJ4GscpEmH9Jci6lgQ1WrHgPfoyUEjYv6SxasIKDN_Rd.

[51] 百度百科. Bit Torrent[EB/OL]. [2016 - 10 - 27]. http://baike.baidu.com/link? url = jOYBkP5qe65RyEw _ DNo39qU _ Dm3tWj9TbIGVqRk8XMOjiYbs7 _ p1P57njSEPPJs _ t4x4yoIS _ BibzFCxQQ3tMnE2d46u3YlrAPY4BRQGWaZ - nU0oiOJWU6sQ_Siu0NHFB1BjOgPpW - l5UPtdOPh9Z8 k8 - mCqedssYvodC3F3KhC.

[52] 观察者网(上海). 秘密扫描所有用户邮件提供给美国政府？雅虎再次回应[EB/OL]. (2016 - 10 - 06)[2016 - 10 - 30]. http://money.163.com/16/1006/14/C2MUUU29002580S6_all.html.

[53] 百度百科. 天网工程[EB/OL]. [2016 - 11 - 01]. http://baike.baidu.com/link? url = F_7gc0QPo2bwo0A8qmq6XcO9SDI4hXTlG2pYAR - IEHh3BQsx6QBb90KjsBktbF9vky4JK09pa - F5m6tEgm1K1 - WfznNRKfQYSwLevBWVfA8RZlXtnfuOByTs1_8ibON0.

[54] 中金在线. 未来国内量子通信市场规模望达到千亿级别 受益股一览[EB/OL]. (2016 - 11 - 07)[2016 - 11 - 12]. http://sc.stock.cnfol.com/shichangjuejin/20161107/23763744.shtml.

[55] Congress of USA. National Defense Authorization Act for Fiscal Year 2013, January 3, 2012[EB/OL]. [2016 - 07 - 20]. http://www.gpo.gov/fdsys/pkg/BILLS - 112hr4310enr/pdf/BILLS - 112hr4310enr.pdf.

[56] The White House. Remarks by the President on Review of Signals Intelligence[EB/OL]. (2014 - 01 - 17)[2016 - 07 - 23]. http://www.whitehouse.gov/the - press - office/2014/01/17/remarks - president - review - signals - intelligence.

[57] Scott Wilson and Michael Birnbaum. Merkel Calls Obama About Alleged U.S. Monitoring of Her Phone[EB/OL]. (2013 - 10 - 23)[2016 - 07 - 30]. http://www.washingtonpost.com/blogs/post - politics/wp/2013/10/23/obama - assures - merkel - u - s - is - not - eavesdropping - on - her - calls/.

后 记

　　《侦查中的网络通讯监听法制化研究》既是我人生中独立完成的第二部学术著作，又是自己2011年主持的教育部人文社会科学研究青年基金项目终端成果。这几年来，尽管撰写并陆陆续续发表了为数并不甚少的网络通讯监听侦查方面的学术论文，可心里始终惶惶不安，总觉得这些所谓的"科研成果"过于拙劣难登大雅之堂。再加上最近几年工作调动，来到新单位好不容易适应环境后又担负着极其繁重的行政管理和本科、研究生教学工作及其他学术研究任务，故而本书写作一拖再拖，每每想起，心中羞愧不已。如今，全书最终得以画上一个圆满的句号，虽然自己心中依旧有诸多遗憾与不满意，但终于长吁了一口气。

　　感谢教育部人文社科司的经费资助，这才使得我能将侦查中的网络通讯监听法制化之系统研究持续进行下去。回想当年，其实教育部人文社科研究项目还是自己生涯中第一次申请成功获批的科研课题。那时，自己正在湖南某所新建二本工科院校上班，或许当时一来理论基础还太欠缺，二则年轻气盛对生活常识性经验亦非常匮乏，虽常常申请各级别的科研课题，却屡屡不中。记得某次申请一地厅级科研课题（圈内人称"小课题"），自我感觉尚可，最后无果而终。寻思良久不得解，遂向系部领导求教究竟。中午带着满身酒气的领导非常耐心地从办公室废纸篓大堆申请书中找出了一份，然后语重心长地对着申请书跟我指出，"你看看，你的课题组缺乏一个形成合力的研究团队，完全是单兵作战发挥不出项目组优势。科研课题是集体合作集体攻关的工作，你以后还需要多打打基础……"听了许久我欲言又止，最后实在憋不住了便说道，"×主任，您拿的不是我的申请书，是×××老师的。封面姓名写得很清楚，您老或许拿错了！"——然后，然后就没有以后了。于是乎，渐渐地我背起行囊唱着流浪的歌离开了原工作单位。

不过日子始终要继续,屈指算起,我离开原单位来到南华大学文法学院工作已满三年。虽然工作、生活中偶尔也会遇到些许不如意,在嘈杂、忙乱的工业化城市中奔走依旧会出现丝丝迷惘,但恰如网络某段子中所写的那样——"不变的总是天上的云朵,阴云过后笑容依旧"。时至今日我仍然很庆幸自己能成功获批教育部人文社科研究项目,有了那次的样板激励效应,感觉开始慢慢摸索到些许学术研究门径,逐渐各级别的科研项目"中标率"也日益高起来了,自己也由衷感悟到法学研究的乐趣。目前南华大学电子证据检验室/鉴定中心正在积极筹备中,最近几年自己主持的一些网络侦查、网络证据的科研项目眼看亦将全部完成,手把手带的几个硕士研究生瞅瞅也是很让人欣慰。既然这样,那么案头上这本不成器的"小书"就权当对南华大学电子证据检验室/鉴定中心的"献礼"和自己三年工作、生活的纪念吧!尽管作为一个法学圈子内籍籍无名之后学者,这辈子都无法奢求达到所仰慕的前辈大师境界,但我始终期望以后能够保持这样一种乐趣。因为我已上路,必须在学海中义无反顾!

跟网络侦查、网络通讯监听等网络法学问题打交道久了,突然发觉最近很喜欢互联网中流行的一段话,"在生活中我们遇见一个人,经历一件事,都会在心里产生不同的感觉,但责任却不需要你去遇见和经历,它就客观地静静地摆在那里,只待你去肩负起来。感觉可以产生,消失时也不会尽让人惆怅彷徨,然而一旦肩负起责任,你却很难将它卸下。"希望我以后都能做到这样,共勉之!

是为后记。

欧阳爱辉　谨识

二〇一六年十一月十日于雨母山